Tourism
& Catering

高职高专旅游与餐饮类专业规划教材

旅游经济学

主　　编　丁玉平

副主编　武瑞营　田敏娜

参　　编　侯艳艳　董　涵　胡　滨　邢兆强

机械工业出版社

本书融理论与实践为一体，以社会主义市场经济理论为指导，运用现代西方经济学、旅游学、管理学等多学科知识，全面、系统地阐述了旅游经济学的基本理论和方法。全书主要内容包括：现代旅游经济与旅游产业；旅游产品分析；旅游需求与旅游供给的分析，以及旅游供求矛盾与均衡；旅游市场的类型、结构及开拓；旅游产品价格的制定方法及制定策略；旅游投资评价与决策；旅游消费分析；旅游收入与分配；旅游经济结构的分析与优化等。

本书既有定性的和宏观的理论研究，又有定量的与微观的实证分析，具有较强的理论性、科学性、系统性和实用性。本书不仅适于作为高职高专院校旅游管理专业及相关专业的教学用书，也可供从事旅游经济研究与管理的人员参考。

图书在版编目（CIP）数据

旅游经济学/丁玉平主编. —北京：机械工业出版社，2019.8（2024.7重印）
高职高专旅游与餐饮类专业规划教材

ISBN 978-7-111-62823-1

Ⅰ. ①旅… Ⅱ. ①丁… Ⅲ. ①旅游经济学—高等职业教育—教材
Ⅳ. ①F590

中国版本图书馆 CIP 数据核字（2019）第 095835 号

机械工业出版社（北京市百万庄大街22号　邮政编码100037）
策划编辑：孔文梅　　责任编辑：孔文梅　侯　颖
责任校对：李　杉　　封面设计：鞠　杨
责任印制：刘　媛
涿州市般润文化传播有限公司印刷

2024年7月第1版第3次印刷
184mm×260mm·14印张·332千字
标准书号：ISBN 978-7-111-62823-1
定价：36.00元

电话服务　　　　　　　网络服务
客服电话：010-88361066　　机 工 官 网：www.cmpbook.com
　　　　　010-88379833　　机 工 官 博：weibo.com/cmp1952
　　　　　010-68326294　　金 书 网：www.golden-book.com
封底无防伪标均为盗版　　机工教育服务网：www.cmpedu.com

前言

旅游业是朝阳产业,发展势头强劲,发展前景广阔。进入 21 世纪后,旅游成为人们生活越来越不可或缺的部分。20 世纪 90 年代中期,旅游业已成为世界上最大的产业。2018 年,国内旅游人数达 55.39 亿人次,收入为 5.13 万亿元,同比分别增长 10.8% 和 12.3%;入境旅游人数达 1.41 亿人次,收入为 1 271 亿美元,同比分别增长 1.2% 和 3.0%;实现旅游总收入 5.97 万亿元,同比增长 10.5%,其增速远高于同期 GDP 增长速度。旅游经济的快速发展带动了我国旅游教育的发展,需要人们更加重视对旅游经济活动的研究。

旅游专业的高等职业教育是我国高等职业教育的重要组成部分,也是我国旅游业健康发展的重要支持。要搞好高等职业教育,拥有一本合适的教材十分必要。针对高职高专学生的实际情况,本书在编写时注重突出高等职业教育的职业性、实用性和可操作性;注重最新案例的应用,深入浅出,案例生动有趣,有利于学生对旅游经济学基本知识、基本原理和方法的理解与掌握,适应高等职业教育的要求;注重对数据的更新,使教材内容与时俱进。

本书全面、系统地阐述了旅游经济学的基本理论和方法,是编者多年从事旅游经济教学和研究的成果。本书由丁玉平(承德石油高等专科学校)任主编,武瑞营(承德石油高等专科学校)和田敏娜(承德石油高等专科学校)任副主编。具体编写分工如下:绪论、第一章由丁玉平编写,第二章、第四章由侯艳艳(承德石油高等专科学校)编写,第三章由武瑞营编写,第五章由胡滨(承德石油高等专科学校)编写,第六章由田敏娜编写,第七章、第八章由董涵(承德石油高等专科学校)编写,第九章由邢兆强(廊坊师范学院)编写。全书由于卫东(承德石油高等专科学校)担任主审。

本书配有电子课件和课后习题答案等教师用配套教学资源。凡使用本教材的教师可登录机械工业出版社教育服务网 www.cmpedu.com 下载。咨询电话:010-88379375;服务 QQ:945379158。

本书在编写过程中,参考了多位学者的相关文献,在此向他们表示深深的谢意。由于编者水平有限,书中难免有疏漏和不足之处,恳请各位专家、业内人士和广大读者不吝赐教,我们将不胜感激。

编 者

Contents

目录

The Introduction

绪论

学习目标

知识目标：了解旅游经济学产生和发展的过程，掌握旅游经济学的研究对象，了解旅游经济学的主要研究内容与理论体系。

技能目标：掌握旅游经济学的各种研究方法并能灵活应用。

能力目标：掌握旅游经济学的学科性质与特点，并能将旅游经济学和其他相关专业学科相结合用于认识并深入分析实际问题。

导读案例

2019 年 1 月 16 日，由世界旅游城市联合会（WTCF）与中国社会科学院旅游研究中心共同主办的《世界旅游经济趋势报告（2019）》（以下简称报告）发布会在京举行。

报告提到，2018 年全年全球旅游总人数达 121 亿人次，较上年增加 5.8 亿人次，增速为 5%，与 2017 年相比，增速下降 0.7 个百分点。

与之相对应的是，全球旅游投资理性攀升。2018 年，全球旅游投资达 9 648 亿美元。长期来看，全球旅游投资增速显著放缓，2005 年为 13.1%，2018 年则回落到 4.8%。

报告称，2018 年全球旅游总收入达 5.34 万亿美元，相当于全球 GDP 的 6.1%，较上年下降0.4%。预计 2019 年全球旅游总人数将达到 127.6 亿人次，增速为 5.5%，增速较 2018 年回升 0.5个百分点，全球旅游总收入将达 5.54 万亿美元，相当于全球 GDP 的 6%。

报告总结了以下 7 大特点：一是 2019 年全球经济增长趋缓，但旅游经济稳步上涨；二是全球5 大区域旅游发展渐趋明显，亚洲增长、欧洲下滑；三是亚太旅游投资规模、增速均列前茅；四是创新性提出 T20 国家概念，T20 国家创造全球旅游八成收益；五是支付手段变革助推旅游消费升级；六是以虚拟技术、全产业链合作等为代表的 6 大营销创新打造旅游新体验；七是城市仍是入境旅游者的主要目的地，95%的国际城市来自于亚太、欧洲和美洲。

总之，通过对全球旅游经济总体、5 大区域、2 类经济体、20 个旅游大国、79 个国际城市、3个典型行业等不同层面的分析，可以明显地看出，旅游经济与国民经济整体具有高度相关性，而且更重要的是，旅游经济在国民经济中扮演着越来越重要的角色。在全球经济一片黯淡之下，旅游是照亮我们生活、照亮经济的一道光亮。而旅游的本质，就在于连接，在于设施、服务和情感的连接。旅游能够让城市更美好，旅游也能够让世界更美好！

资料来源： http://www.199it.com/archives/823445.html（有删改）

http://www.sohu.com/a/289486486_126204（有删改）

在人类文明发展的历史长河中，任何一门学科的形成和发展，都是人类社会发展到一定历史阶段的产物，都是人们对社会实践活动的概括和总结。旅游经济学是伴随着旅游经济的产生和发展而形成的一门新兴学科，是对旅游经济活动的理论概括和总结。因此，作为旅游经济学的"绪论"，本章主要阐明旅游经济学的产生和发展、性质与特点、研究对象、研究内容和研究方法，以便从总体上掌握旅游经济学的理论体系和架构，为以后的学习和应用奠定基础。

一、旅游经济学的产生和发展

早在 18 世纪，由于工业革命和资本主义市场经济发展所带来的生产力发展与社会变革，使社会大众对旅游活动的需求逐渐产生并发展。随着 19 世纪以来西方国家旅游业的发展，人们开始关注对旅游经济问题的研究。人们对旅游活动的需求通过与专业旅游产品生产商之间进行交换达到满足，使得旅游活动逐步商品化，进而促进旅游经济逐步产生和发展壮大起来。

旅游经济学是伴随着旅游经济的形成与发展，对旅游经济实践活动进行一系列研究而产生的一门新兴学科，旅游经济学的形成与发展大致可分为三个阶段。

1. 旅游经济学的早期萌芽阶段

旅游经济学的早期萌芽阶段可以追溯到 19 世纪后期至 20 世纪 20 年代。这个时期正是现代旅游史上"大众旅游"的高潮时期，也是欧洲各国之间，欧洲与北美之间往来旅游者日益增多的时期。这一时期对于旅游经济现象的研究是学术界对早期经济现象的认知过程，也是旅游经济学的初始时期。1845 年，英国人托马斯·库克（Thomas Cook）创办了世界首家旅行社，向社会大众提供专业的旅游服务产品，从而拉开了近代旅游经济活动的帷幕。自此之后，伴随着西方国家商业化旅游活动的日益广泛开展，旅游业逐渐成为国民经济中的新兴行业，从而引起人们对旅游业的广泛关注和重视，并促使人们对旅游活动中的经济现象与问题进行研究。

关于旅游经济现象和问题的研究，最早出现于国外一些学者的研究文章中。如 1885 年，法国学者 A. 巴博（Amiddot Gbagbo）在其出版的名为《从文艺复兴到大革命以来在法国的旅游者》的经济学史著作中，最先提出了旅游者的消费问题；1899 年，意大利国家统计局局长博迪奥（L.Bodio）在其发表的《关于外国旅游者在意大利的流动与花费》中，开始对旅游者消费进行具体的分析研究；1909 年，西班牙的贝兰伯爵（有的译为贝兰，有的译为贝兰伯爵）发表了《西班牙发展旅游业所带来的收益》，提出了把旅游业作为经济产业来研究的思想。

2. 旅游经济学的形成阶段

旅游经济学的形成阶段是从 20 世纪 20 年代中至 20 世纪 40 年代末。随着第一次世界大战的结束，欧洲的经济逐渐恢复，越来越多的人到欧洲来旅游，对带动和促进欧洲经济的发展起到了积极的推动作用。在这种情况下，旅游学术界以及其他学术界对发展旅游经济的认同，促进了对旅游经济的重视与研究。1927 年，意大利罗马大学的教授马里奥蒂（A.Mariotti）出版了《旅游经济学讲义》，1928 年又出版了该书的续编，首次对旅游经济问题进行了较全面、系统的研究，并从经济学的角度对旅游经济活动的形式、结构和相关内容进行了分析，明确提出了现代旅游活动属于经济性质的社会现象。这标志着旅游经济学的初步形成。

在这一阶段中，还有很多学者从不同的研究角度，对旅游经济学的性质、作用和内容进行了研究。如 1927 年，法国的 L. 奥夏在一份《致国家经济委员会的报告》中写道："从前，旅游业是一种个人旅行得好的艺术，今天，它已经成为对旅行者接待好的国家产业。由此可知，旅游业已从个人或集体的消遣领域全面转变为总的经济领域"；1933 年，英国爱丁堡大学的政治经济学教授 F. W. 欧吉尔维在其出版的著作《旅游活动：一门经济学科》中阐述了旅游需求和旅游消费的理论；1935 年，德国柏林商业大学旅游研究所所长格里克斯曼（R.Glucksmann）发表了《一般旅游论》一书，不仅从经济学角度，而且从社会学角度对旅游经济的发展进行了研究。

3. 旅游经济学的发展阶段

第二次世界大战后，作为第三产业中新兴的旅游业，逐渐发展成为国民经济中的重要产业。为了适应旅游业快速发展的需要，欧美许多国家建立了各种类型的旅游经济管理院校，开设旅游经济、旅游管理等学科，对旅游业所需要的人才进行培养。同时，欧美国家的学者在总结旅游经济发展经验的基础上，对旅游经济理论和方法进行了全面的研究，并发表和出版了一批论文和著作，为构建旅游经济学学科理论和体系奠定了一定的基础。

从 1969 年美国迈克尔·比德斯出版的《国际旅游业》、1974 年英国博卡特和梅德里克教授合著的《旅游业的过去、现在和未来》、1975 年世界旅游组织出版的《国际旅游业发展对发展中国家经济发展的影响》、1978 年南斯拉夫翁科维奇教授出版的《旅游经济学》，到 1979 年巴雷特出版的《旅游需求论》，全面系统地对旅游经济学的相关理论和方法进行了研究。尤其是翁科维奇（Slobodan Unkoui）教授的《旅游经济学》分析和阐述得更加全面、具体，并预测了现代国际旅游业的发展趋势，已经成为具有广泛代表性和影响力的旅游经济学教材。

近二十年来，旅游经济学的研究主要集中于旅游需求和供给、旅游市场和游客流动规律、旅游目的地建设与区域经济发展、旅游产业结构调整与产业空间分布、旅游资源和旅游产品开发、旅游业投入与产出分析、旅游乘数效应、旅游的经济和社会影响、经济政策与旅游产业发展、国际区域旅游分工与合作、旅游经济分析与决策、旅游人力资源开发与管理、发展中国家旅游经济发展战略等方面。对上述领域所进行的分析和探索，促进了旅游经济理论体系的不断发展和完善，也不断构建起旅游经济学的学科体系。

二. 中国旅游经济学的发展

早在 20 世纪 20 年代，在中国已经有经济学者对旅游经济的性质与作用等问题进行过探讨，但当时中国旅游的发展尚未形成产业，受到当时旅游发展水平的限制，无法对旅游活动进行深入研究。与国际上旅游业发达的国家相比，中国现代旅游业的发展起步较晚，对旅游经济理论的研究也是从改革开放之后开始的。20世纪70年代末以来，随着中国对外开放政策的逐步推进，旅游业取得了长足的发展。旅游业发展的实践为旅游经济研究提供了丰富的素材，使中国旅游经济理论的研究领域和研究范围不断拓展。

1980年，沈杰飞和吴志宏发表了论文《建立适合我国实际的旅游经济学科》，从学科发展的角度对旅游经济学的研究对象、研究内容、研究方法进行了深入的探讨。1982年王立刚和刘世杰主编出版的《中国旅游经济学》、1985年黄辉实主编出版的《旅游经济学》、1986年林南枝和陶汉军主编出版的《旅游经济学》等一系列教材推进了中国旅游经济学的研究和旅游经济相关教材的建设与发展。尤其是1987年著名经济学家孙尚清主持的"中国旅游发展战略研究"重大课题，提出了中国旅游业要"适度超前发展"的战略，把中国旅游经济的理论推向了实践。1993年，云南大学旅游系主持的"云南旅游产业发展战略研究"，率先把旅游业作为云南经济发展的支柱产业来培育与建设，进一步推动了旅游产业经济和区域经济的研究与发展。

20世纪90年代中期以后，伴随着中国旅游业的快速发展，旅游经济的实践总结和理论研究进入热潮，各种旅游经济著作和研究论文如雨后春笋般不断问世，不仅为快速发展旅游业提供理论指导，也为迅速发展的旅游教育和研究提供了丰富的参考资料，还为旅游经济学理论体系的完善提供了丰富的理论成果和实践内容，从而推动了旅游经济学研究不断向前发展。

三、旅游经济学的学科特征

旅游经济学是现代经济学的一个分支，是以经济学理论为指导，以旅游活动为基础，主要研究旅游活动中旅游者、旅游经营者、旅游组织之间各种经济现象、经济关系和经济规律的科学。由于旅游经济学既要从微观旅游经济角度研究旅游者、旅游经营者等单个旅游经济单位的行为，又要从宏观角度研究整个旅游经济运行和整体经济行为，因此旅游经济学具有不同于其他学科的学科特征。

1. 旅游经济学是一门应用性学科

旅游经济学同经济学之间既有区别又有联系。经济学是研究人类社会发展各个阶段上经济活动、经济关系和经济规律的学科总称，是把人类社会的经济活动作为一个整体，从生产、交换、分配和消费诸环节的内在联系和矛盾运动中，揭示整个社会经济发展的一般性规律的科学，属于理论经济学的范畴。而旅游经济学则是以经济学理论为指导，以旅游活动为基础，专门研究旅游活动中特有的经济现象和经济关系，揭示旅游经济发展的客观规律及其作用条件、范围和表现形式，从而指导旅游经济健康发展的科学。

2. 旅游经济学是一门产业经济学

产业经济学专门是针对某一经济领域内的经济活动进行研究，从而揭示该领域经济运行的内在规律。旅游经济学作为一门产业经济学，是研究旅游经济活动过程中各种经济现象之间的内在联系，揭示旅游经济运行中的特殊矛盾及规律，并把经济学的一般原理用于指导旅游经济活动，以促进旅游产业健康、持续地发展，因此旅游经济学属于产业经济学的范畴。

3. 旅游经济学是一门边缘性学科

由于旅游经济活动具有综合性的特点，所以对旅游经济的研究不仅要以经济学、旅游学的理论为指导，还必须借助其他学科的理论及研究成果来丰富旅游经济学的研究内容。例如，运用心理学、地理学、资源学、社会学、统计学、市场学等学科的理论和方法，综合考察旅游活动在经济领域中的各种现象，就可以进一步加深对旅游经济内在规律及其运行机制的认识，以更好地掌握旅游经济的理论体系和方法。因此，与其他学科相比较，旅游经济学是一门新兴的边缘学科。

4. 旅游经济学是一门基础学科

旅游经济学是旅游专业的基础学科，但又不同于旅游学和旅游管理学。旅游经济学是在旅游学的理论指导下，揭示旅游活动在经济领域所发生的矛盾运动、经济关系的发展规律等，在旅游专业的知识体系中起到基础性的作用。从本质上说，现代旅游活动是一种人类社会的社会现象，更是一种经济现象，旅游业是一项经济产业，因此，旅游经济学是旅游学和经济学研究领域重合的产物。经济学为分析旅游经济活动提供理论基础，同时，旅游学又明确了现代旅游经济活动中服务型旅游产品的生产、交换和分配与其他经济领域存在的不同。旅游经济学是旅游学众多研究角度当中的一个，运用经济学理论研究旅游经济活动中的特殊规律与表现形式。因此，旅游经济学建立在旅游学和经济学的基础之上，受到这两门学科的指导。

旅游是一种综合的社会经济现象，在理论上从不同侧面反映和概括这种现象的学科众多，如旅游市场学、旅游地理学、旅游统计学、旅游会计学、旅游饭店管理、旅行社管理、旅游交通管理等，这些学科与旅游经济学的关系可以大致分为两大类：

第一类是与旅游经济学成平行关系的学科，如旅游心理学、旅游社会学、旅游法学、旅游地理学、旅游美学等。它们都是从不同的侧面运用不同的专业知识来探讨旅游活动的特点和规律，因此它们同旅游经济学是平行关系，旅游活动是它们联系的纽带。

第二类是与旅游经济学成纵向关系的学科，如旅游市场学，旅游饭店管理、旅行社管理、旅游交通管理等。其中，旅游市场学、旅游管理学是旅游经济学的延伸，即以旅游经济学的原理为基础，从宏观和微观的角度分别在旅游管理和旅游市场方面做进一步的分析和研究。旅游饭店管理、旅行社管理、旅游交通管理等均属于旅游企业管理，它们以旅游经济学的基本原理为指导，从微观角度探讨旅游行业中这类企业经营管理的思想、原则、方法和技术。

四、旅游经济学的研究范围

1. 旅游经济学的研究对象

旅游经济学的研究对象是旅游活动中存在的各种经济矛盾问题，即旅游活动中旅游者、旅游经营者、旅游组织等主体之间在旅游经济活动中出现的各种矛盾现象、关系与规律。

旅游经济学研究的主要矛盾是旅游经济活动中旅游产品的需求与供给的矛盾。其研究的目的是揭示各种旅游经济活动过程中由于旅游活动所引起的旅游需求与旅游供给这一主要矛盾，以及由此而产生的各种矛盾的内在规律与运行机制。具体来讲，旅游经济学的研究对象和主要任务表现为以下几个方面：

（1）研究现代旅游经济的形成过程及规律

现代旅游经济是伴随着现代旅游活动的发展而形成的。旅游活动作为人类社会生活的一部分，并非生来就是商品，旅游活动成为商品是人类社会发展到一定阶段的产物，是伴随着市场经济的发展、商品生产和交换而形成的，是商品经济发展的必然结果。

（2）研究旅游经济运行的机制及实现条件

旅游需求与旅游供给的矛盾贯穿于整个旅游经济运行全过程，是影响和决定着旅游经济运行中其他一切矛盾的基础。因此，要把旅游需求和旅游供给的形成、变化及矛盾作为旅游经济学研究的切入点，去揭示旅游经济运行的内在机制，分析旅游市场供求平衡的实现条件，分析影响旅游经济运行机制的各种因素及其变化规律，为旅游经济有效运行提供科学的理论指导。

（3）研究旅游经济的效益及实现途径

旅游经济效益主要体现在三个方面：第一，是否满足了旅游者的需求，因此必须对旅游消费进行分析和研究；第二，是否满足了旅游经营者的需求，从而需要对旅游经营者的投资、收入、分配进行研究；第三，是否满足了旅游目的地社会与政府的需求，所以要对旅游经济活动的宏观效益和微观效益进行综合分析和研究。在现代旅游活动中，不同的参与者有不同的目标和要求，因而旅游活动是否有成效，关键是看其实现旅游活动参与者的目标情况。因此，探讨如何调节诸经济因素、协调和处理好各方面的经济关系，从而获得最佳效益是旅游经济学研究的任务之一。

（4）研究旅游经济的地位与发展条件

旅游经济是国民经济的重要组成部分，在国民经济中占有十分重要的地位。旅游经济的形成和发展必须以整个社会经济发展为基础，同时旅游经济的发展又对社会经济、文化和环境产生重要的影响作用。因此，旅游经济学必须研究旅游经济与社会经济各产业、各部门间的相互联系，研究旅游经济对文化和生态环境的作用和影响，以便从整个社会的角度为旅游经济的发展创造良好的条件，以促进旅游经济健康、快速、持续发展。

2. 旅游经济学的理论体系

旅游经济学的理论体系是对现代旅游活动中的经济问题进行分析研究、总结概括提炼形成的，整个理论体系框架是以旅游者和旅游经营者所共同指向的旅游产品为基础，通过分析微观旅游经济行为，进而分析宏观旅游经济行为而建立起来的（如图 0-1 所示）。

从图 0-1 可以看出，旅游活动中的经济问题是以旅游产品为核心的。因为从经济学的观点看，只有为市场交换而生产的产品才能称为商品，由此才产生了有关生产、交换、分配和消费的理论。在旅游活动中，无论是旅游者还是旅游经营者所指向的共同对象都是可供交换的旅游产品，因此旅游产品的研究必然成为旅游经济学研究的基本出发点。

旅游者的旅游需求和旅游经营者的旅游供给，形式上表现为对旅游活动的需求和供给，而本质上则是对旅游产品的需求和供给，并在旅游价格和市场竞争作用下来实现旅游产品的供求平衡；同时，由于旅游者对旅游产品的消费形成了经营者的收入，因此旅游者对旅游产品的需求结构和消费结构就决定了旅游产品结构、旅游供给结构，进而决定了旅游产业结构、旅游区域经济结构等。同时，旅游市场的自发性特征决定了在旅游市场上总是存在旅游产品供求不平衡，因此，客观上就需要加强对旅游经济运行的宏观调控，促进旅游经济结构优化、旅游经济核算和效益评价，促使旅游经济运行不断从供求不平衡到平衡，进而促进了旅游经济的增长与发展。

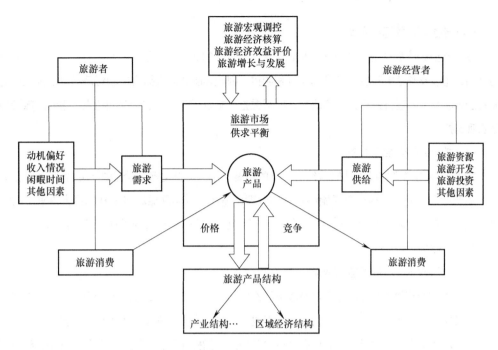

图 0-1 旅游经济学的理论体系框架

3. 旅游经济学的研究内容

旅游经济学理论体系中所包含的各种研究内容既围绕旅游产品需求与供给间的核心矛盾和冲突，又在不同的角度反映了独特的矛盾规律，因此旅游经济学的研究内容包含以下几个方面：

（1）旅游经济的形成及标志

旅游经济是社会生产力发展到一定历史阶段的产物，是国民经济的有机组成部分。研究旅游经济学应首先明确现代旅游经济的形成过程与发展特点；明确旅游经济产业化的主要标志；从社会经济发展的角度把握旅游经济在国民经济中的重要地位，以及其对社会、文化和生态的作用与影响。

（2）旅游产品开发与市场供求关系

旅游经济活动是以旅游产品的需求和供给为出发点的，旅游产品具有不同于其他物质产品的属性和特点，因而必须首先研究旅游产品的科学含义及构成，把握旅游产品的市场生命周期，然后根据产品的市场供求状况及影响因素、旅游产品供求弹性的不同特点，制订旅游产品策略，掌握旅游产品的供求矛盾和问题，实现旅游产品的市场供求平衡，包括旅游产品的短期均衡和长期动态均衡。

（3）旅游市场研究及开拓策略

旅游产品通过旅游市场实现供给和消费，对现代旅游市场的研究必须掌握不同类型的旅游市场特点与运行规律；遵循现代旅游市场的机制与规律要求，建立保证旅游市场正常运行的法律法规体系，规范旅游市场上各个主体的经济行为；采取适合不同企业的市场开拓战略；掌握各种科学的定价策略与方法，促进旅游产品的营销。

（4）旅游经济的运行和调控

现代旅游经济活动是一种包括微观和宏观旅游经济的活动，其不仅涉及旅游经济主体的经济决策与行为，还涉及整个宏观旅游经济的运行和调控。因此，既要研究微观旅游经济活动的决策行为，也要对宏观旅游经济运行进行分析和研究，以把握整个旅游经济运行的状况和特点，适时对旅游经济进行宏观调控。

（5）旅游消费与旅游投资

旅游产品的消费与投资是旅游经济活动的重要环节。因此必须研究旅游者的消费动机、消费倾向、消费行为、消费结构，探寻旅游消费的合理化途径，以实现旅游者消费的最大需求。同时还要研究旅游投资的内容和特点，研究旅游投资项目的可行性研究方法，不断提高旅游投资项目的经济、社会和环境效益。

（6）旅游收入、分配及旅游效益

追求旅游经济效益是旅游经营者从事旅游经营活动的主要目标，也是旅游目的地国家发展旅游业的基本目标之一。因此，要研究旅游收入的形成及影响因素；研究旅游收入分配与再分配；研究旅游经营成本及降低成本的途径；研究旅游经济效益与效益指标体系；通过对宏观和微观旅游经济的效益分析，对旅游经济效益的实现做出合理的评价。

（7）旅游经济结构与旅游可持续发展

旅游经济学不仅研究旅游经济现象及其运行机制，还要研究旅游经济活动中的各种经济关系，它们从不同的方面对旅游经济的发展产生影响。因此，要研究旅游产品结构、产业结构、区域经济结构，以寻求旅游经济结构的合理化；研究旅游经济发展与资源、环境的关系，以探寻促进旅游经济可持续发展的最佳模式。

五、旅游经济学的研究方法

由于旅游经济学是一门综合性的学科，具有十分广泛的研究内容，不仅涉及多种学科的内容，还有相关的多种社会实践活动。因此，在研究的过程中方法的选取势必会影响到最终成果的科学性与准确性，以及最终的实际指导意义。具体来讲，在研究旅游经济学的过程中，必须坚持以下几种方法：

（1）理论与实际相结合的方法

任何科学的理论都是来源于实践，又对实践起指导作用。只有通过实践，才能发现真理，才能证实和发展真理。旅游经济学是对旅游经济活动实践的科学概括和总结，因此研究旅游经济学必须坚持实事求是的科学态度，把理论与实践相结合，要求一切研究者都要从旅游经济活动的客观实际出发，运用现代经济理论分析旅游经济活动中的各种经济现象和经济关系，解决旅游经济发展中的实际问题，揭示其发展变化的客观规律，并上升为科学的理论，用以指导旅游经济的实际工作。

（2）系统分析的方法

系统分析的方法是指把要解决的问题作为一个系统，对系统要素进行综合分析，找出解决问题的可行方案的方法。坚持系统分析的方法，首先要坚持全面分析的方法。旅游经济活动是社会经济活动的一个子系统，其本身又是由各种要素所组成的。因此，在研究旅游经济时，既不能局限于旅游经济活动的某一个方面或环节，更不能以地理划界而孤立地研究某个区域。旅游经济的研究要着眼于旅游经济活动的全局，以整个社会经济为背景，才可能揭示和掌握旅游经济的客观规律。

（3）定性分析与定量分析相结合的方法

任何问题都可以采用定性分析和定量分析这两种方法来评价、判断和研究，两者是统一的、相互补充的。定性分析是用文字语言进行相关描述，是主要凭分析者的直觉、经验，凭分析对象过去和现在的延续状况及最新的信息资料，对分析对象的性质、特点、发展变化规律做出判断的一种方法。定量分析是用数学语言进行描述，是依据统计数据，建立数学模型，并用数学模型计算出分析对象的各项指标及其数值的一种方法。在旅游经济学的研究和学习中，通过定量分析揭示各种旅游现象之间的变动关系及发展趋势，为定性分析提供科学的依据；通过定性分析，准确界定事物的本质和属性，为定量分析提供指导，从而达到事物的质和量的统一，促进旅游经济的持续发展。

（4）静态分析与动态分析相结合的方法

静态分析是指在一定条件下，运用一定的理论揭示各个变量之间的相互关系；动态分析的目的主要是为了掌握动态发展的规律，动态分析是建立在不同状态的静态分析基础之上的。例如，旅游投资项目评价中通过计算静态投资回收期、投资利润率等指标，可以对项目的财务效益得出初步的判断。但是在项目决策评价阶段，要树立动态观念，如考虑资金时间价值、市场供求变化、社会经济环境的变化等。现代项目财务评价一般以动态分析为主，主要进行项目现金流量分析，计算财务净现值、内部收益率等指标，并进行风险概率分析等。只进行静态分析不能了解事物发展的趋势和规律，不进行静态分析则动态分析难以进行，只有将两者结合起来，才能把握旅游经济发展的内在客观规律。

（5）微观分析与宏观分析相结合的方法

微观分析是对旅游企业、旅游者个人的活动和行为进行分析，而宏观分析是对旅游企业和旅游者个人的活动对社会经济的影响或产生的效果进行分析。没有对旅游企业和旅游者的活动行为进行分析，就不可能掌握旅游经济的整体运行基础；而旅游活动的整体运行状况又是个别旅游企业和旅游者进行经济活动的环境和条件。因此，要了解和掌握旅游经济发展的规律就必须采用微观分析和宏观分析相结合的方法。

（6）实证分析与规范分析相结合的方法

实证分析研究"是什么"的问题，或者说人们在经济活动中所遇到的问题"是如何解决"的问题，只描述旅游经济活动和经济现象发生及发展的客观过程，揭示经济现象的内在联系和有关变量之间的关系，分析和预测经济活动的后果。实证分析不涉及价值判断，所分析的问题可以通过事实加以验证。规范分析研究"应该是什么"的问题，或者说所遇到的经济问题"应该是如何解决"的问题。规范分析以价值判断和经济理论为基础，通过对行为和后果的判断，提出解决问题的思路和具体对策。规范分析一般不能用事实或证据加以证明。需要说明的是，实证分析与规范分析、定性分析与定量分析是两个不同的范畴，需要加以区分不可混淆。

（7）多学科知识相结合的方法

对于旅游经济的研究不仅要涉及经济学、旅游学等基础理论学科，还会涉及社会学、心理学、统计学、市场学、地理学、资源学等学科知识的运用，借助其他学科的理论及研究成果来丰富旅游经济学的研究内容，才能充分展现旅游经济活动综合性的特性，才能对旅游经济研究得更加科学和系统。因此，在旅游经济研究的时候要运用多学科知识，拓宽思路，开阔眼界，提升高度，借力于多学科知识体系更全面地、系统地开展分析与研究，进一步加深对旅游经济内在规律及其运行机制的认识，增强对经济活动、经济规律的研究力度和研究水平。

基本训练

1. 旅游经济学是如何产生的？
2. 旅游经济学有何特征？
3. 旅游经济学的研究对象是什么？
4. 旅游经济学的研究方法有哪些？

应用训练

1. 用图形的表达方式陈述旅游经济学的理论体系。
2. 进入中华人民共和国文化和旅游部网站的政务公开下的统计数据页面，阅读并分析近五年的中国旅游业统计公报和各分类统计数据，运用旅游经济学的研究方法分析统计数据中体现的我国旅游业发展趋势与特点。

案例分析

旅游真的是产业么？

1994 年，英国巴特沃斯·海纳曼（Butterworth-Heinemann）出版社出版的《下一个十年的全球旅游》一书，收录了美国著名旅游专家托马斯·李·戴维逊（Thomas Lee Davison）的专文《旅游真的是产业么？》。戴维逊在文章的引文中明确指出："旅游根本不是一个产业，充其量不过是一些产业的集合。"他认为："把旅游当作一种产业可能就是造成误解、抵制甚至敌视的主要根源，这些误解、抵制甚至敌视经常令那些倡导旅游是现代经济中主要经济力量的人们感到困惑。"他指出："从历史上看，旅游没有被经济学家、经济开发商甚至政府认真地对待，仅被看作是一种娱乐和游戏、消遣、休闲、非生产性的活动，而旅游目的地的某些居民则把旅游者看作是人群、环境的敌人，不受欢迎的人。"

从 20 世纪 70 年代石油危机以后，从事旅游生意的人们开始通过把旅游定义为一个"产业"，然后用衡量其他产业时使用的类似术语来衡量旅游活动的经济影响，以期得到社会的重视。因为"产业"在当时是一个褒义词，其内涵是工作、生产、就业、收入和经济财富等。人们之所以把旅游定义为产业，根据戴维逊的分析主要有三个目的：

其一，为了赢得重视的需要。因为，是否受到重视取决于旅游对经济财富贡献的认可，由于旅游存在着形象上的麻烦，因此其未被看作是经济发展的一个组成部分。因此，如果旅游业真正被当作一个产业，值得和其他已被确认的产业部门一样被对待，旅游的形象自然会得到改善，对旅游的支持也会增强。

其二，确立开列、分析和发表有关旅游数据的稳妥框架的需要。从历史上看，经济学家一直把"产业"当作衡量和研究的基础。如果旅游能被认真地衡量和研究，那么它必须是产业。只有把旅游当作产业，它才可以与世界经济中其他的产业相比。

其三，自我识别的需要。能算作一个产业的组成部分，是取得名分的一个明晰而方便的途径，名正才能言顺。

为了说明旅游不是产业，戴维逊对什么是产业进行了专门论述。他认为产业可以从以下两方面得到答案：一是经济学定义。经济学家将产业定义为"所有生产相同产品的单个企业的集合"。而两种产品是否"相同"，是根据交叉需求弹性理论中所讲的可替代性来限定。二是根据标准产业分类手册确定。根据以上分析，一个"产业"的核心要素应该是：一些单个的经营性的企业组合；这些经济单位所得到的收入；生产和销售一个共同的产品，即一个企业生产的产品是在这个产业中其他任何企业生产的产品的替代品。因此，如果旅游是个产业的话，那么旅游学家或其他人也能够用上述核心要素来衡量旅游。

接着，戴维逊提出了一个问题："旅游到底是什么？"其通过分析后指出，旅游是一种社会现象，不是一种生产活动；所有旅游者支出的总和并不是这一组相似企业的收入所得；旅游是一种经历或过程，不是一种产品，这种经历又是差异悬殊的。因此，旅游是人们除日常生活外，为公务、消遣或私事而进行的活动，远比传统意义的"产业"所包含的内容大得多。作为一种经济力量，旅游者花费的影响实在是无所不及。旅游是一种花费驱动性的现象，而不是收入驱动性的现象。把旅游当作一个产业来定义，会使它更难以证明或者赢得更加广泛的含义。

最后，戴维逊根据正反两方面的分析之后得出了以下结论："将旅游定义为产业是不正确的，因为这个定义贬低了旅游的真正意义。旅游是一种社会经济现象，它既是一个经济进步的发动机，也是一种社会力量。旅游远不只是一个一般意义的产业，旅游更像是一个'部门'，它影响着一大批产业。旅游所涉及的不仅仅是生意或者行政管理，他指的是人，因而支持合理的旅游增长与发展，应当从这种更广泛的意义上去理解。"

资料来源： 武瑞营. 旅游经济学[M]. 北京：化学工业出版社，2014：11-12.（有删改）

案例分析思考：

1. 分析和区别旅游、旅游业、旅游经济的概念和内涵。
2. 从产业经济角度分析：旅游是不是一个经济产业？

第一章

现代旅游经济与旅游产业

学习目标

知识目标：了解现代旅游的概念，认识旅游经济的形成基础、发展特征与发展过程，掌握旅游经济的性质与特征。

技能目标：能够分析旅游经济的运行规律，并正确认识旅游经济的产业化和对社会经济、文化、环境等方面的影响。

能力目标：具备能够对现实社会中多种多样的旅游经济现象进行理性分析，并将其抽象为旅游经济关系的能力。

导读案例

中国旅游经济发展的现状和趋势

改革开放 40 多年以来，中国旅游经济快速发展。1978 年，接待海外入境（过夜）旅游人数 82 万人次，旅游外汇收 2.60 亿美元，国内旅游和出境旅游还没有出现。发展到 2017 年，国内旅游人数 50.01 亿人次，比上年同期增长 12.8%；入/出境旅游总人数 2.7 亿人次，同比增长 3.7%；全年实现旅游总收入 5.40 万亿美元，同比增长 15.1%。

中国旅游业发展呈现的 5 大典型特征：

第一，三大市场"两增一减"，出境、国内旅游增长有所放缓，入境旅游持续下降。

第二，大资本进军旅游行业，旅游投资主体多元化。民间资本旅游投资额约占全年旅游直接投资总额的 57%，民间资本成为旅游投资的主力。

第三，泛旅游现象日趋显著，旅游消费行为自主化、多样化，旅游空间日趋泛化，城市、乡镇以及村落皆是重要的旅游活动空间。同时产业融合进一步增强，催生了创意旅游、在线旅游、会展旅游、旅游地产等多种旅游新业态。

第四，在线旅游发展势头迅猛。在线旅游市场初具规模，市场交易规模较 2008 年增长近 5 倍，达到 2 204.6 亿元。在线旅游预订使用率持续上升，发展潜力巨大。

第五，旅游管理走向法制化。《中华人民共和国旅游法》的实施标志着我国进入了全面依法兴旅、依法治旅的新阶段。

中国旅游正是把握住了旅游业的这些特征，增强改革力度，提升创新强度，积极发挥各部门的职能。坚持民生切入，以小见大；坚持改革开放，融入世界；坚持市场引导，部门联动；坚持绿色发展，保护优先；坚持以人为本，科教兴旅；坚持融入战略，服务全局。在各个领域做出了积极有效的创新探索，加速了中国旅游的国际化进程。

对旅游业来说，新常态是对我国经济形势的清醒判断和重要定义，对未来宏观经济政策导向有着决定性意义，对我国旅游业发展方向也有着决定性意义。在我国经济从高速增长向中高速增长转型的"经济新常态"下，要想继续保持超过国民经济增长的较高速度，旅游业需要主动作为，把握基本方向，遵循基本规律，创新发展思路，从经济社会发展大局着眼，充分发挥旅游业在调整优化经济结构、扩大消费拉动内需、增加就业改善民生等方面的积极作用，深化旅游体制机制改革，增强旅游发展内生动力，完善旅游公共服务，优化旅游供需结构，加快旅游业的转型升级，促进我国旅游业持续健康的发展，为新常态下的经济社会发展做出更大贡献。

资料来源： http://www.sohu.com/a/158376870_774901（有删改）

第一节　旅游经济的形成与发展

一、现代旅游

旅游（Tourism）是一定经济社会条件下产生，并随着社会生产力发展而发展的一种综合性经济社会活动。有关"旅游"一词，最早见于南朝齐梁时，沈约（441—513）《悲哉行》"旅游媚年春，年春媚游人"的诗句，用以专指个人意志支配的，以游览、游乐为主的旅行，以此区别于其他种种功利性的旅行。在不同的经济社会发展时期，由于社会生产力发展水平和社会分工程度不同，使旅游的概念和内涵也存在着一定的差别。

在古代社会，旅游实际上是旅行和游览的结合。旅行是指人们离开居住地而客居异地的行为，是一种为了生存、生活或者某种特定目的而进行的被动性活动；游览则是以休闲、观光为主而进行的主题性活动，是一种以追求享乐、调节生活情趣为主要目的的活动。由于旅行和游览在古代社会中有着本质的区别，因而旅行主要是人民群众为了生计而四处奔走的活动；游览则仅仅是王公贵族、富豪人家休闲和享乐的行为。

随着社会经济不断发展进步，人们的生活水平和条件不断提高，旅行和游览已经有机地结合起来，形成以游览为目的、以旅行为手段的现代旅游活动。因此，现代旅游是人们为了特定的目的而离开他们通常居住的环境，前往某些地方并做不超过一年的短暂停留的活动，其主要目的不是为了从访问地获得经济收益，而是为了寻求一种经历，即人们暂时离开居住地而到异地进行各种包含游览、度假在内的，有目的的全部活动的总称。现代旅游与古代旅游相比，有着以下几方面的显著区别：

1. 生活消费性

旅游消费是享受消费和发展消费，是一种高层次的物质文化消费活动。随着现代经济社会的发展和个人可支配收入的提高，人们为了丰富物质文化生活，减少和消除工作带来的身心疲劳，通常会主动外出旅游：或游览名胜古迹亲近自然；或了解异域风情增长见识；或探亲访友以追怀故旧；或休闲度假健身娱乐。正是由于人们旅游消费需求的拉动，使旅游活动成为人们物质文化生活的重要组成部分，并在享受消费支出和发展消费支出中相对增加了旅游消费支出。

2. 文化审美性

旅游活动不仅是物质资料的消费，更是一种精神文明的享受。从文化角度看，旅游是一种文化和审美活动，既是文化的创造过程又是文化的消费过程。作为文化的创造过程，通过旅游活动可以展现一个国家、一个民族的文化内涵和特质，创造出一种包括食、住、行、游、购、娱在内的新型生活方式，从而丰富了人们的物质文化生活；作为文化的消费过程，通过旅游活动可使旅游者了解和鉴赏旅游目的地国家或地区优美的自然风光、奇特的民俗风情，既有益于人们身心健康，又有利于促进整个人类社会文明的进步和发展。

3. 社会交往性

旅游活动作为一种积极的社会交往活动，是一种"民间外交"活动。不仅增强了不同国家、民族和人民之间的相互理解和友谊，还可以开阔人们的胸襟，沟通彼此间的思想感情，调动人们交往的主动性和积极性，并在自然、轻松、愉快的气氛中产生其他社会交往不能达到的积极效果。

4. 影响双重性

古代旅游只限于少数人的自发活动，对社会大众还不足以产生影响，近代旅游和旅游业的兴起虽然对社会经济、文化的建设和发展起到一定刺激作用，但因影响力不大，尚未引起人们的普遍关注。随着经济和现代旅游普遍快速的发展，不仅促进了人们的交流交往，使得各种价值观念和文化互相碰撞和融合，更加促进了经济的繁荣与发展，在增进沟通、发展友谊等方面也做出了突出贡献；但对生态环境的污染、破坏，以及对社会文化、伦理道德、价值观念等方面的负面影响也随之而来。因此，随着新的旅游趋势的到来，它对我们来说既是机遇也是挑战，如何使现代旅游业持续健康地发展是我们需共同面对的课题。

5. 综合经济性

旅游活动不是以经济活动为目的的，但是其整个过程必须以经济活动为基础。因为任何旅游者在旅游活动中，要想有效地满足自己的旅游需求，都离不开食、住、行、游、购、娱等各方面的服务，获得文、商、养、学、闲、情、奇等方面的满足感，这样就需要有专门的服务部门提供相应的服务，并与之发生市场交换行为，从而形成一系列的经济活动。

6. 运作综合性

纵观国内外旅游可以看到，任何一个国家或地区（城市）都无法独立地发展国际或国内旅游业，现代旅游与为旅游提供全方位一体化服务的旅游业已发展成为需要众多产业部门、政府机构、全社会参与并具有特定经济、文化功能的市场综合体。因此，现代旅游业将是旅游者与旅游服务提供者之间构成的一个相互依赖和影响的统一体。由此决定，现代旅游业又具有高度开放性和交叉性特征。

综上所述，现代旅游活动已经不是一种单纯的社会文化活动，而是建立在以经济活动为基础，把多种生产要素和旅游要素集合在一起的综合性经济社会活动。当这种经济社会活动不断发展壮大，在人类社会中越来越具有影响力，旅游经济就成了社会经济不可或缺的一部分。

二、旅游经济的形成与发展

旅游经济是以旅游活动为前提，以旅游服务为内容，以旅游产业为支撑的，反映旅游活动中旅游者、旅游经营者和旅游组织之间的经济现象、经济关系和经济规律的总和。

1. 旅游经济形成的基础

旅游经济是国民经济的重要组成部分之一，其形成和发展既是社会生产力发展和社会分工深化的必然结果，也是现代科技进步的推动作用，是与现代社会化大生产的发展相适应的。旅游经济的形成基础主要有以下几个方面：

（1）生产力发展是旅游经济形成的物质基础

社会生产力是人类社会发展的内在动力。随着社会生产力的发展，人们的消费结构也在不断发生变化，尤其是随着劳动生产率的提高，人们的带薪假期增多，个人可支配收入也不断增加，这都为人们旅游需求的产生奠定了基础。大量旅游需求的产生，必然要求提供与此相适应的各种旅游产品或者服务，于是各种专门的旅游服务机构应运而生，并逐步发展成为一个相对独立的产业部门——旅游业。因此旅游经济的形成是社会生产力发展的必然产物，是随着社会生产力发展、随着人们物质文化精神提高而逐渐形成和发展的。

（2）社会分工深化是旅游经济形成的产业基础

旅游经济是以旅游服务为主的第三产业，是在现代商业和服务业不断扩大和发展的基础上派生出来的新兴产业。商业是为了适应商品生产和交换进一步发展的需要而产生的，是一个专门从事商品流通和服务的独立的产业部门。旅游业是为旅游者提供食、住、行、游、购、娱等多种服务的新兴产业，其在长期的发展过程中逐渐形成一个相对独立的分工领域，不仅具有大量集中的旅游需求和旅游供给，而且具有独立的主体部门、市场结构、生产经营体系和产业结构体系，从而具备了成为一个相对独立的经济产业的基础条件。

（3）科技进步是旅游经济形成的技术基础

科技进步对旅游经济的形成和发展具有十分重要的推进作用。18世纪的产业革命，为现代旅游经济的形成和发展奠定了物质技术基础。尤其是现代交通运输技术的突破性发展和应用，为旅游者提供了安全舒适、方便快捷的交通工具和服务，推动了旅游需求的不断扩大和增长，而且使世界缩小为一个"地球村"，人们可以在很短的时间内周游世界各地，促进了国际旅游的快速发展。科技进步不仅促进了旅游需求迅速扩大，还为旅游服务提供了大量的现代化技术和手段，促进了旅游景区景点的开发、住宿餐饮设施的建设、休闲度假和娱乐产品的发展、旅游信息技术方面的服务等。

（4）相关产业的发展是旅游经济形成的重要基础

旅游经济是关联性和依存性很强的经济产业，其形成必须以其他产业的存在为前提，其发展也必须以其他产业的发展为条件。例如，没有发达的建筑业就不能提供良好的住宿设施条件；没有发达的现代农业就不能保证丰富多样的食品供应；没有发达的信息产业就不可能提供大量的旅游信息等。因此，旅游经济的形成和发展与国民经济中许多经济产业之间有十分密切的联系，这些经济产业的存在为旅游经济形成和持续发展提供了重要条件。

2. 旅游经济发展的过程

旅游经济是随着现代旅游活动的发展而形成和发展的。尽管旅游活动兴起于 16 世纪，形成于 18 世纪的产业革命时期，但是其一直具有地域和规模的局限性。直到 20 世纪之后才有了较快的发展，尤其是 20 世纪 50 年代以后，现代旅游经济进入了持续快速发展的阶段。

（1）旅游经济快速发展阶段

20 世纪 50—60 年代，第二次世界大战后，世界经济的迅速发展及人口迅速增加等因素，不仅促进了现代旅游的快速发展，也相应地促进了旅游经济的快速发展。从 1950 年到 1960 年的 10 年间，国际旅游人数从 2 530 万人次增加到 6 930 万人次，增长了 1.74 倍，国际旅游收入从 21 亿美元增加到 69 亿美元，增长 2.29 倍。但是，这一阶段旅游者人均消费水平低于 100 美元，旅游收入的增长率略高于接待游客增长率，整个世界的旅游经济基本上处于一种"高速低效"的发展阶段。这一阶段欧洲接待国际旅游者人数和国际旅游收入占全世界的比重分别为 72.3% 和 56.8%，美洲所占比重分别为 24.1% 和 35.7%，说明这一阶段世界旅游经济主要集中于欧洲和美洲等经济较发达的国家。

（2）旅游经济波动发展阶段

20 世纪 60—80 年代，随着国际经济社会交往的扩大、人们生活水平的不断提高，观光旅游和度假旅游逐渐发展起来，这促使现代旅游迅速进入大众旅游（Mass Tourism）的发展阶段。尤其是工业化发达国家，大量的旅游者出游使现代旅游经济的发展阶段开始进入"中速中效"的波动发展阶段，并一直持续到 20 世纪 80 年代初期。

在这 20 年间，全球国际旅游人数从 6 930 万人次上升到 27 810 万人次，增长了 3.01 倍；国际旅游收入从 69 亿美元上升到 1 044 亿美元，增长了 14.13 倍。由于这一阶段国际旅游人数年均增长率虽然比上一阶段减少了 3.41 个百分点，但是仍保持在 5% 以上；而国际旅游收入年增长率虽然只比上一阶段增加了 1.94 个百分点，国际旅游收入增长率是国际旅游人数增长率的两倍多，并且旅游者人均消费从 99.57 美元上升到 375.41 美元。因此，把这一阶段旅游经济发展称为"中速中效"的波动发展阶段。发达国家仍然是国际旅游经济发展的主要地区，但是发展中国家所占比重也在逐渐增加。

（3）旅游经济持续发展阶段

世界旅游经济从 20 世纪 80 年代进入了"低速高效"的稳定持续发展阶段。从 1980 年至 2000 年，国际旅游人数增长了 1.51 倍，国际旅游人数达到了 6.97 亿人次，而国际旅游收入则增长了 3.54 倍，达到 4 740 亿美元。进入 21 世纪之后，世界旅游经济持续保持强劲的发展势头。2017 年全球旅游总人次（包括国内旅游人次和国际旅游人次）为 119 亿人次，是全球人口规模的 1.6 倍，全球旅游总收入（包括国内旅游总收入和国际旅游总收入）为 5.3 万亿美元，相当于全球 GDP 的 6.7%。2017 年的旅游总人次和旅游总收入的增速均超过 2016 年，2018 年持续增长，全球旅游总人数为 121 亿人次，全球旅游总收入是 5.34 万亿美元，预计 2019 年会持续增长。

三、旅游经济发展的特点

1. 现代旅游经济的大众性

现代旅游活动不再是以少数富有者为主的活动，而是一种面向广大人民群众的经济社会活动。现代旅游活动的大众化发展，一方面创造了大量的旅游需求，促进了旅游经济的快速发展；另一方面又带动了旅游资源的开发和旅游接待设施的建设，为旅游者提供更为方便的旅游条件和旅游服务，从而推动现代旅游活动进一步向大众化普及和发展。

2. 旅游服务贸易的全球性

随着世界经济的全球化发展，旅游活动已经不再局限于国内旅游或者近距离旅游，而是打破地域、疆域、洲域的界限，迅速发展成为一种全球性的经济社会活动。伴随着旅游活动的全球化发展，旅游服务贸易也逐渐向全球化发展。而旅游服务贸易的增长和全球化扩展，不仅增进了世界各国政府、企业和人民之间的广泛交流和联系，而且推进了全球国际旅游的进一步发展，又为旅游服务贸易的持续发展创造了更好的条件。

3. 旅游经济运行的规范性

旅游经济在其发展过程中，还逐渐形成了一种有组织的规范化旅游经济运行模式。无论是国际旅游还是国内旅游活动，通常都是由旅行社作为主要的组织者，依托各类旅游景区景点、旅游饭店等，通过科学合理的设计和组合，按照预定的旅游线路、活动内容和时间，提供综合性的旅游服务，满足旅游者多方面的需求，使旅游经济的运行更加规范有序，进而推动了旅游活动的大众化和全球化发展。

4. 旅游经济增长的敏感性

旅游经济是一种依存性较强的产业经济，其持续健康增长既依赖于经济社会的发展和人民收入水平的不断提高，也取决于国内外稳定的政治经济形势。由于人们对各种政治经济形势和社会安全状况非常敏感，因此动荡的局势或者不安全的环境必然影响旅游者的流向和流量，从而影响不同时期、不同地区旅游经济的发展。例如：1997 年亚洲金融危机曾经使泰国的旅游经济增长大幅下滑；2001 年美国 9.11 事件严重打击了美国旅游业，连续两年旅游经济增长率为负数。旅游经济增长的敏感性决定了旅游目的地要努力创造安全的旅游环境，才能确保旅游经济健康持续的发展。

5. 旅游经济发展的持续性

随着整个世界旅游经济的空前发展，旅游经济也始终保持了一种高速增长的态势，并迅速发展成为世界最大的经济产业。伴随着旅游活动的广泛开展和旅游经济的迅速发展，人们将更加重视生态环境的保护，加大环境污染的治理力度，促使旅游与自然、文化和人类生存环境整体融合，推动整个经济社会的可持续发展。

第二节　旅游经济的性质与特征

一、旅游经济是市场经济

旅游经济是社会生产力发展到一定阶段的产物，是伴随着市场经济的产生和发展，伴随着旅游活动商品化和旅游服务专门化而形成和发展的。在自然经济条件下，旅游活动主要表现为旅游者依靠自己的力量而满足自我需求，一般不涉及旅游产品的生产和交换，因此还不可能产生旅游经济。在市场经济条件下，由于任何旅游活动都必须以经济活动为基础，以旅游供给和市场交换为主要特征，因此必然产生旅游活动中的供需双方和交换对象，即旅游者、旅游经营者、旅游产品和交换媒介等，从而促进了旅游活动商品化的发展。

1. 旅游者和客源地

旅游者是指任何一个到他惯常环境以外的地方去旅行，停留时间均在 24 小时以上、一年以内的，主要目的不是通过所从事活动从访问地获得报酬的人。从市场经济角度看，只有当市场上存在着旅游活动的需求主体——旅游者时，才可能产生旅游需求，而旅游者和旅游需求的规模、数量、消费水平等，不仅决定着旅游经济的形成和发展，而且对旅游经济的发展规模和水平具有决定性的影响和作用。

旅游客源地是指产生旅游者的国家或地区，即有本国或本地区居民离开当地外出旅游的国家或地区。通常大多数国家或地区既有当地居民外出旅游，同时也接待来自其他国家或地区的旅游者，因而纯粹的旅游客源地或者旅游目的地是没有的。从旅游经济角度看，成为旅游客源地需具备的条件包括：一是指一个国家或地区具有一定的旅游需求和旅游消费能力；二是指只有一个国家或地区能够产生并输出大量的旅游者时，才是真正意义上的旅游客源地。

2. 旅游经营者和旅游目的地

旅游经营者是指为旅游者提供旅游产品或服务的所有企业的总称。旅游经营者既是旅游活动的经营主体，又是旅游产品的主要供给者，是保证旅游产品价值得以实现的基础和保障。旅游经营者一般包括旅行社、旅游饭店、旅游交通运输、旅游购物娱乐等企业，以及部分为旅游者提供旅游产品和服务的其他企业。

旅游目的地是指在一定地域范围内向旅游者提供旅游产品或服务的国家或地区。旅游目的地既可以是一个包括多个国家和地区在内的较大区域，也可以仅指一个国家或者一个国家的某个地区。旅游目的地通常必须具备以下三方面的基本条件：一是拥有丰富的并具有吸引力的旅游资源和旅游产品；二是具有向旅游者提供食、住、行、游、购、娱等旅游要素或服务的能力和水平；三是具有直接为旅游者提供旅游产品和服务的旅游企业。

3. 旅游产品和媒介

旅游产品是旅游活动的主要对象，即旅游者向旅游经营者购买的、在旅游活动中所消费的各种物质产品和服务的总和。只有供应丰富多彩的旅游产品，才能更好地满足旅游者的需求，因此旅游产品的种类、数量、质量直接关系到旅游经济的兴衰和发展。

旅游媒介，是指各种旅游中介、交换媒介（货币、信用卡、汇兑业务等）、信息服务等。它们为旅游产品交换提供相应的媒介和手段，也相应地促进了旅游活动商品化的发展。

综上所述，社会生产力的提高和市场经济的发展，是人们旅游动机和行为形成的基础。交通工具和出游接待条件，以及各种旅游需求能得以满足，都必须以一定的经济活动为基础。于是在市场经济条件下，伴随着旅游活动的商品化过程，就形成了旅游者和旅游经营者为主体，以旅游产品生产和交换为主要对象，以各种交换媒介为手段的旅游经济。

二、旅游经济是服务经济

在市场经济条件下，旅游者想要有效地满足其旅游需求和消费，都离不开食、住、行、游、购、娱等各种综合性服务。因此，从服务经济角度看，旅游经济实质上是以市场经济为基础，以旅游活动为对象，以提供各种旅游服务为内容的服务经济。

由于旅游服务的主体和对象都是以人为主，因此服务质量是整个旅游服务的核心和关键。为了提高旅游服务质量，就必须掌握旅游服务的特征和内容，才能树立服务观念、改进服务态度、提高服务技能、完善服务设施、丰富服务内容，最终形成良好的服务体系和服务机制，更好地满足旅游者多方面的旅游需求，并带来良好的经济效益和社会效益。旅游服务作为一种综合性服务，既有一般服务的基本特征，又有区别于一般服务的典型特征，主要体现在以下几个方面：

1. 旅游服务的无形性

旅游服务的无形性，表现在其使用价值不能脱离于生产者和消费者之外而独立固定在某种具体的实物形态上。如旅游饭店所销售的"房间"，并不是"房间"本身的物质形态，而是依托于房间所提供的客房服务，包括安全、舒适、清洁的住宿条件和环境等。旅游服务的无形性使得对旅游服务不能马上评价，必须经过一段时间或者有相同的服务消费比较之后才能做出正确的评价。因此，旅游服务的无形性不仅要求旅游经营者提供准确、诚实的服务信息和承诺，而且要认真履行服务承诺，这样才能树立良好的旅游服务形象和声誉。

2. 旅游服务的不可分性

旅游服务的生产和消费是不可分离的，其生产过程和消费过程在时间上具有同一性，空间上具有并存性。旅游服务生产过程的起点即消费过程的开始，旅游服务生产过程的终结也就是消费过程的结束。例如，当旅游者入住旅游饭店以后，旅游饭店服务生产才开始，同时也是旅游者消费旅游饭店服务的过程；当旅游者离开旅游饭店后，其对旅游饭店服务的消费也就结束了，同时旅游饭店相对于同一旅游者的服务生产也就结束了。正是由于服务的不可分性，要求旅游行业必须高度重视和保证旅游服务的质量，才能更好地满足旅游者的需求，获得相应的旅游经济效益。

3. 旅游服务的不可储存性

旅游服务的不可分性还决定了旅游服务的不可储存性，即旅游服务一旦被生产出来就必须被消费，不可能由生产者或者消费者加以储存。如旅游饭店不可能完全像工厂、商店那样把产品储存起来以后再销售，当天不能出售的客房服务就意味着失去这一天的收入且永远不能得到补偿；同样地，旅游者也不可能把旅游服务事前储存起来等需要时再消费。因此，旅游企业需要不断提高旅游经营的灵活性和管理的科学性，通过加大旅游促销宣传、提供优质的服务、树立良好的服务形象，才能变被动的旅游服务消费为主动的旅游服务需求，不断提高旅游服务的经济效益。

4. 旅游服务的品质差异性

由于旅游服务的主体和对象都是人，使旅游服务不可避免地存在品质差异的特点。通常，旅游服务的品质差异性主要来自于两个方面：一方面由于旅游服务的对象旅游者是不断更替变化的，而且不同的旅游者的个性也不同，导致旅游者对旅游服务的要求和评价也不一样，使其对旅游服务质量和水平的认定与评价也有差别；另一方面，旅游服务的主体服务人员的不同也会导致服务质量的差异性，尤其是大多少数旅游服务工作是重复性劳动，即使是同一服务人员在不同的时间为同一旅游者提供服务也会产生不同的服务效果。

5. 旅游服务的所有权具有不可转移性

通常情况下，物质产品随着交换过程的完成而实现产品所有权的转移，消费者直接拥有产品所有权并自主决定合适消费。但是在旅游服务的交换和消费过程中，消费者只拥有对旅游服务消费的权利，而不涉及旅游服务所有权的更替或转移。因此，旅游服务所有权的不可转移性，造成旅游者在购买和消费旅游服务的过程中存在着一定的心理风险和障碍。为了克服这种心理风险和障碍，许多旅游企业采取"会员制"来增强消费者的"心理所有权"感受，如旅游饭店的"分时度假"制度、高尔夫球的"会员俱乐部"制度等，强化了旅游者的"心理所有权"感受，以加强对旅游者的吸引力。

当然，旅游服务的使用价值也可能有一部分以实物的形式展现出来，如旅游餐饮、旅游购物等。随着现代高科技的快速发展和网络信息技术的广泛应用，旅游服务的内涵和外延进一步扩展，一些新兴的旅游服务正在摆脱旅游服务特征的局限性。如旅游信息系统中的应用软件、旅游资讯自动化系统、景区景点自动售货机和网络化自动导游服务等，都是以有形的物质产品提供旅游服务，甚至可以使旅游服务得到储存，从而使旅游服务的特征面临着新的变化。

三、旅游经济是产业经济

旅游业作为国民经济的重要组成部分，是以旅游产业为依托的产业经济。特别是随着旅游活动的商品化和旅游服务的专门化发展，逐渐形成了以主要旅游行业为核心的旅游产业，成为旅游经济发展的重要基础。这些主要的旅游行业包括以下几个方面：

1. 旅行社业

旅行社业是从事各类旅游经营、旅游代理、旅游零售的旅行社的集合。旅行社业在旅游产业中发挥着"核心"的作用，既是旅游产品的"生产者"，又是旅游产品的"营销者"，并通过它的经营活动把旅游者和其他旅游经营者联系起来，促使旅游活动顺利有效地进行。因此旅行社业的发展规模、经营水平及其在旅游产业结构中的比重，直接对旅游经济的发展有着重要的影响。

2. 旅游饭店业

旅游饭店业是为旅游者进行旅游活动提供住宿、餐饮、娱乐和其他服务的旅游企业的集合。由于旅游饭店在旅游活动中具有满足旅游者最基本旅游需求的功能，因此旅游饭店业是一个国家或地区发展旅游经济必不可少的物质基础。其发展数量、规模、档次和服务质量，在一定程度上决定和影响着旅游经济发展的规模和水平，也是衡量一个国家或地区旅游经济是否发达的重要标志。

3. 旅游景观业

旅游景观业是提供并满足旅游者消费的各种旅游景区景点的集合。旅游景区景点，是根据旅游市场需求，在对各种自然和人文旅游资源开发利用的基础上形成的，包括具有吸引功能的游览活动场所以及各种旅游要素的组合，是旅游业发展的物质基础和旅客出游的目的所在。因此，旅游景观业不仅是旅游活动的对象和吸引旅游者的核心内容，而且直接决定和影响着旅游经济发展的规模、质量和水平。

4. 旅游交通业

旅游交通业是实现旅游者空间移动的各种交通工具、手段和服务的集合。特别是旅游交通要满足旅游者安全、方便、快捷、舒适、价廉等方面的需求，要求旅游交通业不仅要具有一般交通运输的功能，还要具有满足人们旅游需求的功能，并在交通工具、运输方式、服务特点等方面都形成旅游交通业的特色。因此，旅游交通业也是旅游经济的组成部分，没有发达的旅游交通业就不可能有发达的旅游经济。

5. 旅游娱乐业

旅游娱乐业是以为旅游者提供康体运动、休闲娱乐等为主的旅游企业的集合，也是旅游产业的重要组成部分。旅游是一种以休闲为主的观光、度假及娱乐活动，因而丰富的旅游娱乐不仅是旅游活动中的重要组成部分，也是增强旅游目的地吸引力，提高旅游经济效益的重要手段。随着现代科技和社会经济的发展，随着人们对娱乐休闲旅游需求的日益增加，如何提高娱乐休闲的服务质量和经营管理水平，从而促进旅游娱乐业的快速发展，成为旅游经营者需考虑的重要问题。

6. 旅游购物业

旅游购物业是经营各种旅游商品的企业集合，也是旅游活动和旅游经济的重要内容之一。在旅游接待规模既定的情况下，旅游购物是提高旅游经济综合效益的重要手段。随着现代旅游经济的发展，出现了大量的旅游商品和购物场所，逐渐形成了以旅游商品设计、生产、销售为一体，轻工业、商业和旅游业相结合的旅游购物业，促进了旅游经济发展的同时，也相应带动了地方旅游相关产业的发展。

四、旅游经济是法制经济

旅游经济是以市场为基础的法制经济，因此发展旅游业必须有安定的社会环境和规范有序的法制体系作保障。在市场经济条件下，良好的旅游环境离不开旅游组织机构的活动和保障，因此旅游组织机构是规范旅游活动和管理旅游经济运行的主体，是促进旅游经济发展的主导力量。

旅游组织机构，一般是指在一定的国家或地区范围内设立的，负责该国家或地区内旅游事务，规范旅游活动和旅游经济运行，并促进旅游经济发展的政府旅游组织和非政府旅游组织。其中，政府旅游组织是指按照政府管理旅游经济职能而设定的旅游行政管理部门，如各级政府的旅游局、旅游管理委员会等；非政府旅游组织是指由旅游企业、团体和个人根据共同利益而自愿组成的旅游行会、社团组织及咨询研究机构等非营利性组织。

按照市场经济的要求，在旅游活动和旅游经济管理中，首先，必须牢固树立旅游经济是法制经济的思想观念，并结合旅游经济发展的实际，建立健全旅游法律法规体系，建立和完善地方旅游立法和政府规章，使旅游活动和旅游经济管理做到有法可依。其次，要增强旅游执法的权威性，发挥旅游质量监督和各有关部门的联动作用，加大旅游执法的力度，做到有法必依、执法必严、违法必究。再次，要针对现代旅游发展和旅游经济运行的实际情况，按照国际惯例和要求整治旅游市场秩序，维护旅游者的消费权益，并创造公平竞争的市场条件，使所有旅游经营者能够真正实现公平竞争、优胜劣汰。总之，只有通过推进旅游经济的法制化，才能为旅游经济健康有序的发展提供充分的法制保障。

五、旅游经济运行系统

旅游经济作为国民经济的重要组成部分，也是一种社会再生产过程，反映了旅游产品生产、分配、交换和消费周而复始的经济运行过程。为了直观地反映旅游经济的再生产过程，可通过建立旅游经济运行系统模型，来反映旅游经济各要素、各行业之间的内在联系和运行过程（如图1-1所示）。旅游经济运行系统，包括旅游者活动、旅游服务活动和旅游经营活动。其中，旅游者活动、旅游服务活动、旅游经营活动是旅游经济运行系统的主要内容和重要基础。

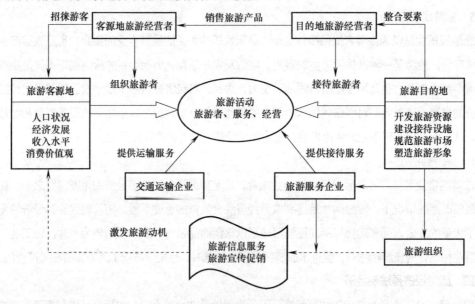

图1-1 旅游经济运行系统模型

1. 旅游者活动

旅游者是旅游活动的消费主体，因此旅游者活动大致可以划分为选择购买旅游产品、旅行活动、消费旅游产品和旅游活动评价等部分。选择购买旅游产品过程是指旅游者在旅游目的地组织和企业的宣传下，通过旅游客源地旅行商的促销和招揽，选择和购买旅游产品的过程。只有当旅游者购买了旅游产品后才能成为现实的旅游者。旅游者在旅游目的地的所有旅游消费过程，是由旅游目的地的旅游企业和旅游组织提供各种旅游产品或服务，实现旅游者活动并满足旅游者的旅游需求和旅游消费，也是旅游活动的主要指向及内容。旅游者对旅游活动的评价过程是指旅游者完成旅游活动后，对旅游活动的体验、感受的评价过程。

2. 旅游经营活动

旅游经营活动是指旅游企业为满足旅游者的旅游需求，而将各种旅游要素资源进行有效配置，形成不同的旅游产品或服务，并销售给旅游者的全部活动过程。旅游经营活动通常可分为旅游经营者经营活动、交通运输企业经营活动、旅游服务企业经营活动三部分。

旅游经营者经营活动包括旅游客源地和旅游目的地的旅游经营者经营活动两部分。旅游客源地旅游经营者经营活动主要是通过促销、招徕和组织旅游者，实现销售旅游产品的目的；旅游目的地旅游经营者经营活动，主要是通过整合旅游目的地的旅游生产要素，形成旅游产品并提供给旅游客源地旅游经营者销售，同时做好旅游者的接待组织和旅游服务活动等。

交通运输企业经营活动主要负责旅游者从旅游客源地到旅游目的地的运输服务活动，实现旅游者的空间流动。根据不同的交通运输工具，一般可以分为航空运输经营活动、铁路运输经营活动、公路运输经营活动和水路运输经营活动等。

旅游服务企业经营活动是指旅游目的地的旅游饭店、旅游景区景点、旅游餐饮、旅游娱乐和旅游购物等企业和相关旅游组织，按照旅游经营者安排的旅游线路和有关旅游合同的约定，做好旅游活动过程中对旅游者的各种旅游经营和接待服务，以保证旅游者的旅游活动得以顺利有效地进行。

3. 旅游服务活动

旅游服务活动是为满足人们旅游需求和消费而提供的各种综合性服务活动，其目的是最大限度地满足旅游者的需求和消费，并获得相应的经济社会效益。旅游服务活动作为一种面向旅游者的综合性服务活动，主要围绕旅游者在旅游活动中，对有关食、住、行、游、购、娱等多样性旅游需求和消费而进行。因此，旅游服务活动的内容比较广泛，主要包括：为旅游者提供旅行、住宿、餐饮、游览、娱乐和购物等基本旅游服务；为旅游者提供旅游签证、旅游保险、信息咨询、货币兑换等非基本旅游服务；为旅游者提供必要的医疗保健、安全救援、教育培训等其他服务。

第三节　旅游经济产业化与旅游经济对社会的影响

一、旅游产业与产业化标志

现代旅游产业的形成是与社会化大生产的发展相适应的，而社会化大生产是现代各产业部门形成和发展的前提条件。因此，掌握现代旅游经济的产业化标志必须了解产业部门的分类和形成机制。

1. 现代产业部门的分类和形成机制

根据现代经济学理论和国际标准产业分类规定，产业部门是指国民经济内部按照一定的社会分工，专门从事同类经济活动的企业和事业单位的总称，如农业部门、工业部门、交通运输部门、商业部门和建筑部门等。每一产业部门内部又可以进一步划分为若干个子部门，如工业部门内部可进一步划分为冶金、机械、电子、化工、纺织工业等部门。因此，在国民经济管理中，为了区别不同层次的部门，通常把较高层次的部门称为"产业部门"，如第一、第二、第三产业，农、工、商、建筑、交通五大产业部门；而把较低层次的部门称为"行业部门"，如机械行业、电子行业、纺织行业等。

社会生产力提高会逐渐引起社会分工，从而促使现代产业部门逐渐形成。现代科学技术的进步和社会生产力的不断发展，促进了社会分工专业化，而社会分工专业化又促进社会生产向集中化、协作化和联合化发展，从而促使各产业部门不断形成和发展。

2. 现代旅游经济的产业化形成和标志

根据现代产业部门形成的机制和特点，以及对旅游经济形成过程和发展特点的分析，可以看出现代旅游经济的产业化形成具有三个显著的特征：第一，旅游产业是派生的，是随着物质生产的发展和人民生活需要的扩大而逐渐从商业中派生出来的，其表面上虽仍属于服务业，但其经济活动的内容及范围已经超出服务业和商业的范畴；第二，随着现代旅游业的快速发展，旅游业已具有相对独立的、相对集中的旅游需求和供给，并形成独立的产品生产、市场结构和生产经营体系，形成了自己的主体部门和产业结构体系，具有独立的分工领域，具备了成为一个经济产业的基础；第三，旅游产业作为一个特殊的经济产业，已发展成为相对独立的经济产业，并且成为社会经济发展中的重要产业。具体来讲，旅游经济的产业化标志主要体现在以下几个方面：

（1）现代旅游消费需求的集中化

随着人们从注重物质生活的需求向更注重精神方面满足的转变，旅游活动成为人们生活中越来越必不可少的内容。据有关研究表明：当人均国民生产总值达到 300 美元时，人们即产生旅游需求；当人均国民生产总值达到 1 000 美元时，人们即产生邻国旅游需求；当人均国民生产总值达到 3 000 美元以上时，人们即产生远距离的国际旅游需求。据世界旅游组织预测，2020 年全世界国际旅游人数将达到 14 亿人次，到 2030 年将攀升至 18 亿人次，国际旅游消费支出到 2030 年将达到 20 000 亿美元。这种高度集中的旅游消费需求标志着旅游产业的成熟和发展。

（2）现代旅游生产供给的专业化

随着旅游消费需求的不断增长，旅游业逐渐从一般服务业中分化出来，形成以旅游经济活动为中心，并根据旅游者的需求，把多个企业和行业集合起来，向旅游者提供食、住、行、游、购、娱等综合性服务的新兴产业。而这些专门经营旅游产品和服务的企业，尤其是旅行社、旅游饭店和旅游交通，不仅对旅游产业的形成和发展具有十分重要的作用，而且成为现代旅游经济的三大支柱，标志着现代旅游经济的成熟。

（3）现代旅游经济运行的规范化

在市场经济条件下，旅游经济的运行包括旅游产品的购买与销售两个对立统一的活动过程。一方面，旅游者通过支付一定的货币购买旅游产品，以获得旅游活动中的各种体验和享受；另一方面，旅游经营者将旅游产品销售给旅游者，以获取一定的经济收入。由于旅游产品是一种以服务为主的产品，因而旅游产品的构成要素可以多次重复使用和提供，从而形成了在旅游经济运行过程中，以旅行社为主将各种旅游产品要素进行有机组合，提供给旅游者的经营活动。而以旅行社为主的经营活动，就促进了旅游经济运行的规范化，从而促进了旅游业作为一个独立经济产业的发育和成熟。

（4）现代旅游产业发展的规模化

旅游业作为经济产业是国民经济发展的必要组成部分，其在国民经济中的地位取决于社会经济的发展。随着社会经济的发展，人们的收入逐渐增多，促使旅游产业规模不断扩大，进一步加大和提高其在国民经济发展中的比重及地位。旅游产业是"无烟工业""绿色产业""朝阳产业"，更加符合人们崇尚自然、追新求异、低碳环保、绿色出行等理念，展现出良好的发展势头。从世界范围来看，经济发达的国家，如法国、美国、澳大利亚等国家也是旅游业发达的国家，也是现代旅游产业发展规模化的最好例证。

二、旅游经济在国民经济中的作用

随着旅游业发展成为一个高增值、高就业、高创汇、高效益的新兴产业，旅游经济在世界经济及各国经济发展中占有越来越重要的地位，不仅直接对国民经济做出贡献，而且在带动相关产业发展，促进经济结构改善和优化，促进民族贫困地区经济发展等方面都具有十分重要的作用，主要表现在以下几个方面：

1. 增加外汇收入

任何国家要扩大对外经济合作关系都必须扩大外汇收入，而扩大外汇收入的途径：一是通过对外贸易获得贸易外汇收入，二是通过非贸易途径而获得非贸易外汇收入。旅游业是一个开放性的国际性产业，通过旅游经济发展不仅能参与国际市场竞争，吸引国际闲置资金，改善对外经济关系，而且能够吸引国外大量入境旅游者，增加非贸易外汇收入。因此，人们把旅游创汇称为"无形出口"收入，特别是由于旅游业创汇能力强，换汇成本低，又很少受各国税制限制，因而成为各国创汇的重要手段。

2. 加快货币回笼

随着生活水平的提高，人们更加迫切地希望改变原有生活消费模式，这为旅游的发展提供了广阔的空间。旅游设施的完备、旅游制度法律的健全、旅游管理的规范化、建立良好的旅游环境等会促进国内旅游业的发展，既满足国内广大人民群众的旅游需求，又能大量回笼资金，促进经济繁荣和发展。因此，大力发展旅游经济，激发人们的旅游动机，促进各种旅游活动的进行，既是刺激和扩大国内旅游需求和消费，促进地方经济发展，也是减少人们因持币待购而造成的市场压力和风险，加快回笼资金，促进市场稳定、繁荣和发展的重要途径。

3. 扩大就业机会

旅游业既是一个综合性服务行业，也是一个劳动密集型的经济产业，能够为社会提供大量的就业岗位。特别是旅游业本身就是包含多种服务内容的产业，并且许多服务项目不是用现代技术手段就能取代人力的，因而旅游业所需的就业人数相对于其他产业要高得多。再加上旅游业的关联带动力较强，除了其自身的迅速发展外，还能带动相关产业的就业增加，从而为整个社会新增劳动力、农村剩余劳动力的转移及下岗职工再就业都提供较多的就业机会。

4. 带动相关产业发展

旅游业虽然是一个非物质生产部门，但它的关联带动功能很强，不仅能带动第三产业的迅速发展，而且能带动其他物质生产部门的发展。一方面，旅游业的发展必须建立在物质资料生产的基础之上，没有一定的物质生产条件，就不可能为旅游经济发展提供物质基础；另一方面，旅游业作为国民经济中一个相对独立的综合性产业，其生存和发展与其他行业密切相关，能够直接或间接地带动交通运输、城乡建设、商业服务、邮电通信、金融外贸、建筑地产、轻纺食品等相关产业的发展，从而促进整个国民经济的发展。

5. 促进贫困地区脱贫

贫困问题是全人类面临的巨大难题，世界许多国家都十分关注并提出许多解决问题的对策及措施。从实际上看，贫困地区既是经济不发达地区，同时很多又是旅游资源十分丰富的地区。因此，通过开发贫困地区的旅游资源，大力发展旅游经济，不仅有利于发挥贫困地区旅游资源禀赋的优势，开发特色鲜明、品位较高的旅游产品，提高旅游目的地的吸引力和竞争力，而且能够通过旅游开发及旅游经济发展，带动贫困地区人民群众脱贫致富，促进贫困地区的综合开发和经济社会发展。

三、旅游经济对社会发展的作用及影响

旅游经济与社会是相互作用和影响的：一方面旅游经济运行离不开一定的社会环境，因为社会环境从微观层面影响人们对旅游产品的选择和消费，从宏观层面影响旅游经济增长与发展；另一方面，旅游经济发展又从多方面作用于社会环境，或者对社会环境产生一定的影响。

1. 旅游经济对社会发展的作用

现代社会学揭示，社会交往是人类社会的普遍现象，离开了一定的社会交往，人的身心就不能健康地发展。因此，旅游活动有利于促进人们的社会交往，尤其是随着旅游经济的发展，不仅促进了社会环境的改善，而且促进了不同国家人们之间的友谊与世界和平的发展。

（1）旅游经济发展促进了人类社会进步

旅游经济的全球化发展，尤其是大规模旅游活动的开展，使各个国家或地区之间的经济、文化和社会信息得到广泛的交流，从而有利于传播现代文明，促进国家之间、民族之间、人民之间等各种社会关系的协调及进步。即使是一些经济非常落后的国家，也会因旅游经济发展的作用而不得不打破陈腐的观念及限制，积极实行对外开放的政策，接受更多的现代文明和科技，并加强经济和文化的交流，从而推动整个人类社会的进步与发展。

（2）旅游经济发展促进了社会环境的改善

对于旅游目的地国家或地区而言，当其他国家或地区的旅游者进入时，会因为这些旅游者的消费需求"示范效应"，促进旅游目的地国家或地区社会环境的改善，例如在交通条件、住宿设施、餐饮特色，乃至个人安全等方面不断改善和提高，以满足旅游者的需求；同时，还会引起旅游目的地国家或地区人们的价值观、生活方式和道德准则的变化，引起经济社会结构的变化，特别是由于旅游业的收入较高、女性就业较多等特点，会使旅游目的地国家或地区的经济结构、就业结构发生相应的变化。

（3）旅游经济发展促进了世界和平发展

在当今世界，国际旅游作为世界和平的使者和工具，作为推动世界和平的重要动力已被人们广泛理解和接受，包括像联合国这样的国际机构也充分肯定和承认国际旅游的这一重要作用和影响。尤其是通过旅游活动，不同国家和民族之间加强了相互之间的沟通和交流，促进了对不同文化的了解，为各个国家和民族之间发展和睦关系与促进世界和平提供了良好的条件，成为推动世界和平的巨大力量。

2. 旅游经济对社会发展的影响

在看到旅游经济发展对社会发展产生积极作用的同时，也要看到由于世界各国经济社会发展的不平衡性，大量的旅游活动也会产生一些消极的社会影响。例如，旅游目的地国家或地区把过多的基础设施和良好的旅游条件提供给国外旅游者消费，会使国内人民群众产生不平等的社会心理；而国外旅游者的挥霍消费，把富裕展现于贫穷之中，也会造成对人们的价值准则、心理压力的影响；尤其是少数旅游者带来一些不健康的思想和行为，会造成不良的社会影响等。因此，要注意分析旅游经济发展对社会发展的积极作用和消极影响，制定正确的对策措施，发挥旅游经济对社会发展的积极作用，减少和消除消极的影响因素，促进旅游目的地国家或地区经济社会的健康发展。

四、旅游经济对生态环境的作用及影响

旅游经济发展与生态环境保护是紧密联系在一起的。所谓生态环境，是指作用于人类的所有外界影响因素与自然力的总和，它维持着人类的生命，是人类赖以生存和发展的客观条件，也是旅游经济发展不可缺少的重要组成部分，因此旅游经济发展与生态环境是相互作用、密不可分的。

1. 旅游经济对生态环境的作用

从旅游经济发展的角度看，一方面任何旅游活动都离不开良好的生态环境，都是人类与周围环境进行物质和能量交换的过程，没有良好的生态环境就没有旅游活动；另一方面，旅游活动的开展有利于促进生态环境的保护和改善，并为建设良好的生态环境提供条件。

（1）生态环境是人们开展旅游活动的重要条件

生态环境作为一种舒适性资源，是人们观光、游览、休闲等旅游活动的主要对象和客体，尤其是自然环境对人们的旅游活动具有重要的影响。人类的生存和发展客观上存在着自然美，存在着人们对自然美的眷恋和追求。例如，喷薄的红日、雄伟的高山、清澈的流水、无边的大海、芬芳的花朵、葱翠的树林，以及各种珍禽异兽、古树名花、怪石飞瀑，无一不令人赏心悦目，流连忘返，使人既惊叹大自然神奇的创造力量，又沉浸在自然美的眷恋之中。因此，生态环境成为有效开展旅游活动的必要条件，生态环境越优美，对旅游者的吸引力就越强，旅游活动就越能够广泛地进行。

（2）旅游活动提高人们的生态环境保护意识

旅游活动是以旅游资源、生态环境为条件的活动，除了旅游资源的特色与品位对旅游者有较强的吸引力外，生态环境对旅游者的旅游动机及行为也有十分重要的激发作用。通常，旅游者在旅游活动中，总是要追求优美的生态环境氛围和舒适的生态环境条件，而许多旅游景观特点也是由生态环境所决定的。因此，为了满足旅游者的旅游需求和旅游目的，为了开发出更多有特色的旅游景点，就促使旅游目的地国家和地区不断提高生态环境保护意识，重视生态环境平衡，注重旅游目的地、旅游景区和景点的美化，从而推动了生态环境保护顺利有效地开展。

（3）旅游经济发展促进人们加强对生态环境的保护

从生态环境保护角度看，旅游开发的实质就是利用优美的生态环境条件，按照人们审美要求对旅游资源进行开发、整修和提高，对生态环境进行合理有效的利用，从而形成各种各样的旅游景区景点，以满足人们的旅游需求。因此，对旅游资源的开发和旅游景区景点的建设不仅要有科学合理的规划、开发和管理，还必须加强对生态环境的保护和建设，使之随着旅游开发和旅游经济发展而得到更好的保护和有效的改善。

2. 旅游经济发展对生态环境的影响

在看到旅游经济发展对生态环境保护产生积极作用时，也不能忽视旅游开发和旅游业发展对生态环境产生的消极影响，尤其是当旅游发展规划、旅游产品开发和旅游业管理不当时，会给生态环境带来极为严重的消极影响。

首先，旅游发展规划不当，会导致各种旅游设施布局、景点设置不合理，从而对生态环境的整体美造成破坏，形成视觉污染；会造成各种建筑物与生态环境不协调，而失去优美环境的吸引力；会使基础设施与景区景点容量不相适应，而导致过多的游客带来交通、景点的拥挤等。

其次，旅游产品开发不当，会因为过多的旅游饭店而产生大量的垃圾及污水，导致对景区环境及湖泊、河流、海滨及地下水的污染；会因为过多地使用各种内燃机车辆而造成空气污染；会因为过多的娱乐、歌舞设施及过量的游客而造成噪声污染等。

最后，旅游业管理不当，会由于旅游者在风景区乱扔废弃物引起大量的垃圾污染，会由于旅游者对各种旅游设施的滥用和误用而造成对自然生态环境的破坏等。

因此，发展旅游经济必须同保护生态环境协调起来。通过对生态环境的保护，为发展旅游业创造更好的条件；通过大力发展旅游业，达到保护生态环境、改善生态环境、提高生态环境的美感，从而把旅游经济发展和保护生态环境有机统一起来，达到既发展旅游经济，又保护生态环境的目的，真正实现旅游经济的可持续发展。

基本训练

1. 旅游服务有哪些内容和特点？
2. 旅游产业主要有哪些行业组成？
3. 为什么说旅游经济是法制经济？
4. 旅游经济具有哪些性质和特征？
5. 旅游经济对社会经济、文化和环境产生了怎样的作用和影响？

应用训练

1. 请读者运用本章所学习的知识，调研所在地的旅游经济运行与发展现状。
2. 请读者运用本章所学习的知识，调研旅游经济的发展对所在地各方面的影响。

案例分析

2018 年云南旅游业收入达 8 991 亿元

2018 年，云南共接待海内外游客 6.88 亿人次，同比增长 20%；实现旅游业总收入 8 991 亿元，同比增长 30%。

2018 年以来，云南坚持大项目带动，不断加快旅游产品结构转型升级步伐。2018 年，云南总投资超过 100 亿元的旅游大项目达到 16 个，50 亿～100 亿元的重点旅游项目达到 24 个，休闲度假产品占比达 33.3%。以高品质观光、高端休闲度假和各种特色专项旅游产品相结合的特色品牌旅游产品体系正在形成。

云南省围绕重点旅游线路、旅游目的地和旅游景区，正在全面完善游客服务中心、游客休息站、汽车旅游营地、旅游标识和标牌、无障碍旅游设施等，其中全省累计建成投入使用旅游厕所 3 000 座以上。同时，充分利用海内外网络社交媒体开展旅游宣传推广，精心组织、参与国内外重要展会，不断开拓海内外旅游客源市场和旅游合作。坚持综合整治，进一步净化全省旅游市场环境。

一直以来，云南省委、省政府高度重视旅游产业发展，依托资源优势，实施政府主导，推动云南旅游走过起步发展、一般产业建设、支柱产业建设、旅游"二次创业"和旅游强省建设 5 个发展阶段，走出一条符合云南实际的特色旅游发展道路，全省旅游产业发展成效显著。

2013 年—2017 年，云南接待海外旅游者从 533.5 万人次增加至 667.69 万人次，年均增长 5.8%，居全国第 5 位；接待国内旅游者从 2.4 亿人次增加至 5.67 亿人次，年均增长 24.0%，居全国第 12 位；旅游总收入从 2 111.24 亿元增加至 6 922.23 亿元，年均增长 34.6%，居全国第 8 位。2017 年，云南旅游产业增加值达 1 237.64 亿元，占 GDP 的 7.5%；旅游直接就业人数 326 万人次，带动间接就业人数 590 万人次。

资料来源： http://www.sohu.com/a/278495757_120228（有删改）

案例分析思考：

1. 分析云南旅游业发展的主要特点。

2. 评价云南旅游业在国民经济中的地位。

3. 评价云南旅游业对经济社会发展的促进作用。

Chapter 2

第二章

旅游产品

学习目标

知识目标：掌握旅游产品的概念，了解旅游产品的价值与使用价值，明确旅游产品的特征。

技能目标：能够从不同角度分析旅游产品的构成，能够从动态的角度分析旅游产品的生命周期。

能力目标：能根据特定的目标和资源限制，面向目标市场需求，进行旅游产品的组合与开发。

导读案例

北京"胡同游"产品

四合院是北京民居的标志性建筑，以四合院之间的小巷（即胡同）和古代建筑等共同构成北京的传统地方文化特色。20世纪90年代怀旧风盛行，有的摄影家以四合院为题材，拍了不少反映北京民居的胡同影集，并付梓出版，吸引了不少国内外旅游者的关注，于是具有远见卓识的经营者购置了上百辆三轮车，推出了北京"胡同游"旅游产品。

北京胡同文化游览有限公司成立于1993年4月，创办人为著名摄影家徐勇、经济学博士黄隽。1994年10月4日正式推出"北京胡同文化游览"活动。为整合优势资源将公司做大做强，2001年8月公司在西城区政府的牵头引导下进行重组，股东增加了北京首都旅游股份有限公司、北京三海投资管理中心。现股东由首都旅游股份有限公司、北京三海投资管理中心、自然人徐勇三方构成。公司注册资本为150万人民币，注册地点在北京市西城区德胜门内大街东明胡同11号，类型为有限责任公司。

公司下设股东会、董事会。成员共5人，监事人1人。董事长由北京三海投资管理中心主任赵嘉民担任，总经理由毕业于中国人民大学CEO高级管理研修班的东方雨担任。现有员工118人，三轮车60辆、电瓶车12辆、自行车50辆。

北京胡同文化游览有限公司是"胡同游"项目的创意和开创公司。16 年来，公司一直是北京胡同游公司中规模最大、管理最规范的公司，受到国内外媒体和社会舆论的广泛好评。自 1994 年 10 月"胡同游"项目推出到现在，累计接待包括欧美、日本等国的国家领导人、商界巨子、国际奥委会官员等在内的游客超过 200 万人，其中 95%以上为国外游客，涉及 100 多个国家和地区，多次参加国家和北京市的大型涉外接待活动。"逛胡同"以其丰富的人文历史内涵和极富特色的游览内容及形式，与"登长城""看故宫""吃烤鸭"一同被媒体誉为北京吸引国外游客的四大金字招牌，名扬海内外。

资料来源： http://www.hutongculture.com/about.html#（有删改）

根据以上导读案例，分析讨论这是一家什么样的公司？出售什么样的产品？北京"胡同游"属于哪类旅游产品？北京"胡同游"成功的主要原因有哪些？结合对本章内容的学习来解答上述问题。

第一节　旅游产品的概念及特征

一、旅游产品的含义

什么是旅游产品？从不同的角度来分析旅游产品有着不同的含义。

从旅游者的角度，旅游产品是指旅游者花费一定的时间、精力和费用所获得的一段旅游经历和感受。旅游者用货币换取的不是一件具体的实物，而是一种经历。这个经历包括旅游者参加旅游活动整个过程中，对所接触的事物、事件和服务的综合感受。

从旅游经营者角度看，旅游产品是指旅游经营者凭借一定的旅游资源、旅游设施等有形的物质载体，向旅游者提供的、以满足旅游者需求的各式各样的物质产品和劳务的总和。它以旅游线路为主体，与各部门各行业相结合，满足旅游者伴随旅游活动所产生的食、住、行、游、购、娱六大要素的基本需求。但是，旅游者在整个旅游过程中，消耗的实物部分较少，接受的无形服务较多。因此，就其根本性质而言，旅游产品属于服务产品。

从旅游市场角度看，旅游产品是指旅游者和旅游经营者在市场上交换的，主要用于旅游活动中所消费的各种物质产品和非物质产品的总和。

另外，由于在市场中存在的方式不同，旅游产品有整体旅游产品和单项旅游产品之分。整体旅游产品是指满足旅游者在旅游活动中全部需要的物质产品和服务，如一条旅游线路或某一旅游目的地的全部活动；单项旅游产品主要指旅游者在旅游活动中，所购买的有关住宿、餐饮、交通等单方面的物质产品或服务，如飞机上的一个座位、景点内导游人员的一次讲解活动等。每个单项旅游产品都是整体旅游产品的有机构成。从社会总体来看，各种单项旅游产品会随社会经济的发展和消费者需求的变化而有不同的构成比例，如果各单项产品之间的构成比例不协调，如旅馆数量过小或交通运输能力较差，就会影响整体旅游产品的实现。

二、旅游产品的使用价值和价值

旅游产品是旅游经营者生产或开发出来用于交换的劳动产品，是商品。马克思认为劳动产品要成为商品，必须能满足人们的某种需要，并且能用于交换，即具有使用价值和价值的两重性。旅游产品之所以能成为商品，也是因为它具有一般商品所具有的基本属性，是使用价值和价值的统一。

1. 旅游产品的使用价值

使用价值也称效用，指产品或劳务满足人的欲望和需要的能力。马克思在他所著的《剩余价值理论》一书中明确提出：使用价值是以两种不同形态存在，即实物形态和服务形态。旅游产品是一种劳务产品，因此它的使用价值是以服务形态存在的。旅游产品的使用价值除了具有一般商品的共性，还有其特殊性，具体体现在以下几个方面：

（1）多效性

一般物质产品从实用价值上看只能满足人们某一方面的需求。旅游产品是一种综合性产品，它既能满足旅游者在旅游活动中食、住、行物质生活的需要，又能满足人们观光、游览、娱乐等精神生活的需要。例如，空间转移、景点观赏、舒适住宿、美食品尝等。

（2）多功能性

旅游经营者在生产或设计旅游产品时往往会根据旅游者的需要、旅游产品的成本及旅游市场的供求状况等，制定出高、中、低等多种档次的产品规格及相应的价目表，满足不同消费层次旅游者的消费需求。

（3）多层次性

旅游产品的使用价值是多层次的，既有生理的需求，也有自我实现的需求。马斯洛把人的需求分成五个层次：生理需求、安全需求、归属需求、尊重需求和自我实现。旅游产品的使用价值几乎涵盖了各个层次。但从总体上看，旅游产品的使用价值满足的是人的高层次需求。

（4）暂时性

一般商品进行交换后，消费者就获得了商品的所有权与使用权，即商品的使用价值。旅游产品（旅游购物品除外）一旦售出，旅游者只获得旅游产品的暂时使用权，不能长期地独占和享受旅游产品的使用价值，产品的所有权更不会发生转移。如承德避暑山庄景区的经营者可以在同一时期，多次、重复地将景区的使用价值卖给多名旅游者，这些旅游者一起游览、共同分享旅游产品的使用权，游览结束，游客的使用权限也就结束了。

2. 旅游产品的价值

价值是商品的经济本质，是凝结在商品中的无差别的人类劳动。旅游产品和其他商品一样，也具有价值。旅游产品的价值由三部分构成，即 $C+V+M$。其中，C 代表旅游服务所凭借的建筑物、服务设施的折旧，食品和日用品的原材料成本；V 代表旅游从业人员用以维持劳动力再生产所需消费资料的价值和工资、福利、奖励；M 代表从业人员创造的新价值。但是，从价值决定和价格形成的角度，旅游产品的价值具有其自身的特殊性。

（1）旅游服务价值量的确定

旅游服务是旅游产品的核心部分，服务质量的好坏直接影响旅游产品的价值量的实现。在服务设施和服务条件相同的条件下，高质量的服务反映旅游产品的质量好、价值量较大，低水平的服务反映旅游产品的质量差、价值量较小。可见，在旅游服务的价值决定中，除抽象劳动决定价值这一基本内容外，还加入了社会价值的因素——服务质量。

（2）旅游产品价值的实现与补偿

旅游经营者以其旅游产品与旅游者的货币进行交换，使旅游产品的价值得以实现和补偿。但旅游产品价值实现与补偿有自身的一些特殊性。不同类型的旅游产品会有不同的价值实现与补偿方式。

1）以自然旅游资源为依托的旅游产品。自然资源要成为自然旅游资源，就要对其进行开发和保护。开发和保护中各种物质消耗和劳动耗费需要补偿。因此，旅游产品的价值构成中必须包含这一部分价值。但是旅游产品的定价，不能仅仅考虑这一部分价值的补偿。由于自然旅游资源的稀缺性，市场价格往往会高于旅游产品的价值。

2）以历史文化遗产为依托的旅游产品。它的补偿不能以它的原始价值为标准，除了是前人劳动的结晶，历代人的维修保养也付出了大量劳动，难以估量，更重要的是这些旅游资源具有无法替代的历史价值，不能以消耗多少劳动量去计算，而应以现存价值与对当代人的意义为标准，反映在价格上就呈现为垄断性。

3）以社会现象为依托的旅游产品。社会现象如节庆、祭祀、民俗风情等。社会现象很难说是一种劳动产品，通常情况下也不是为了交换，因此本身没有价值。以社会现象为依托的旅游产品中就不存在社会现象价值转移的问题。但是社会现象是一种独特的地方文化，旅游活动对其会形成一种冲击，破坏原有的结构和特征。因此，必须给予保护和经济上的补偿。这样，以社会现象为依托的旅游产品，其价格必须考虑这些费用。

4）以人造景观为依托的旅游产品。像各种主题公园、海底世界等纯粹是为了发展旅游业而建造的景区景点，是借助于可获得的人力、物力和财力资源的重新组合并经过加工而制造出来的，具有可更新性、可仿建性，其价值量决定于全部劳动投入量（包括物化劳动与活劳动）。

综上所述，旅游产品的价格除了主要由其价值决定外，还受制于旅游产品各部分所体现的人与人的关系、稀缺因素和垄断因素的作用。

三、旅游产品的特征

旅游产品是一种以服务为主的综合性产品，既不同于一般的物质产品，也不同于其他服务产品，有其自身的一些特点。

1. 旅游产品的综合性

旅游产品的综合性是由旅游活动本身的性质和旅游者的需求所决定的。旅游活动是一种综合性的社会、经济、文化活动，它的主体是旅游者，旅游者在旅游活动中的需求是多方面的。因此，旅游经营者出售给旅游者的产品通常是包括食、住、行、游、购、娱在内的综合性产品。此外，旅游产品的综合性还表现为旅游产品的生产往往涉及众多的部门和行业。其中，有直接向旅游者提供产品和服务的旅行社、酒店、餐饮、交通运输及景区景点等旅游企业和部门，又有间接向旅游者提供产品和服务的工农业、商业、建筑业、食品业、金融、海关、邮电、卫生、公安等。旅游产品的综合性决定了旅游服务质量的提高依赖的是整个行业，而不是某一个企业。

2. 旅游产品的无形性

旅游产品是以服务为主的产品，而服务性产品的基本特征就是无形性，因而旅游产品也具有无形性特征。旅游产品的无形性主要表现以下几个方面：

首先，一般的等价交换是消费者付出货币，换回有形的产品。但在一次旅游活动中，旅游者买到的是一次经历、一次感受，即旅游者获得的是一次身心的满足，这种满足或由此而形成的印象都是无形的。

其次，旅游产品的无形性还表现在旅游产品的价值和使用价值不是凝结在具体的实物上，而是凝结在无形的服务中，只有当旅游者消费各种旅游服务时，旅游产品的价值才会得以实现。所以，旅游服务质量就成为旅游者能否形成良好的经历及感受的关键因素。

最后，当旅游者在选择旅游产品时，见不到产品的实体，也无法对旅游产品的质量做出评价，旅游者只能从旅行社、报纸、杂志、电视、网络等途径获取旅游产品的信息。针对旅游产品的这一特征，旅游目的地和旅游企业应树立良好的形象和信誉，做好产品的营销工作，以赢得更多的消费者。

3. 旅游产品的同一性

一般物质产品的生产与消费是先生产后消费。旅游产品的同一性主要指旅游产品的生产过程与消费过程是高度统一的，生产过程的进行也就是消费过程的完成。这也就意味着，旅游产品的生产和消费是在同一时间和同一地点发生的。这也就决定了，旅游产品的不可储存性。当没有旅游者购买和消费时，以服务为核心的旅游产品就不会被生产出来，更不会像其他有形产品那样，在暂时销售不出去时可以储存起来，留待以后再销售，一天无人购买，这一天的服务价值就白白损失掉了，而且还要花费其他成本和费用。同时，旅游产品的同一性也决定了旅游者在选择旅游产品时有较大的不定性和旅游企业对产品质量监控的事后性。所以，要求旅游经营者采取灵活多变的销售策略，打造旅游精品，创造旅游品牌，提高产品的使用率。

4. 旅游产品的不可转移性

不可转移性主要表现为旅游服务所凭借的吸引物和旅游设施无法从旅游目的地被运输到客源所在地供旅游者消费，在旅游活动过程中，发生空间移动的量是旅游者，而不是旅游产品。另外，它还体现在产品销售后旅游产品所有权的变更上。旅游者只能获得产品的暂时使用权，而不是所有权。

旅游产品的不可转移性，使得旅游产品的流通不能通过运输，它只能以旅游产品信息的传递以及由此而引起的旅游者的流动表现出来，旅游产品信息的传播速度和效率直接影响旅游需求的大小。因此，旅游经营者应尽量拓宽自己的产品信息流通渠道，以缩短信息传递时间和销售周期。

5. 旅游产品的脆弱性

旅游产品的脆弱性又称敏感性或易波动性，指旅游产品的使用价值和价值的实现受多种因素的影响和制约易于折损的现象。旅游产品具有敏感性的主要原因有以下两方面：一是旅游产品是由多部门、多企业结合而成的综合性产品，这些产品要素或产品构成间存在一定的比例关系，一旦比例失调或经营不善，就会影响旅游产品整体效能的发挥，影响旅游业的发展，从而影响旅游产品价值和使用价值的实现；二是旅游活动本身涉及因素较多，这些因素也会影响旅游产品价值的实现。如季节和假日因素的影响，引起旅游需求量的变化，造成旅游产品销售的淡旺季。另外，诸如战争、政治动乱、国际关系、政府政策、汇率等政治、经济、社会、文化因素也会引起旅游需求的变化，影响旅游产品使用价值和价值的实现。例如，2011 年日本大地震，震后日本旅游受到重创，旅游人数锐减，价格持续走低；2017 年韩国不顾中国反对，执意部署萨德，导致中韩关系紧张，中国旅游者赴韩国旅游降到"冰点"，国内各大旅行社纷纷下架赴韩旅游产品。

6. 旅游产品的后效性（效果滞后性）

旅游者只有在消费过程全部结束后，才能对旅游产品的质量做出全面、确切的评价。旅游者对旅游产品质量的理解是其期望质量与经历质量相互作用的结果。如果旅游者所经历的质量高于期望质量，就会产生较大的满足感，从而对旅游产品做出好的评价，产生一种好的"口碑效应"。因此，旅游产品经营者应重视产品的质量，尽量缩短期望质量与经历质量之间的距离。

第二节　旅游产品的构成

一、旅游产品的一般构成

现代市场营销理论认为，一切产品都是由核心部分、形式部分和延伸部分所构成。核心部分是指通过产品提供给购买者的基本效用或利益，顾客购买某项产品并不是为了获得产品本身，而是为了得到产品所提供的效用和利益，满足某种需要；形式部分是指企业向市场提供的产品实体或服务的外观，包括款式、质量、商标、包装等；延伸部分是随产品销售和使用而给顾客带来的附加利益。因此，根据现代市场营销理论，旅游产品的一般构成也同样由核心部分、形式部分和延伸部分所组成。

1. 旅游产品的核心部分

旅游产品的核心部分是指旅游吸引物和旅游服务，它们所提供的"观赏和享用"或"操作和表现"能满足旅游者获得"旅游感受"和"旅游经历"的需要，是整个旅游产品的基本部分。

旅游吸引物是指一切能够吸引旅游者的、已开发的旅游资源及各种条件。它既是旅游者选择旅游目的地的决定性因素，也是旅游产品的基本构成要素。旅游吸引物的存在形式可以是有形的，也可以是无形的；可以是自然的，也可以是人文的；可以是历史的，也可以是当代的。

旅游服务作为旅游产品的核心部分，是依托旅游资源和旅游设施等向旅游者提供的各项服务。按照旅游活动过程，旅游服务可分为售前服务、售中服务和售后服务。售前服务是旅游活动前的准备性服务，包括旅游产品设计、推介、出/入境手续、货币兑换等；售中服务是在旅游活动过程中为旅游者提供的食、住、行、游、购、娱等服务；售后服务是旅游活动结束时的服务，包括送旅游者到机场或车站、办理离境手续、托运行李、委托代办服务等。

2. 旅游产品的形式部分

旅游产品的形式部分主要是指旅游产品的载体、质量、特色、风格、声誉及组合方式等，是促进旅游产品核心部分向生理或心理效应转化的部分，属于旅游经营者向旅游者提供的实体和劳务的具体内容。

旅游产品的载体主要指各种旅游接待设施、景区景点、娱乐项目等，是以物化劳动表现出来的具有物质属性的实体。旅游产品的质量、特色、风格及声誉等是激发旅游者旅游动机，吸引旅游者进行旅游活动的具体形式，是依托各种旅游资源、旅游设施反映出来的外在价值。旅游资源和接待设施等方面的千差万别，形成了旅游产品不同的质量、特色、风格和声誉，即旅游产品的差异性，甚至形成了某些旅游产品的垄断价值。

同时，旅游产品的各构成要素进行有机组合，形成不同的旅游线路和旅游活动，以更好地满足旅游者多样化和个性化的需求。因此，旅游产品的组合方式也是旅游产品的形式部分之一。

3. 旅游产品的延伸部分

旅游产品的延伸部分是旅游者在购买之前、之中和之后所得到的任何附加服务和利益，诸如售前咨询、售后服务及销售过程中的其他服务。延伸部分是指随着产品的销售和使用而给旅游者带来的方便性和附加利益。以主题公园为例，主题公园的核心产品包括刺激和气氛，形式产品包括品牌、刺激的游乐项目、安全、服务质量、游乐项目和园内景点、服务质量，以及与他人共享公园。延伸产品包括开放时间、停车场，以及为有特殊要求的旅游者提供的服务。

尽管延伸部分不是旅游产品的主要组成部分，但是，在旅游产品的核心部分和形式部分相似的情况下，延伸部分往往成为旅游者对旅游产品进行评价和决策的重要因素。因此，旅游经营者在进行旅游产品营销时，应注意旅游产品的整体效能，在注重旅游产品核心部分和形式部分特色的基础上，还应在旅游产品的延伸部分上进行创新，形成差异性，在市场竞争中取得优势。

二、旅游产品的需求构成

旅游产品是一种直接面向旅游者的最终消费品，因而从消费需求角度出发，可以从旅游者需求程度和消费内容两方面来分析旅游产品的构成。

1. 按旅游者的需求程度分析

按旅游者的需求程度分析，旅游产品可分为基本旅游产品和非基本旅游产品。基本旅游产品是指旅游者在旅游活动中必须购买的，需求弹性较小的旅游产品，如住宿、饮食、交通等是旅游活动中必不可少的。非基本旅游产品是指旅游者在旅游活动中不一定要购买的，需求弹性较大的旅游产品，如旅游购物、通信服务等。这种划分方式，有助于旅游经营者针对不同的旅游消费需求，提供不同内容的旅游产品，满足旅游者的多种消费需求。

2. 按旅游者的消费内容分析

按旅游者的消费内容分析，旅游产品可由食、住、行、游、购、娱等组成。这种划分方式，要求经营者必须全方位地向旅游者提供饮食、住宿、交通、游览、购物、娱乐等消费内容，任何一方面都不能忽视。

三、旅游产品的供给构成

从旅游经营者角度看，旅游产品是由旅游资源、旅游设施、旅游服务、旅游购物品和旅游便捷性等多种要素所构成的。

1. 旅游资源

旅游资源是指在自然和人类社会中一切能够吸引旅游者进行旅游活动，并为旅游业所利用而产生经济、社会、生态效益的事物，它是一个地区旅游开发的前提条件，也是吸引旅游者的决定性因素。旅游资源作为旅游活动的对象物，与其他资源相比，其本质就具有吸引旅游者的功能。根据不同旅游资源的特点，通过合理的开发和组合可以为旅游者提供观光、度假、科学考察、探险寻秘、文化交流等旅游活动，满足旅游者多方面的旅游需求。旅游资源是旅游业赖以生存和发展的基础，旅游资源开发应合理得当，保证旅游资源的永续利用，并产生良好的经济效益、社会效益和生态效益，促进旅游业的可持续发展。

2. 旅游设施

旅游设施是实现旅游活动而必须具备的各种设施、设备和相关的物质条件，也是构成旅游产品的必备要素。旅游设施一般分为专门设施和基础设施两大类，它们之间紧密依靠，专门设施建立在基础设施之上并有效发挥作用。

专门设施是指旅游经营者用来直接服务于旅游者的凭借物，包括餐饮设施、游览设施、住宿设施和娱乐设施等。餐饮设施指为旅游者提供餐饮服务的场所和设备，如各种餐馆、冷饮店、咖啡厅、饮食店等；游览设施指旅游景点景区中供游人游览、休憩的各种设施设备，如凉亭、座椅、扶杆、指示牌等；住宿设施指旅游者在旅途中休息的场所，是能够提供多种服务功能的饭店、旅馆、度假村、别墅、帐篷等；娱乐设施指各种歌舞厅、音乐厅、游乐园、健身器械等。专门设施的规模、质量和水平直接影响旅游目的地的旅游接待质量和水平。

基础设施是指为旅游行为提供公共服务的物质工程设施，是指为适应旅游者在旅行游览中的需要而建设的各项物质设施的总称，包括道路、桥梁、供电、通信、排水、排污、消防、环境保护和环境卫生等，是旅游业赖以生存和发展的物质基础。

◆阅读资料 2-1◆

主题酒店风景线

据统计，世界最大的 16 家酒店中，美国的拉斯维加斯就有 15 家，现有酒店房间数超过 102 000 间，因此拉斯维加斯被称为酒店之都。当然，它也是主题酒店之都。主题是拉斯维加斯酒店的灵魂与生命。一座座主题酒店就是一个个景点，它们交相呼应，组成拉斯维加斯的一道风景线，吸引着万千的游客。

传统酒店的概念在这里已发生转变。相比于传统酒店那种单一的服务形式、千篇一律的设施设备和模式化的服务，主题酒店具有不可比拟的优势。它从自己的主题入手把服务项目融入主题之中，以个性化的服务代替刻板模式，体现出对客人的信任与尊重。历史、文化、城市、自然等都成了酒店借以发挥的主题。从此酒店不再是单纯的住宿、餐饮设施，而是寻求欢乐和刺激的天堂。

中国在主题酒店领域上起步比较晚，而且建造主题酒店投资比较大，所以它现在的发展还不是很快。但是，主题酒店这一形式在中国已初露头角。

目前的主题酒店有如下类型：

（1）历史遗迹与自然风光的酒店

这种酒店充分表现出人文环境与自然环境的魅力。有的像一座花园，里面盛开着各式的鲜花，一朵朵娇嫩欲滴，弥漫着阵阵花香，人们仿佛进入绿色的世界；有的模仿古代帝王的宫殿，使人觉得是进入了皇宫一般；还有的以海市蜃楼、火山爆发等自然现象为主题。

在我国深圳的著名旅游区华侨城内，有一家威尼斯王冠假日酒店（2001 年底开业，2011 年更名为深圳威尼斯酒店）。它投资 3 亿元、总面积 58 000 平方米，是国内第一座五星级"水主题"旅游度假酒店。

（2）城市特色酒店

这类酒店通常以历史悠久、有浓厚的文化特点的城市为蓝本，以局部模拟的形式，用微缩仿造的方法再现了城市的风采。其中比较出名的有纽约酒店，它把曼哈顿的标志性建筑——自由女神像，以一比一的比例搬到了门前。

（3）神话传说酒店

它们以人们熟悉的神话故事为背景，使人觉得像进入了童话世界一样，如梦如幻，让人抛开一切现实中的烦恼，尽情享受这眼前的一切。

拉斯维加斯的主题酒店普遍具有规模大、层次多、变化快的特点，它们充分利用空间和高科技的手段，配以大型的演出，使酒店增色不少。

资料来源： http://travel.163.com/keys/items/010927/010927_13253.html（有删改）

3. 旅游服务

旅游服务是旅游产品的核心，即旅游经营者除向旅游者提供餐饮和旅游商品等少量有形物外，还大量提供各种各样的接待、导游等服务。旅游服务的内容主要包括服务意识、服务态度、服务项目、服务技术等无形性产品。

服务是人与人之间的一种交往。服务意识是做好服务工作的前提。服务意识一旦形成，就会成为制约旅游服务人员行为的一种积极力量。服务态度是服务工作的集中体现，是客人关注的焦点，良好的服务态度犹如磁铁，吸引客人再次光顾。服务项目是依托旅游服务设施向旅游者提供的各种服务，丰富的服务项目能满足不同旅游者的需求，体现服务的高效、快捷，增强企业的竞争力。服务技术体现旅游工作者对服务知识和操作技能掌握的熟练程度，是评判服务质量的标准，高超的服务技术会让旅游者对旅游企业的服务结果和经营管理产生信任感。

4. 旅游购物品

旅游购物品是指旅游者在旅游活动中所购买的，对旅游者具有实用性、纪念性、礼品性的各种物质形态的商品，它是旅游产品的重要组成部分，是重要的旅游外汇来源。旅游购物品主要有旅游工艺品、旅游纪念品、文物古玩、金银玉器、土特产品、书法绘画等。在国内，旅游购物品的消费收入一般约占整个旅游业收入的 30%，旅游购物品是一个极具潜力的市场，各旅游目的地或旅游企业，应注重旅游购物品的开发，特别是特色旅游购物品的开发，以获取更大的经济收益。

5. 旅游便捷性

旅游便捷性主要指进入旅游目的地的难易程度和时效标准，它是连接旅游产品各组成部分的中心线索，是旅游产品能够组合起来的前提条件。便捷性具体体现在以下几个方面：

1）良好的交通条件。如现代化的交通工具和方式，以及国际和国内交通运输网络衔接与联系的方便程度。

2）通信条件。包括通信设备具备与否，其配套状况、规模、能力以及线路布置等是否方便、快捷。

3）出/入境签证手续的难易、出/入境验关程序、服务效率和咨询信息等。

4）旅游目的地社会的承载能力。主要指当地社会公众对旅游开发的态度、社会舆论、社会治安、社会管理水平、人口密度、交通管理等状况。

◆阅读资料 2-2◆

青藏铁路对西藏旅游的作用

由北往南，从青海格尔木进入拉萨，青藏铁路依次经过昆仑山景观带、长江源景观带、羌塘草原景观带、那曲，最后到拉萨景观带。沿途风光秀美，名胜众多，自然景观、人文景观及藏北牧区独特的民族风情相融合，极具吸引力。

青藏铁路的开通，激活了很多人内心深处的青藏梦。青藏铁路的开通，使游客进藏旅游更加方便，降低了入藏旅游的交通技术难度，从而使得当地旅游的时间得以延长。同时，与以前通过空中到达西藏相比，铁路的开通必然降低一些旅游者的费用。

青藏铁路的开通还给游客带来另一个好处：以前旅客是空降到西藏，并不了解自己是否能够适应高原的环境，而坐火车则是从低海拔到高海拔逐渐运行的，会让游客有一个逐渐适应的过程。这个过渡对游客的生理状况甚至其旅游的体验都是非常有好处的。而且，在铁路站点的停靠可以让游客充分了解西行路上的风情。青藏铁路允分考虑到了海拔高度、紫外线、干燥度、风力强度以及景观愉悦度等影响旅游体验的因素，并且有着一系列的创新，充分体现了铁路旅游的独特方式，使旅游者获得更多的旅游体验。

首先，创新体现在特制的观光豪华列车上，如同海上的豪华邮轮一样，它有美丽内饰的单人间或家庭包间，青藏铁路的旅游专列要打造陆地上流动的五星级酒店。这种全封闭的列车不仅具有增压、增氧功能，在车厢内就可以调节气压、温度和湿度，而且采用特殊的窗户，有着开阔的视野，让人在封闭的车厢里就能饱览窗外的风景。

创新之二体现在铁路开通后，旅游的方式能使人们不仅限于在车上看。这就意味着豪华旅游列车可能会在途中停靠几站，让大家有时间走出车厢，真正到高原的环境中旅游，边走边看。这种停靠，可能是几个小时，也可能是一两天甚至三四天。在这样充分休闲状态下的游客，恐怕会抑制不住地"边走边唱，想唱就唱"。

来自西藏旅游局的数据显示，青藏铁路开通运营 10 年间，西藏接待国内外游客人数由 2005 年的 180 万人次，增加到 2015 年的 2 000 万人次；旅游收入由 2005 年的 19.4 亿元增加到 2015 年的 280 亿元。2018 年西藏接待国内外游客人数首次突破 3 000 万人次，达 3 368.7 万人次，同比增长 31.5%。其中，接待入境游客 476 187 人次，同比增长 38.6%；接待国内游客 33 211 069 人次，同比增长 31.4%。实现旅游总收入 4 901 421 万元，同比增长 29.2%。其中，旅游外汇收入 24 709 万美元，同比增长 25.1%；国内旅游收入 4 737 396 万元，同比增长 29.3%。

资料来源：西藏旅游政务网（有删改）

第三节　旅游产品的生命周期

一、旅游产品生命周期

一般产品生命周期是指一个产品从它进入市场开始到最后退出市场的全部过程。典型的产品生命周期（见图 2-1）包括四个阶段：投入期、成长期、成熟期、衰退期。每一阶段都通过一系列指标表现出来：销售额、增长率、利润率、成本水平与结构、市场竞争结构等。这些指标是判断产品周期阶段的依据，也是企业进行市场营销策划的基本依据。

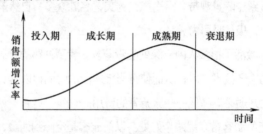

图 2-1　生命周期曲线图

旅游产品亦是如此，也会经历这四个阶段的生命周期变化。一条旅游路线、一个旅游活动项目、一个旅游景点、一个旅游地开发等，都将经历这一由兴至衰的过程。旅游产品生命周期的各个阶段通常是以销售额和所获利润的变化来衡量的；同时，处于不同生命周期阶段的旅游产品也有着不同的特点。

二、旅游产品生命周期各阶段特点

1. 旅游产品的投入期

在投入期，产品尚未被旅游者了解和接受，产品的知名度较低，销售量增长缓慢而无规律；旅游企业的接待量很少，投入费用较大，经营成本较高；企业为了使旅游者了解和认识产品，需要做大量的推广工作，产品的销售费用较大，导致经营成本较高，利润极小，甚至亏损。但处于这个阶段时，市场上一般还没有同行竞争。

2. 旅游产品的成长期

在这一阶段，旅游产品基本定型并形成一定的特色，前期宣传促销开始体现效果。这时，旅游产品在市场上拥有一定知名度，旅游者对产品有所熟悉，产品销售量迅速增长；企业的广告费用相对减少，销售成本大幅度下降，利润迅速上升。处于这一阶段时，其他旅游企业看到产品销售很好，就有可能组合相同的产品进入，市场上开始出现竞争。

3. 旅游产品的成熟期

在产品的成熟期内，潜在顾客逐步减少，大多属于重复购买的市场。旅游产品的市场需求量逐渐趋于饱和状态。销售量达到最高点，在前期销售量可能继续增加，中期处于不增不减的平稳状态，后期的销售增长率趋于零，甚至会出现负增长。利润增长也将达到最高点，并有逐渐下降趋势。很多同类旅游产品和仿制品都已进入市场，扩大了旅游者对旅游产品的选择范围，市场竞争十分激烈，而且还有来自更新产品的替代性竞争，差异化成为竞争的核心。

4. 旅游产品的衰退期

在这一阶段，新的旅游产品已进入市场，正在逐渐代替老产品。旅游者或丧失了对老产品的兴趣，或由新产品的兴趣所取代。在原来的产品中，除少数名牌产品外，市场销售量日益下降。市场竞争突出地表现为价格竞争，价格被迫不断下跌，利润迅速减少，甚至出现亏损。

三、旅游产品生命周期的变异

每一种旅游产品在市场上的营销状况，都要受到各种因素和环境的影响，致使旅游产品会产生变异形态。其中有两种主要的变异形态较为典型，即时尚产品的生命周期和延伸产品的生命周期。

1. 时尚型旅游产品的生命周期

时尚旅游产品的生命周期只有两个阶段：一个是快速增长阶段，另一个是显著暴跌阶段。一般传播媒介可能愿意用大量的时间或空间对时尚旅游产品加以宣传，如目前的生态旅游、漂流旅游等，许多电视、杂志、报纸等会主动加以宣传，而不需要旅游企业付费做广告。时尚旅游产品营销组合的目标在于快速的市场进入，同时产品常常被一个分界很清楚的市场所选取，这一市场通常是一个特殊的年龄集团。

2. 延伸型旅游产品的生命周期

这类产品投入期和成长期较短，而产品的成熟期较长，几乎看不见衰退期。这一延伸的成熟阶段，高度的重复购买，造成一个稳定的销售额，最后可能会在市场的全部购买中找到一个持久销售地位。这种旅游产品多为传统旅游产品，如观光旅游产品、度假旅游产品，还有一些在市场上影响广泛并且吸引力较大的产品，如中国的长城、兵马俑观赏游览等，就风行于市场而经久不衰。

根据对以上旅游产品生命周期的规律性分析，可看出大部分旅游产品都经过一个类似 S 形的生命周期。但不同的旅游产品的生命周期会呈现不同的特点，并非一切旅游产品都必须经历四个阶段。同时我们也应认识到，不同产品的生命周期时间的长短可能存在很大差异。在同一时间，旅游企业应该有多种旅游产品处于不同的生命周期阶段，以保证企业的生存和发展。

四、延长旅游产品生命周期的经营策略

由于旅游产品也存在着生命周期，因此旅游企业应通过对产品生命周期客观规律的认识，运用各种经营策略，延长旅游产品的成熟期，保持旅游产品的生命力，使企业获得最佳效益。延长旅游产品生命周期的策略概括起来有以下几种：

1. 旅游产品改进策略

旅游产品改进策略，是通过对成熟期的旅游产品做某些改进以满足不同旅游者的需求。产品改进可从旅游产品的质量、功能、形态等几方面进行。如提高服务质量，改进旅游设施和设备，增设新的旅游服务项目，开辟新的旅游景观等。每进行一个方面的改进，相当于刺激出一个新的需求热点，从而使旅游产品的成熟阶段得以延长。

2. 旅游市场开拓策略

市场开拓策略，就是为成熟期的旅游产品寻找新的顾客，开发新的市场。具体做法有两种：一是发展旅游产品的新用途，寻找新的客源市场，即在原产品功能的基础上开发新的旅游功能，使老产品焕发新的生命力。如某度假区在原接待度假游客基础上，开辟健康、娱乐等旅游项目，使其具备新的功能作用而吸引了更多的旅游者。二是利用促销手段，刺激现有顾客在更多场合，以更高的频率使用该产品。

3. 旅游市场营销组合策略

市场营销组合策略，即对产品、促销、流通渠道和定价这四个因素的组合加以合理的改进和重组，以刺激销售量。如提供更多的服务项目，改变分销渠道，增加直销，增加广告，或在价格上加以调整等，以刺激销售量，吸引更多的旅游者。

4. 旅游产品升级换代策略

延长旅游产品生命周期的一项根本途径是使产品根据市场上不断涌现出的新需求，不断地实现旅游产品的升级换代，做好旅游产品开发工作。纵观各国旅游业，一般都会经历由传统的"一般性观光旅游产品"到"主题型观光旅游"再到"非观光旅游"的升级换代过程。如未来我国国内传统的旅游产品将由一般性观光和单纯性观光向主题观光、参与性观光转变，而且如生态旅游、海洋旅游、森林旅游、乡村旅游、体育旅游、漂流探险旅游等专项旅游将得到充分开发。旅游产品的升级换代也意味着旅游产品结构正向高级阶段发展，它与原旅游产品在时间上是继起的，但空间上可以并存，相互补充、互为促进。

◆**阅读资料 2-3**◆

深圳世界之窗娱乐项目的开发与生命周期

深圳世界之窗是一个以弘扬世界文化精华为主题的大型文化旅游景区。从 1994 年 6 月 18 日正式开业至 2006 年，共接待中外游客 3 000 万人次，经营收入 33 亿元，实现利税 13 亿元。在游客入园人数和经营收入方面连续 11 个春节黄金周均列深圳市主题公园第一。

1998 年以来，深圳世界之窗实现了年年有新项目、年年有新活动、年年有新节目的发展目标。世界之窗根据市场需要不断推出新的旅游产品，先后开发了探险漂流、滑雪场、丛林穿梭、数码影院等十多个大型项目；开发一个新项目、形成一个新景点、推出一种新文化，使景点由开业之初的 118 个增加到 130 余个；策划了国际啤酒节、世界歌舞节、樱花节、摇滚音乐节，以及埃及、印度、南美文化周等一系列精彩的主题活动；推出了《东方花坛》《梦之旅》《创世纪》《飞越无限》《拥抱未来》和《跨世纪》等多台大型演出，特别是大型史诗音乐舞蹈《创世纪》荟萃世界文明发展史的精彩片断，以战争与和平为主题，运用现代演艺技术，展现出"想不到的恢宏壮丽，看不尽的盛事繁华"，赢得了广泛的赞誉，已演出近 2 000 场，观众人数超过 600 万人次，成为全国旅游行业最具特色和代表性、最吸引游客的经典文化产品。2006 年，深圳之窗又推出了一台以爱情为主题的新晚会《千古风流》奉献给广大游客。这样，景区通过不断的创新发展，增加了景区功能，实现了由静态观赏型向观赏、参与、娱乐复合型的转变，不断增强了主题公园的生命力，游客重游率持续提高，景区的生命周期也在不断创新中延续。

资料来源： 魏小安，等. 创造未来文化遗产[M]．北京：中国人民大学出版社，2006.（有删改）

第四节　旅游产品的组合与开发

旅游产品是由各种要素科学合理地组合而成的，它是为实现一次旅游活动所需要的各种服务的组合。这些生产要素既有物质的，也有非物质的；既有人类劳动的成果，又有自然物。

一、旅游产品的类型与组合

1. 旅游产品的类型

随着旅游需求的多元化发展，旅游产品的类型在不断增加。由于旅游产品概念的复杂性，目前还没有形成统一公认的旅游产品分类标准体系。目前，常见的分类方法主要有以下几种：

（1）根据旅游产品的功能和市场存在形态分类

1）观光旅游产品是以满足旅游者观赏自然风光和人文风情等为目的的旅游产品。观光旅游产品是一种传统旅游产品，也是我国目前旅游市场上的主导旅游产品。由于旅游需求的差异，观光旅游产品的形式多种多样，常见的有自然观光和文化观光。自然观光旅游产品是为满足人们亲近自然、享受自然、回归自然的需求而设计开发的，如观赏名山大川、风光地貌、森林生态、湖泊湿地、草原风光等奇特的自然现象。文化观光旅游产品是为了满足人们求知、访古、朝拜等旅游目的而开发的，如参观历史古迹、民族文化、博物馆、美术馆和主题公园等。这些旅游产品共同的特征是"走马观花"，旅游活动中参与性的内容较少。不过，随着现代旅游的发展，也有部分观光旅游产品融入了更多的文化内涵和休闲度假内容，使观光旅游产品的内容更加丰富多彩和富有吸引力。

2）度假旅游产品是指利用节假日在旅游目的地进行修养、健身和娱乐等的旅游活动。由于度假旅游具有地点的相对固定性、在度假地停留时间较长、对旅游环境质量和休闲娱乐设施要求较高，以及度假旅游者常常多次重复在同一度假地消费等特点，所以，度假旅游产品开发对资源、环境的依赖性强，更加注重休闲与康乐项目的开发，常见的度假旅游产品有海滨度假、野营度假、乡村度假等。

3）事务旅游产品随着世界各国经济、科技、文化的发展，国际贸易持续增长，各国之间在政治、经济、技术、文化等方面的交流日益频繁，这就导致国际以及地区间有关人员交往数量的快速增加，形成特殊的事务旅游消费群体。它具有目的地选择取决于工作需要或由他人决定、停留时间短、对服务要求高、消费水平高以及受季节影响小等特点。常见的事务旅游产品有商务旅游、会议旅游、购物旅游、节事旅游和探亲访友旅游等。

4）专题旅游产品是为满足人们特定的旅游需求而开发的旅游产品。这里的特定旅游需求是指旅游者有着除观光、度假、休闲以外的带有明确主题的旅游目的。专题旅游产品的开发对资源、技术、人才等方面提出了更高的要求，具有广阔的发展前景。专题旅游多采取团体形式，旅游团多由同一职业或具有共同兴趣爱好的人员组成。一般来说，旅游者在旅游过程中比较关注专题性活动的安排，希望能够在游览各种旅游景点的同时，与同行进行专业方面的交流。常见的专题旅游产品主要有修学旅游、科学考察旅游、宗教旅游、探险旅游等。

（2）根据旅游产品的销售方式分类

按照旅游产品的销售方式，可分为团体包价旅游产品、散客旅游产品和自助旅游产品。

1）团体包价旅游产品指旅行社根据旅游市场的需求，经过事先计划、组织和编排的活动项目，向旅游者推出的包揽一切有关服务工作的旅游形式。一般规定统一的行程、旅游内容，并且按照统一的标准收取费用。团体包价旅游是一种大众化旅游产品，在团体包价旅游中，旅行社成批购买单项旅游产品，并向旅游者提供全程服务，所以这种旅游产品具有价格便宜、方便、安全的优点。同时，由于一切旅游活动均由旅行社安排，旅游者的活动受到一定限制。

2）散客旅游产品是旅行社根据旅游者需要按单项计价的旅游活动形式。同团体包价旅游产品相比较，散客旅游产品在内容上选择余地较大，旅游者活动比较自由，能满足旅游者多样化的需求，受到旅游者的广泛欢迎，在国际旅游市场上发展很快，是现代旅游产品发展的重要趋势。但是，散客旅游产品价格往往高于团体包价旅游产品。

3）自助旅游产品指旅游者不通过旅行社组织，而是自己直接向旅游饭店和旅游景区等旅游相关企业购买单项旅游产品，按照个人需求及偏好进行的旅游活动。随着经济全球化和现代信息技术的迅速发展，自助旅游有了更好的发展条件，自助游越来越受人们的喜爱，表现出良好的发展态势。

需要特别说明的是，随着社会、经济和文化的不断发展，旅游需求也会不断地变化发展。为适应旅游者新的需求，又会逐渐产生一些新的旅游产品。旅游产品的分类体系也会不断地得到补充和完善。

2. 旅游产品组合

旅游产品组合，就是根据不同市场需求将食、住、行、游、购、娱诸要素组合成不同形式、不同档次的旅游产品。旅游产品的组合应以最有效地利用资源、最大限度地满足市场需要和最有利于竞争为原则。

（1）旅游产品组合策略

1）全面全线型组合即针对全部旅游市场的各种旅游需要的旅游产品组合。包括观光、度假、健身、探亲、会议、贸易、宗教、修学、民俗、养生保健等综合旅游产品线。如天津国际旅行社推出的修学、自行车、养生保健、民俗、国际会议、散客商务旅游、中国公民出境旅游、休闲旅游、国际商务、会议及奖励旅游等产品组合。

2）专项系列组合是根据企业自身的经济、技术条件和社会的需要，向一部分专门市场组合专项系列旅游产品。如文化系列旅游，满足游客在武术、京剧、气功、书法、绘画、烹饪等方面的旅游需要。

汽车之旅又分为拉力赛游、汽车自助游和团体驾车游等。

3）专业型组合是针对某特定市场的需要来组合各种旅游产品。如深圳国旅于2000年成立的"温馨结伴行"长者旅游俱乐部，就是专门针对老年人这一市场需求而设立的。俱乐部采用会员制的形式，在组团过程中充分考虑老年人的需求特点，行程安排松紧适度，每一旅游团都配有队医，饭菜也以老年人的口味来安排，受到老年人的喜爱。

（2）国际旅游产品组合类型

1）团体包价游。游客以预定方式购买，并一次付清全部费用的旅游。产品组合包括客房、餐饮、市内交通、游览用车、翻译导游服务、接送服务、行李搬运服务、娱乐活动票证和全程导游服务。

2）散客包价游。与团体包价只是人数上的差别，组团人数10人以上为团体，10人以下为散客。

3）半包价游。一般是由团体包价组合中除去中晚餐费用的一种包价形式，无论团体或散客旅游都可采用半包价组合。半包价的目的在于增加旅游者活动的自主性、灵活性，同时，也可降低直观价格，提高竞争力。

4）小包价游。包括预付客房、早餐和接送服务费用，导游服务、风味餐、节目欣赏和参观游览活动则属自由选择，不在包价之内。

5）零包价游。只提供游客的来回机票，给予优惠并统一代办签证，一般在旅游业发达国家和地区中这种组合产品较多。

我国旅行社的国际旅游产品组合多是全包价形式。

二、旅游产品的开发原则与内容

随着社会经济、科技等方面的发展与创新，旅游需求也不断发生变化，旅游者对旅游产品的质量要求也越来越高。旅游企业只有不断进行新产品的开发，才能在市场上求得生存和发展。

1. 旅游产品的开发原则

在旅游产品开发中，无论是对旅游地的开发，还是对旅游路线的开发，都首先要对市场需求、市场环境、投资风险、价格政策等诸多因素进行深入分析。根据对这些因素的分析和比较形成一系列设计方案和规划项目，再选择其中既符合市场旅游者需要又符合目的地特点，且具有竞争力的方案和项目进行开发。为此，旅游产品开发中必须遵循下述开发原则：

（1）市场导向原则

即以旅游市场需求作为旅游产品开发的出发点。没有市场需求的旅游产品开发，不仅不能形成有吸引力的旅游目的地和旅游产品，而且还会造成对旅游资源的浪费和生态环境的破坏。

树立市场观念：一是进行旅游市场定位，确定客源市场的主体和重点，明确旅游产品开发的针对性；二是要根据市场定位，调查和分析市场需求和供给，把握目标市场的需求特点、规模、档次、水平及变化规律和趋势，从而形成适销对路的旅游产品。只有树立市场观念，以市场为导向，才能使旅游产品开发有据有序、重点突出，确保旅游产品的生命力经久不衰。

（2）综合效益原则

旅游业作为一项经济产业，在其开发过程中必须始终把提高经济效益作为主要目标。无论是旅游地的开发，还是某条旅游路线的开发，或是某个旅游项目的投入，都必须先进行项目可行性研究，认真进行投资效益分析，不断提高旅游目的地和旅游路线投资开发的经济效益。同时，旅游业又是一项文化事业，因而在讲求经济效益的同时，还必须讲求社会效益和环境效益。讲求社会效益，要求旅游地在开发和规划旅游路线产品设计中，要考虑当地社会经济发展水平，要考虑政治、文化及地方习惯，要考虑人民群众的心理承受能力，形成健康文明的旅游活动，并促进地方精神文明的发展。讲求生态环境效益，需求按照旅游产品开发的规律和自然环境的可承载力进行开发，以开发促进环境保护，以环境保护提高开发的综合效益，从而形成保护—开发—保护的良性循环，创造出和谐的生存环境。总之，要从整个开发的总体水平考虑，谋求综合效益的提高和旅游业的持续、稳定发展。

（3）旅游产品形象原则

旅游产品是一种特殊商品，是以旅游资源为基础，对构成旅游活动的食、住、行、游、购、娱诸要素进行有机组合，并按照客源市场需求和一定的旅游路线而设计组合的产品。因此，拥有旅游资源并不等于就拥有旅游产品，旅游资源要开发成旅游产品，还必须根据市场需求进行开发、加工和再创造，从而组合成适销对路的旅游产品。

产品形象观念具体包括以下几层含义：一是要以旅游资源为基础，把旅游产品的各个要素有机结合起来，进行旅游产品的设计和开发，特别是要注意在旅游产品设计中注入文化因素，增强旅游产品的吸引力；二是要树立旅游产品的形象，充分考虑旅游产品的品位、质量及规模，突出旅游产品的特色，努力开发具有影响力的拳头产品和名牌产品；三是要随时跟踪分析和预测旅游产品的市场生命周期，根据不同时期旅游市场的变化和旅游需求，及时推出新的旅游产品，不断改造和完善旅游老产品，从而保持旅游业的持续发展。

2. 旅游产品开发的内容

旅游产品开发是根据市场需求，对旅游资源、旅游设施、旅游人力资源及旅游景点等进行规划、设计、开发和组合的活动。它包括两个方面的内容：一是对旅游地的规划和开发；二是对旅游线路的设计和组合。

（1）旅游地的规划和开发

旅游地是旅游产品的地域载体。旅游地开发就是在一定地域空间上开展旅游吸引物建设，使之与其他相关旅游条件有机结合，成为旅游者停留、活动的目的地。旅游地的开发主要表现为对旅游吸引物的开发建设。

1）自然吸引物的开发。这类开发以保持自然风貌的原状为主，但需要进行道路、食宿、娱乐等配套旅游设施建设，以及环境绿化、景观保护等。这类形式的开发必须以严格控制建设量和建设密度，不允许冲淡和破坏自然景观为前提，使人工造景建筑与自然环境协调一致。

2）人文吸引物的开发。这类开发主要凭借丰富的文化历史古迹和现代建设成就，进行维护、修缮、复原等工作使其具有旅游功能，如具有重要历史文化价值的古迹、遗址、园林、建筑形态。这类形式的开发一般需要较大的投资和维修费用。

3）社会吸引物的开发。一般是指少数民族地方的民族风情、传统风俗、文化艺术等，它们虽然是旅游资源但还不是商品，本身并不是为旅游而产生，也不仅仅为旅游服务。对这类旅游资源的开发，需要进行广泛的横向合作，与有关部门共同挖掘、整理、改造、加工和组织经营，在此基础上开发成各种旅游产品。

（2）旅游线路的设计和组合

旅游线路是旅游产品的具体表现，是旅游地向外销售的具体形式。旅游产品开发是否成功与旅游线路产品能否为游客所接受密切相关，因为旅游线路是旅游者消费并满足旅游需求的具体体现。旅游线路开发，就是在已开发的旅游吸引物、旅游目的地服务设施和交通运力基础上，根据旅游市场的需要将有形资源和旅游服务重新进行编排组合，即利用原有资源进行内容上的调整、质量上的改进，从而创造出更符合潜在市场需要的新产品。从开发过程来看，旅游线路开发是旅游从业人员凭借着已开发的吸引物和已建成的旅游设施和其他服务设施，向旅游者提供的符合需要的服务，在这里对所凭借的物质和非物质的劳动产品不存在外形和内质的变化，只有不同形式的路线组合。因此，旅游线路开发实质上是组合开发。旅游线路的开发大致可分为四个阶段：一是分析目标市场可支付的旅游成本，以确定旅游线路的性质和类型；二是根据旅游市场需求组织相关旅游资源，确定旅游资源的基本空间格局；三是在以上工作的基础上，分析相关旅游设施，设计出可供选择的若干线路；四是选择最优的旅游线路。

一般情况下，旅游线路开发的种类可以从不同角度进行划分。按旅游路线的性质，可以划分为普通观光旅游路线和特种专项旅游路线两大类。按旅游线路的游程天数，可以分为一日游路线与多日游路线。按其使用的主要交通工具，可以分为航海旅游路线、航空旅游路线、内河大湖旅游路线、铁路旅游路线、汽车旅游路线、摩托车旅游路线、自行车旅游路线、徒步旅游路线，以及几种交通工具混合使用的综合型旅游路线等。按使用对象的性质，可分为包价团体旅游路线、自选散客旅游路线、家庭旅游路线等。

三、旅游产品开发策略

为了有效地利用旅游资源和旅游设施，最大限度地满足旅游者的消费需求，必须制定正确的旅游产品开发规划策略，指导旅游产品的合理开发。

1. 旅游地开发策略

在旅游地的开发必须建立在三方面可行性研究基础上：旅游产品构成合理性分析，旅游投资与投资风险的经济预测分析，以及社会、文化、环境方面的分析。

旅游地开发最直接的表现形式就是景区景点的开发建设。一个旅游地要进行旅游产品开发，首先必须凭借其旅游资源的优势，或保护环境，或筑亭垒石，或造园修桥，使之成为一个艺术化的统一游赏空间，让原有风光更加增辉添色，更符合美学欣赏和旅游功能的需要。常见的旅游地开发的策略有以下几种：

（1）保护性开发策略

对于罕见的、具有垄断性的自然旅游资源和珍贵历史遗产，必须进行保护性或维护性开发，绝对完整地保护或维持其自然和历史形成的原始风貌。

（2）拓展性开发策略

在旅游地原有旅游产品基础上，通过科学的规划和开发，进一步扩大和增加新的游览项目和活动内容，突出旅游产品特色，丰富旅游产品内容。如在一些自然或人文景点上搞园林造景，修建各种陈列馆和博物馆，以及各种集萃园和仿古园等。

（3）创造性开发策略

主要是运用现代高科技技术，在满足旅游需求的前提下，利用一些文献史料、神话传说、异地的景观景点或基于对未来的想象作为蓝本，再结合自身的环境条件和设施条件，创造出融观光、游览、娱乐、刺激于一体的全新旅游产品，如"迪士尼乐园""未来世界"等。

2. 旅游路线开发策略

（1）旅游线路的多样性策略

旅游线路设计的关键是适应市场需求。由于旅游者来自不同的国家和地区，具有不同的身份以及不同的旅游目的，因而，旅游者的需求就具有多样性的表现。总体来说可分为：观光度假型、娱乐消遣型、文化知识型、商务会议型、探亲访友型、主题旅游型、修学旅游型、医疗保健型等。国内旅游者外出旅游多数是为了游览名山大川、名胜古迹，轻松、娱乐、增长见识是他们的主要需求。现在越来越多的年轻人喜欢富于冒险、刺激的旅游活动，一种国外很流行的健身方式被引入国内，这就是包括野外露营、攀岩、漂流、蹦极、沙漠探险等为一体的户外运动。由于这项运动既充满挑战性，又满足了人们的猎奇心理，很快得到年轻人的宠爱，成为流行时尚。所以旅游线路设计者应根据不同的游客需求设计出各具特色的线路，而不能千篇一律、缺少生机。

（2）旅游点的合理选择策略

旅游线路开发时要根据旅游活动的"点线"结构特征，合理安排过程，将过程路线设计成闭合的环线，以避免走回头路。因为受"满意效用递减原理"的影响，行程重复不但会降低旅游者的满意度，还可能导致旅行费用增加。

（3）主题突出策略

世界上有些事物是独一无二的，如埃及的金字塔、中国的秦陵兵马俑等，这就是特色。由于人类求新求异的心理，单一的观光功能景区和旅游线路难以吸引旅游者回头，即使是对一些著名景区和旅游线路，旅游者通常观点也是"不可不来，不可再来"。因此，在产品设计上应尽量突出自己的特色，唯此才能具有较大的旅游吸引力。国内一次抽样调查表明，来华美国旅游者中主要目标是欣赏名胜古迹的占 26%，而对中国人的生活方式、风土人情感兴趣的却高达 56.7%。民俗旅游正是一项颇具特色的旅游线路，它以深刻的文化内涵而具有深入肺腑、震撼心灵的力量。云南是我国民族种类最多的省份，除汉族外，人口在 6 000 人以上的世居少数民族有彝族、哈尼族、白族、傣族、壮族、苗族、回族、傈僳族等 25 个。云南的少数民族风情旅游线路，昆明—大理—丽江—西双版纳旅游线路，富含绚丽的自然风光、浓郁的民族特色。如古老的东巴文化、大理白族欢迎客人寓意深长的"三道茶"、"东方女儿国"泸沽湖畔摩梭人母系氏族的生活形态、美丽而淳朴的丽江古城以及纳西族妇女奇特的服饰"披星戴月"装等，这些都以其绚丽多姿的魅力深深吸引着广大的中外旅游者。这些旅游线路和旅游项目在世界上都是独一无二的，具有不可替代性，即人们常说的"人无我有，人有我特"。

另外，随着旅游业的不断发展，国际旅游竞争加剧，旅游企业要积极开发特种旅游产品以适应国际市场细分阶段化的趋势，对旅游者参与性强的产品的开发尤为重要。同时，旅游产品的开发要突出精品和名牌意识，要集中精力整理出一套代表中国特色、代表国家水平的精品旅游线路。

基本训练

1. 如何理解旅游产品的概念和特征？
2. 分析旅游产品的一般构成、需求构成和供给构成。
3. 如何认识旅游产品的生命周期？旅游产品生命周期各阶段具有哪些特点？
4. 旅游产品有哪些分类方法和类型？

应用训练

1. 在旅游产品生命周期的各个阶段，企业应当如何采取经营策略追求利益最大化？
2. 分析读者所在地的旅游资源和客源市场，进行模拟旅游产品分析。

案例分析

赵公明财神庙盛大开放　十大看点让您大饱眼福

西安楼观中国道文化展示区首个项目赵公明财神庙于 2011 年 7 月 19 日盛情开放，接纳八方游客。

赵公明财神庙的正式开放，使更多向往传统文化、寄情于山水的都市人有了更多的旅游体验。游客在财神庙里不仅可以感受到财神文化的博大精深、风土民俗的浓郁质朴，也能品尝到地方特色的美食。

看点一：全息光影沙盘——既是介绍也是景点

现代数字技术的应用是赵公明财神庙景区最大的亮点之一。在景区主入口的游客服务中心，"三维全息光影沙盘展示"打破了传统意义上的光影沙盘，增加了纯数字内容的多媒体展示功能、全息三维立体展示功能、互动功能。通过声、光、电、图像、三维动画以及计算机程控技术与黑纱全息相融合，可以充分体现区位特点，达到一种惟妙惟肖、变化多姿的立体动态视觉效果。它能使观众对景区概况有全面、立体、直观的整体理解，比传统沙盘更具震撼力和感染力。对参观者来说是一种全新的体验，并能产生强烈的共鸣。

看点二：482 尊财神像——领略财神文化的深髓

走进财神庙景区，恢宏的财神文化扑面而来，处处显现着中国古老而传统的财神民俗文化。在财神殿正殿二层财神文化展示区，以别样的形式讲述着中国财神文化的源远流长。这里收集了大量与财神有关的物品，包括雕塑、壁画、文字资料等，共有来自全国各地的财神像 482 尊，让游客了解中国的财神民俗文化。此外，庞大的微型雕塑群展现了民间自古以来流传下来的喜迎财神、拜财神、逛庙会的情景，402个小泥塑人个个神态自若、栩栩如生，游客还可以从人群中找到如今已经消失的小行当。

看点三："道·梦空间"——体验如梦似幻的诗画空间

在赵公明财神庙财神殿一层展演大型道文化多媒体互动体悟剧《道·梦空间》，这是游客不能错过的节目。本剧如诗似梦的场景布置、行云流水的舞蹈表演，受到了游客的拍手叫绝。

整场演出打破了以往观众与舞台的严格划分，以360°环幕及多媒体全息投影技术让人真正置身于如梦如幻的4D场景，以"音诗画"的表演形式，表现了"道法自然"的文化内涵，烘托营造了美如幻境的道家思想意境，让观众置身于玄妙而深远的道家哲学的诗画梦境。

看点四：全息360财神像——体验财由天降的神秘和激动

在一座锥体中的特殊棱镜当中，华夏正财神赵公明头戴黑铁冠，手执玄铁鞭，胯下骑一匹黑虎，勇猛威武。这就是在财神殿二层财神文化展示区里的全息360财神像。全息360是由特殊透明材质制成的四面锥体，四个视频发射器将光影信号发射到这个锥体中的特殊棱镜上，汇集到一起后形成具有真实维度空间的立体影像。当游客靠近全息360赵公明影像时，财神就会与游客展开互动。此外，财神殿二层的互动体验区采用二维数字技术让游客与"众财神"零距离接触。摇钱树是传说中的一种宝树，在互动体验区的摇钱树下面是LED屏，根据游人晃动树的力度不同会掉下不等的铜钱。

看点五：有明堂——卡通财神的确"有名堂"

在财神殿一层和财神街设有以财神文化为主题的商品概念店有明堂，这里的商品不同于其他普通的商品，具有很强的独特性和唯一性。

有明堂作为首个拥有自主知识产权的全产业链旅游纪念品品牌，其设计灵感来源于赵公明财神庙的文化背景，设计有正财神赵公明、关羽、文昌帝君、妈祖、黄大仙、土地神等与财富有关的人物，表现形式为纸偶公仔、纸偶明信片、假面浮雕、手机挂件、装饰品等。特别是Q版财神像打破了以往财神在人们心中固有的形象，很受人喜爱，让游客爱不释手。

看点六：集贤鼓乐——原生态演绎千年音乐奇葩

在2011年7月19日赵公明财神庙开放之时，众多的民俗演出为游客送上了丰盛的文化大餐。被誉为中国古代音乐"活化石"的集贤鼓乐更是演出活动中的一大亮点，开园后集贤鼓乐的演出在赵公明财神庙财神殿一层剧院进行。全新的集贤鼓乐演出继承了最原汁原味的音乐要素，全面挖掘集贤鼓乐的文化延展，采用了国际化的包装，将集贤鼓乐的物化特征全面升华及扩展，还原了集贤鼓乐皇家交响乐的恢宏现场，为游客带来了1300年前"皇家交响乐团"的顶级文化体验。

看点七：登临问道阁——秦岭楼观风貌尽收眼底

在财神庙之西的田峪河畔，有一座巍峨的塔式建筑屹立在水域之岸，木栏飞檐、花纹精致、屋脊施吻兽、挑角垂风铃。这就是整个楼观道文化展示区的地标性建筑——问道阁。

问道阁外6层内13层杂式屋顶建筑，总高为47米，是赵公明财神庙的制高点。登临问道阁，整个财神庙景区的如画美景尽收眼底，抬眼南望，群山起伏，巍峨秦岭悠悠，田峪河水潺潺。问道阁不仅是观景的最佳平台，也是说经论道的最佳场所。

看点八：民俗风情荟萃——民俗演出轮番上演

除了集贤鼓乐之外，周至秦腔、渭旗锣鼓、高跷、竹马、牛斗虎、财神文化大巡游等特色民俗演出也是全天候轮番登场，给游客带来了原汁原味的乡土风情表演。开园当天，600人的财神巡游方阵声势浩大地在赵公明财神庙南侧财富文化广场开锣，正式拉开了赵公明财神庙开园大幕。东西南北中五路财神齐聚一堂，共同庆贺赵公明财神庙的落成开放。在整个巡游队伍中，大家喜闻乐见的八仙过海、渭旗锣鼓、跑竹马、地油子、芯子等欢庆民俗活动一应俱全，新型仙鹤道具是本次巡游队伍中的亮点，为游客奉献了一场民俗风情荟萃的饕餮盛宴。

看点九：漫步财神街——闻到千年前的味道

青砖灰瓦、古色古香、乡土文化、特色美食俱全的财神街是财神文化展示区的一大特色，让游客眼前一亮，不虚此行。

财神街里民俗小吃品类众多，游客可以品尝到当地特色的农家小吃，体验到乡野风情。周至百桌宴起于明清，由殷实富户出资牵头，坊里百姓出力相辅，搬来木桌凳，砌起"泥垒灶"，凑在一起尽兴喝酒聚餐，祈喜庆、盼丰收、保平安，有"长街迢遥两三里，日日香尘街上起"的盛况。如今财神街大开百桌宴，以地方美食款待八方来客，共饮老酒，共祈平安。

看点十：田峪河景观——参悟"上善若水"

微波粼粼，小桥、栈道、水车、码头……这是田峪河水景观光区。道家讲究"上善若水"，田峪河水景观光区为赵公明财神庙景区提供了良好的水岸门户形象，通过四个入口广场的设计，展现了自然、闲适的特点，在成为城镇居民度假休憩最佳场所的同时，也成为秦岭驴友户外体验的"驿站"。

资料来源： http：//news.sina.com.cn/c/cul/2011-07-19/163622840993.shtml（有删改）

案例分析思考：

1. 赵公明财神庙在开发中遵循了哪些原则？

2. 赵公明财神庙的开发，体现了旅游产品的哪些内涵和特征？

3. 赵公明财神庙的成功开发，对旅游产品的开发有何启示？

第三章

旅游需求与旅游供给

学习目标

知识目标：掌握旅游需求与供给的概念、特征，了解旅游供给和需求的影响因素，掌握旅游需求与供给规律。

技能目标：能够用旅游需求与供给规律、旅游供求平衡理论和弹性理论分析现实问题。

能力目标：能将现实问题抽象为理论模型并进行分析和指导实践。

导读案例

旅游需求井喷，供给侧须扬鞭奋蹄

2018 年国内旅游人数约为 55.4 亿人次，收入约 5.13 万亿元，同比分别增长 10.76%和 12.3%；中国公民出境旅游人数约为 1.48 亿人次，同比增长 13.5%。旅游需求持续"井喷"释放，归根到底是对更多供给的呼唤，是对更好的政府公共服务和更多样化的市场服务的迫切呼唤。

旅游需求井喷，最直观的现象就是亿万普通大众旅游需求集中释放，亟待总供给保质保量地加以满足。这些年来，各行业和地方持续发力旅游业，但消费者"去哪儿玩、玩什么"仍然是首要课题。旅游业"供不应求"，与传统工业产品产能相对过剩形成强烈对比，表明国内旅游产品、旅游服务、旅游项目品牌总供给必须"跑步跟上"。暑期休假季、中秋节、国庆节相继到来，在这一高峰期，大多名胜风景区仍然是"入口排长龙、区内人满为患"、海滩"下饺子"；温泉、采摘、民俗等新兴项目，尚不能满足市场需求。游客出游要寻求不同的体验，但观光产品开发模式同质化，度假产品创新滞后，使更多需求只能"外引"到境外。这背后是长期以来，城乡旅游基础设施建设、交通体系建设侧重考虑经济增长，对以人为本的旅游服务需求考虑不够，机场、高铁、公路、酒店、商场、景区服务缺乏"无缝衔接"。若要保障旅游供给的数量和质量，必须加大整合力度，解决供给的碎片化。

应对旅游需求井喷，首先公共服务一定要"拿得出、使得上、用得好"。作为公共服务的主要提供者，政府部门义不容辞。在国民旅游方面的公共服务，从《中华人民共和国旅游法》到《国民旅游休闲纲要（2013—2020年）》，都有明确的法定要求，政府部门应当提供从旅游安全到旅游信息方面的一条龙服务。国务院关于旅游业改革发展、旅游投资与消费的一系列要求，也是地方政府及有关部门的法定责任。要不折不扣地行动起来，使很多"纸上的供给"真正落实到地。

特别要指出的是，解决旅游供给的碎片化，原国家旅游局提出的"全域旅游"，在供给侧为旅游的多样性需求开辟了广阔空间。地方政府及有关部门要敢于担当，从美化全域、绿化全域、净化全域、亮化全域开始，把工业、农业、林业、水利、文化、城市、乡村等各类资源转化成现实的"大旅游产品"，突破景区围墙、构建大旅游格局，把开发空间从景区推广到全域，从而拓展资源利用空间和产业发展空间，打开旅游从封闭走向开放的通道，迅速扩大旅游产品供给总规模，更有效地解决旅游供需之间的现实矛盾。

发展全域旅游，保障供给，归根到底要解决好政府和市场的关系。为促进旅游发展，中央对财税政策、土地政策、金融政策有明确要求，有关部门必须讲落实，抓实效、动真格。政府"有形的手"不能缺位，也绝不能"越位"。企业已经通过大数据分析，把共享经济、新媒体、新技术培育成为新的增长点。携程、同程、途牛等在线旅行社不约而同开始重新评估跟团游、研发目的地团的新供给，并把火车票与机票融和为大交通概念下的新增长点。网红、直播、VR、IP等场景革命在旅游领域中的商业化应用，也是对市场需求的灵敏把握。旅游供给侧的产品、服务创新，市场最激动人心的地方，就是这些微观的市场活动。政府不能"越俎代庖"，要放水养鱼、开笼放鸟。唯有如此，领跑全球的中国旅游业，才能在满足人民群众需求的过程中，海阔凭鱼跃，天高任鸟飞。

资料来源： http://finance.sina.com.cn/roll/2016-08-15/doc-ifxuxnpy9607929.shtml（有删改）

旅游经济的运行是旅游需求与旅游供给矛盾运动的结果。旅游经济能否正常、有效地发展，在根本上取决于旅游供求的均衡状况。旅游需求和旅游供给是旅游产品生产和交换过程中的一对重要经济范畴。旅游需求是社会经济发展的产物，是旅游经济活动的前提；旅游供给则是旅游需求的伴生物，有需求必然有供给。本章把旅游需求与供给结合起来，着重阐述旅游需求与供给的概念、特征及影响因素，揭示了旅游需求与供给的内在规律及弹性，提供了在市场机制中最基础性的经济状况下，旅游需求和旅游供给矛盾问题的解决方式。

第一节　旅游需求分析

一、旅游需求的概念

从经济学意义上说，需求是指消费者在一定时期内，依照一定价格购买某一商品或服务的欲望。

旅游需求则指人们购买旅游产品的欲望。如果进一步分析，则可以看出，需求是购买欲望与支付能力的统一，缺少任何一个条件都不能构成有效或现实的需求。由于旅游活动的特点，要购买旅游产品除了购买欲望与支付能力外，还必须拥有足够的余暇时间。因此，旅游需求就是有一定支付能力和余暇时间的人购买某种旅游产品的欲望。从旅游经济的角度看，旅游需求就是指人们为了满足对旅游活动的欲望，在一定时间和价格条件下，具有一定支付能力可能购买的旅游产品的数量。

正确理解旅游需求的概念，需掌握好以下几点：

（1）旅游需求表现为旅游者对旅游产品的购买欲望

旅游需求作为旅游者的一种主观愿望，其表现为旅游者对旅游活动渴求满足的一种欲望，即对旅游产品的购买欲望，是激发旅游者的旅游动机及行为的内在动因。但旅游需求并不是旅游者实际购买的旅游产品数量，它只表现为对旅游产品的购买欲望，而这种购买欲望能否实现则取决于旅游者的支付能力及旅游经营者提供旅游产品的数量。

（2）需求量是愿意而且能够购买的数量，但不是已经购买的数量

旅游需求产生于人们要利用旅游活动满足自身需要的欲望，从其产生的条件来说，只有人们对某种旅游产品或服务的消费需要具有一定的支付能力时，人们的需要才会转化为经济学意义上的需求，因此，经济学只考虑有支付能力的旅游需求。

（3）旅游需求是指一种旅游产品的需求量与其价格之间的关系

旅游需求的数量会随旅游产品价格的变化而发生变化，这种需求量与价格之间的对应关系就是该市场上一定时期内旅游产品的需求。

二、旅游需求的产生

要掌握旅游需求的特点和一般规律，必须了解旅游需求形成的原因。旅游需求的形成不仅要具备一定的客观条件，而且要具备一定的主观条件。

1. 客观条件

（1）人们可自由支配收入的增加是产生旅游需求的前提条件

可自由支配的收入是指扣除全部税收和社会预支消费（如健康保险、人寿保险、退休基金、住房基金等）以及日常生活消费后剩余的收入。随着社会经济的发展，人们的收入增加、生活水平不断提高，消费层次和消费结构也发生了很大的变化，导致对旅游需求也日益增加。一般来讲，在人们可支配收入一定的条件下，人们用于衣、食、住、行及其他方面的支出比例基本不变。但是，随着人们可支配收入的增加，人们用于衣、食、住、行等方面的支出就会相对减少，而用于其他方面的支出则相对增加。因此，人们可支配收入的提高不仅是产生旅游需求的前提，而且对旅游的出行距离及内容等也具有决定性影响。

各国旅游发展的经验表明，当人均国民收入为300~450美元时，人们就产生国内旅游的需求，从而构成近距离的旅游消费；当人均国民收入为800~1 000美元时，人们就产生邻国旅游的需求，从而构成区域性的旅游消费；当人均国民收入达到3 000美元以上时，人们就产生远程旅游的需求，从而构成洲际性的旅游消费。

（2）闲暇时间的增多是产生旅游需求的必要条件

联合国的《消遣宪章》将闲暇时间定义为："闲暇时间是指个人完成工作和满足生活要求之后，完全地由他本人支配的一段时间。"闲暇时间又称余暇时间，它是旅游需求得以形成的又一重要条件。随着社会生产力发展和劳动生产率的提高，人们用于工作的时间相对减少，而闲暇时间则不断增多。特别是许多国家和企业推行"每周五日工作制"和"带薪假日"，使人们的闲暇时间越来越多。有的国家和地区年休假日高达 140 天，超过全年 1/3 的时间。于是，人们不仅产生短期休闲旅游的需求，以度过美好的周末；而且逐渐增加远程旅游及国际旅游，到世界各地游览、观光，到风景名胜区消闲度假。因此，闲暇时间的增多是产生旅游需求必不可少的条件。

我国从 1999 年 10 月 1 日开始放 7 天长假的黄金周以来，在黄金周期间出游人次逐年增长，旅游收入不断攀升，对于旅游目的地和旅游企业而言可谓是一场盛宴。但黄金周闲暇时间过于集中容易造成旅游需求的爆炸性增长，使旅游供给难以适应需求，旅游供求严重不均衡，旅游质量难以保证。我国历年黄金周的接待人次及旅游收入情况见表3-1。

表3-1 历年黄金周的接待人次及旅游收入统计表

年度	春节 接待人数（万人次）	春节 旅游收入（亿元）	五一 接待人数（万人次）	五一 旅游收入（亿元）	十一 接待人数（万人次）	十一 旅游收入（亿元）
1999	未执行黄金周政策				2 800	141
2000	2 000	163	4 600	181	5 980	230
2001	4 496	198	7 376	288	6 397	250
2002	5 158	228	8 710	331	8 071	306
2003	5 947	257	因"非典"没放长假		8 999	346
2004	6 329	289.6	10 400	390	10 100	397
2005	6 902	313	12 100	467	11 100	463
2006	7 832	368	14 600	585	13 300	559
2007	9 220	438	17 900	736	14 600	642
2008	8 737	393			17 800	796
2009	10 900	509.3			22 800	1 007
2010	12 500	646.2			25 400	1 166
2011	15 300	820.5			30 200	1 458
2012	17 600	1 014			42 500	2 105
2013	20 300	1 170.6	取消		42 800	2 233
2014	23 100	1 263.9			47 500	2 453
2015	26 100	1 448.3			52 600	4 213
2016	30 200	3 651			59 300	4 822
2017	34 400	4 233			66 300	5 494
2018	38 600	4 750			72 600	5 991

数据来源： 来自网络对不同年份的黄金周接待数据报道。

（3）交通运输的舒适、快捷为人们外出旅游提供便利的条件

任何旅游活动都离不开一定的交通运输条件，特别是远程旅游及国际旅游，更讲求交通运输条件的舒适和方便。现代科学技术的进步，为人类提供了便利的交通运输条件，从而促进了旅游需求的产生和旅游业的发展。现代航空运输业的发展，极大地缩短了旅游的空间距离；大型民航飞机、高速公路、空调客车、高速列车等交通运输的现代化，促使旅游者在旅游活动过程中的空间移动更加舒适、方便和安全。这不仅有效地刺激了人们的旅游需求，"催化"了人们的旅游行为，而且缩短了旅途时间，减少了途中的劳累及单调，又进一步加快了国际旅游业的发展，使旅游业进入一种全球化发展的新趋势。

综上所述，可自由支配收入的提高、闲暇时间的增多和现代化交通运输系统的完善，是旅游需求形成的三大客观条件。

2. 主观条件

从主观上讲，在上述客观条件的基础上，由于人们的兴趣爱好及所处环境的差异，也会使人们产生各种各样的旅游需求。当具备能够满足这种需求的客观条件时，现实的旅游需求则以旅游动机的形式表现出来，当人们产生旅游动机并采取了相应的旅游行动后，现实的旅游需求又转化为已实现的旅游需求或未满足的旅游需求，进而继续推动人们心理需求的发展。社会环境、个人经历、文化素养，以及年龄、性别、个性等因素，对人们旅游意识或旅游观念的形成具有重大的影响，并且在一定程度上导致了旅游动机在类型上的差异。

三、旅游需求的特点

旅游需求作为一种消遣性的商品和一般产品需求之间存在一定的差异。旅游需求具有以下主要特点：

1. 旅游需求的整体性

旅游需求是集食、住、行、游、购、娱为一体的整体需求。旅游者在购买旅游产品时，会综合考虑旅游目的地的旅游景点、住宿、交通、购物等整体状况后再加以选择。只是每个人所偏重的侧重点不同，从而选择了不同的地方作为其外出旅游的去处。

2. 旅游需求的季节性

旅游需求的变化在不同季节表现出强烈的反差。夏季到著名的旅游胜地承德避暑山庄及坝上森林公园，去体会夏季凉爽的气候和一望无际的草原带来的无尽快乐；冬季到哈尔滨去观赏漂亮的冰灯和体验刺激的滑雪项目，感受大自然带来的天然享受。可见，在不同的季节旅游者会产生不同的旅游需求。

3. 旅游需求的多样性

旅游需求会受旅游者的文化、性格、收入水平等多种因素影响。有人乐于挑战一些刺激的旅游项目，如攀岩、蹦极、漂流等，有人喜欢去欣赏大自然的美景。需求的多样性也就要求了供给的千差万别。

4. 旅游需求的敏感性

旅游需求会受到多种因素的影响，内在条件和外在条件的变化都会影响到旅游需求的选择。旅游需求的影响因素下面进行详细讲述。

四、旅游需求的影响因素

旅游需求除了受到收入水平、闲暇时间及交通条件的直接作用外，还是在政治、经济、文化、法律、自然、社会等各种因素的综合影响下形成的一种复杂的社会经济现象。因此，要很好地了解旅游需求状况，把握其发展趋势，还必须对影响旅游需求的各种因素进行分析和研究。通常，影响旅游需求的主要因素有人口因素、经济因素、社会文化因素、政治法律因素、旅游供给因素等。

1. 人口因素

人口是影响旅游需求的最基本因素之一，因为旅游本身就是人的一种行为。人口的数量、素质、分布及构成对旅游需求产生重要的影响，从而形成不同的旅游需求规模和结构。

（1）总人口数

这里所说的总人口数是指客源国或地区的人口总数。人口数量的增长不仅会增加日常消费需求，也会增加旅游需求。一般来说，人口基数大的国家在出游率不高的情况下出游人数依然可能较多，因而仍然是我们主要的客源国。

（2）人口结构

人口结构是指人口的年龄、性别、职业、文化程度和城市化程度等。

年龄对人们的旅游需求具有较大的影响，这主要是由于不同年龄阶段的人，其身体状况、心理状态和生命周期不同所致。例如，未婚的青年人旅游欲望比较强烈，但由于经济条件的限制，难以完全实现自己的旅游需求；已婚尚无子女的青年人具有强烈的旅游需求，也具有出游的客观条件；已婚且有子女的青年人，其旅游需求会因孩子尚小而受到影响，外出旅游的可能性较小；35～50 岁的中年人一般事业有成，经济状况良好，子女已经自立，因而具有较强的旅游需求，并且有条件予以充分实现；老年人时间充裕，有一定的积蓄，如果身体健康的话，他们的旅游需求也很强烈，其出游率呈现日益增长的趋势。

性别对旅游需求的影响也是显而易见的，主要表现在男性旅游者的比例高于女性旅游者，其中的主要原因在于男性和女性的家庭角色不同。一般来说，男性旅游者有更多的自主时间去旅游，而女性旅游者则常常受到家庭的羁绊而不能出游。随着家务劳动的社会化，女性的出游率不断增长，成为客源市场中一个不容忽视的组成部分。另外，男性在社会中所充当的社会角色也使得其有更多的外出开会或参加一些商务性活动的机会。

职业对旅游需求的影响主要表现在以下几个方面：其一，不同职业的人经济收入不同，其旅游需求的强度和内容有着明显的差异；其二，不同的职业，带薪假期的时间安排不同；其三，不同职业的人，接受的刺激量不同，心理状态的平衡情况不一，其旅游需求各不相同。

文化程度对人们的旅游需求也有一定的影响。文化水平较高的人对外部世界了解较多，较少有地域偏见，容易克服对异国文化和陌生环境的抵触情绪及恐惧心理，容易产生旅游需求；而文化程度较低的人，往往知足常乐，不容易产生旅游需求。

城市化程度也对旅游需求产生影响。一般来讲，城市居民要求旅游的数量要比农村居民多得多。这是因为城市居民收入一般比农村居民高，具有产生旅游需求的经济基础；同时，城市里人口较稠密、环境质量较差，迫使城市居民外出旅游以寻求环境的调节；此外，城市发达的交通条件、灵敏的信息及其他条件，也使城市居民的出游率远高于农村居民的出游率。

2. 经济因素

从价格和汇率方面看，旅游需求与价格具有负相关关系。当旅游产品价格上升，旅游需求量就会下降；当旅游价格下跌，旅游需求量就会上升。另外，在国际旅游中，汇率变化对旅游需求的影响表现在：当旅游目的国对客源国的汇率上升，旅游目的国的货币升值，则前往该国的旅游者或旅游停留时间就减少；反之，当旅游目的国对客源国的汇率下跌，旅游目的国的货币贬值，则促使前往该国的旅游需求增加。可见，汇率变化不一定会引起国际旅游总量增加或减少，但是会引起对货币升值的目的国的旅游需求减少，而对货币贬值的目的国的旅游需求增加。

3. 社会文化因素

世界上不同的国家具有不同的文化背景，从而在价值观念、风俗习惯、语言文字、宗教信仰、美学和艺术等方面存在着差异，进而影响到对旅游产品的需求、旅游活动的感受也有较大的差异。因此，在研究旅游需求时，就必须注意分析前来的旅游者所在不同国家或地区的社会文化差异性，以及由于社会文化因素影响所形成的消费习惯和需求心理，尽可能适应旅游者的消费习惯和爱好，投其所好、避其所忌，才能促使旅游需求不断增加。

4. 政治法律因素

政治稳定性是激发旅游需求，促使旅游需求不断增加的重要因素。不稳定的政治环境，往往使旅游者要承担各种风险，从而造成旅游者有心理压力，旅游需求下降。因此，旅游目的地的政局稳定，则对该国家或地区的旅游产品的需求量就多；反之，则对该国家或地区的旅游产品的需求量就少。有时，在一个旅游圈域内某一国家或地区的政局不稳定，还会波及周围国家或地区，甚至整个旅游圈域的旅游需求普遍下降。此外，旅游目的地的有关法律、法规及执行情况，也对旅游需求严生直接和间接的影响。

5. 旅游供给因素

旅游目的地的旅游供给状况决定着旅游需求的实现或满足程度，在旅游供给要素中，旅游资源决定着旅游需求能否充分实现，旅游设施条件和旅游服务水平对旅游需求的满足程度也有重要的影响。

♦阅读资料 3-1♦

2018 年国庆假期文化和旅游市场情况

国庆假日七天，文化需求旺盛，旅游消费高涨，文旅融合产品备受追捧。经中国旅游研究院（文化和旅游部数据中心）综合测算，接待国内游客 7.26 亿人次，同比增长 9.43%；实现国内旅游收入 5 990.8 亿元，同比增长 9.04%。国庆假日期间旅游投诉数量同比下降 9.25%。超过 90%的游客参加了文化活动，前往博物馆、美术馆、图书馆和科技馆的游客高达到 40%。文化需求和旅游市场呈现文化参与范围广、频度高；旅游消费类型广、意愿高；文化惠民覆盖面广、品质高；理性消费参与度广、文明旅游认同度高的"四广四高"特征。文化与旅游融合发展开启新时期文化建设、旅游惠民新篇章。

一、文化需求旺盛，旅游消费高涨，文旅融合产品备受追捧

假日期间，都市休闲、乡村旅游、自驾游、观光游览等旅游消费高涨，景区门票降价拉动居民消费明显。全国各地举办了隆重的纪念革命烈士和爱国教育活动，组织了丰富多彩的民俗节庆、文艺演出和群众休闲活动，营造了浓郁的节日氛围，文化需求旺盛。

游客纷纷以观看升国旗、"快闪"《歌唱祖国》、"我为祖国送祝福"、参观博物馆和红色景区等不同形式庆祝中华人民共和国 69 周年华诞，接受爱国主义教育。福建省龙岩市各红色旅游景区纷纷推出活动，吸引众多游客前往缅怀革命先烈的英雄事迹。假日期间，古田旅游区累计接待游客人数达 25.60 万人次，同比增长 35.6%。贵州省遵义市习水县土城景区重点建设了中国女红军纪念馆、青杠坡战斗文化园等红色旅游项目，打造了《土城往事》《四渡赤水》水舞灯光秀等红色演艺剧目，深受游客欢迎。假日七天，遵义会议会址、习水土城等红色旅游景区游客接待量均超过 5 万人次。辽宁省锦州市的红色旅游成为一道亮丽的风景线，辽沈战役纪念馆、黑山阻击战纪念馆、东北野战军锦州前线指挥所旧址、萧军纪念馆等景区游人如织。安徽省芜湖市方特景区举办的脚踩画《改革之路》活动，游客用脚作画，让脚印为画面铺就颜色，亲自参与创作"改革开放 40 周年"主题图案。

河南省永城市芒砀山景区"2018 汉风菊韵芒砀山菊花展暨汉家年华文化周"盛大开幕，"千人品汉宴""大汉华服秀"活动，给游客奉献了一场耳目一新、穿越时空的饕餮盛宴。

广东省韶关市仁化县"2018 年农民丰收节"扶溪蛇离梯田举办系列乡村休闲观光体验活动，游客下田、割禾、摸田螺、抓稻花鱼，深度体验农村劳作，反响热烈。

二、文化需求和旅游市场"四广四高"特征明显

1. 文化参与范围广、频度高

文化和旅游部数据中心调研数据显示，2018 年国庆期间，超过 90% 的游客参加了文化活动，超过 40% 的游客参加了 2 项文化游览活动，前往博物馆、美术馆、图书馆和科技馆的游客高达 40%，37.8% 的游客花在文化游览的停留时间为 2～5 天。国内主要 OTA 平台数据显示，2018 年 10 月 1—7 日文化类景区整体预订量同比增长超过 36%，景区门票、文化展演类产品预订量增幅最大。圆明园、故宫博物院、秦始皇陵兵马俑等文化类景区人气爆棚，北京、宁波、无锡、西安、杭州、南京等成为文化类景区热门目的地。

2. 旅游消费类型广、意愿高

国庆期间，山东各地依托十大文化旅游目的地品牌，倾力打造各具特色的品牌活动，吸引众多游客参与其中，营造出假日出游的良好氛围。上合峰会效应持续发酵，青岛上合峰会会址、五四广场等重要旅游区域游客比肩接踵。据统计，2018 年假日期间青岛市重点监测景区（景点）共接待游客 242 万人次，同比增长 44%。

云南省的演艺产品不断创新，《藏谜》在丽江千古情景区藏谜大剧院震撼开演；西双版纳《傣秀》持续受到市场热捧，假期上座率维持在 70% 以上，2018 年 10 月 2—5 日，上座率达到 100%。经过前段时间的环保整顿，国庆期间，大理双廊开门迎客，有了环境保护的约束和保障，显得更加惬意。

3. 文化惠民覆盖面广、品质高

文化公共产品供应充足，老百姓在家门口就可畅享文化生活。例如，参加社区、博物馆等组织的假日培训、亲子活动、讲座等，观看公益电影、公益演出，参观博览会或博物馆，参加居委会活动等，人民群众通过参加公共文化活动分享新时代美好生活，收获满满的幸福感。

2018年国庆期间，上海公共文化活动丰富多彩，总计69 550场，较2017年同期增加20%，最热门的活动包括"圣徒——青海热贡唐卡艺术展"、轻喜剧·职场爆笑升职秘诀《五斗米靠腰》、原版漫画独家授权音乐剧《深夜食堂》中文版、朵云轩艺术中心《好奇柜2——妙幻博物馆》《上海滩》展览，以及减压展升级18项奇葩体验等，丰富的公共文化生活让上海市民和游客度过了一个精彩的国庆假日。

甘肃省旅游发展委员会荟萃丝路黄金段精品，倾心推出"文博盛会，又见敦煌""金秋时节，最美甘肃"等旅游项目，以及"草原森林+戈壁沙漠+冰川雪山+蓝天白云""九色甘南环线风情游——你的诗和远方""河西走廊——丝路文化游"等优质产品线路，活跃假日市场。

4. 理性消费参与度广、文明旅游认同度高

文明旅游宣传和引导有成效，游客文明旅游习惯逐渐养成。根据12 301旅游咨询投诉平台统计数据显示，2018年国庆假日投诉数量较2017年同期下降9.25%，其中旅游交通零投诉，导游领队、旅游住宿投诉下降最大，分别下降47.06%和36.36%，旅游景区投诉与2017年持平。

江苏省在提升公共服务方面做足功夫。扬州为方便游客出行临时增设4个免费换乘中心供游客停车、换乘，推出旅游观光巴士免费乘坐服务，开放11处机关事业单位内部停车资源，供外部车辆使用。在宜兴高铁站出站口的宜兴市全域旅游服务中心咨询服务台前，服务中心工作人员精心做好特色业务服务工作。根据不同旅客需求，有针对性地向游客们推介陶文化之旅、亲子体验之旅、私人定制等特色旅游产品。河南省老君山景区推出无人值守"一元午餐"，由游客自觉投币取用，在半山腰为游客做饭接力，引来上千游客排长龙品尝，成为景区最为靓丽的风景线。

三、文化和旅游融合，开启文化建设、旅游惠民新篇章

让人民群众有感的各种文化和旅游活动活跃整个国庆期间文化和旅游市场。各地按照全域旅游、优质旅游、文化和旅游融合发展的理念要求，深化旅游供给侧改革，丰富假日旅游产品供给。国家京剧院、国家话剧院等中央艺术院团所演出的传统和现代剧目深受观众喜爱，场场爆满。

国庆假日期间，第三届湖北艺术节入选剧目基层惠民展演持续开展，100多场惠民展演涵盖京剧、汉剧、楚剧等近20个戏曲门类，让人们大饱眼福。广西贵港组织100多场送戏下乡活动，庆祝中华人民共和国69周年华诞和广西壮族自治区成立60周年。

四川省突破传统景区景点束缚，为游客提供结构多元的旅游产品，如首届成都街头艺人音乐节、第四届月季文化旅游节、"一带一路"川菜川剧国际文化周系列活动、天曌山景区2018川陕渝（广元天曌山）自驾游及房车露营活动、西部音乐节等特色文旅活动，吸引大量游客前来感受浓浓节庆氛围。

资料来源： http://www.ctaweb.org/html/2018-10-8-15-43-21594.html（有删改）

五、旅游需求规律

一般商品需求规律的基本内容是：在其他条件不变的情况下，人们对某一商品的需求随该商品价格的变动成反方向变化，即需求量是随商品价格的上升而减少，随商品价格的下降而增加。同一般商品一样，旅游产品也要遵循需求规律。与一般商品不同的是，旅游需求的产生和变化不仅由价格因素决定，还受到旅游者收入和闲暇时间等因素的影响。具体来说，旅游需求规律可以用下面的函数式来表示：

$$D_a = f(P_a; P_1, P_2...P_n; I; T; ...) \tag{3-1}$$

式中，D_a 指某种旅游需求；P_a 指某种旅游产品的价格；P_1，P_2，...，P_n 指其他商品或服务的价格；I 指旅游者可支配收入的水平；T 指闲暇时间。

1. 旅游需求量与旅游价格呈反向变化

旅游价格是影响旅游需求的基本因素，在其他因素不变的情况下，旅游需求量随着旅游产品价格的变化而变化。当旅游产品价格上涨时，旅游需求量就会下降；当旅游产品价格下跌时，旅游需求量则会上升。将旅游需求量与旅游产品价格的这种关系反映到坐标图上就形成了旅游需求曲线图（见图3-1）。

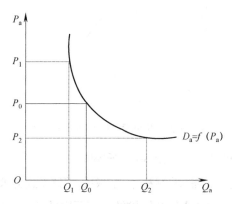

图3-1　旅游需求曲线图

如图 3-1 所示，当 a 旅游产品价格为 P_0 时，旅游需求量为 Q_0；若价格上升至 P_1 时，则旅游需求量下降至 Q_1；若价格下降至 P_2，则旅游需求量上升至 Q_2。旅游需求量（D_a）与旅游价格 P_a 的关系，用函数式可以表示为：

$$D_a = f(P_a) \tag{3-2}$$

下面讨论旅游产品间的替代或互补关系，现假设 b 产品与 a 旅游产品成替代关系，c 产品与 a 旅游产品成互补关系，这些产品的价格变化对旅游产品需求量的影响如图 3-2 和图 3-3 所示。

从图 3-2 中我们可以发现，当 b 产品的价格由 P_1 降至 P_2 时，旅游者在实际收入不变的情况下，将会增加对 b 产品的需求，从而减少对 a 产品的购买量。因此，b 产品价格与 a 产品的需求量呈现出一种正相关的关系。

从图 3-3 中我们可以看出，当 c 产品价格由 P_1 降至 P_2 时，在其他条件不变的情况下，由于 c 产品价格下降刺激了旅游需求量，旅游者对 a 产品的需求量会由 Q_1 升至 Q_2，两者呈现一种负相关的关系。

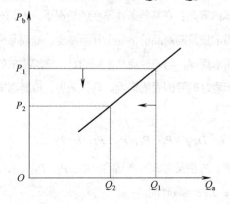

图 3-2　替代商品的价格变化对旅游产品需求量的影响

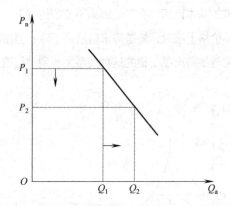

图 3-3　互补商品的价格变化对旅游产品需求量的影响

2. 旅游需求量与人们的可自由支配收入呈同方向变化

人们的可自由支配收入与旅游需求也有着密切的联系。因为旅游需求是一种有效需求，而有效需求必须是具有支付能力的需求。如果人们仅有旅游欲望而无支付能力，是不可能形成有效需求的。通常，人们可自由支配收入越多，对旅游产品的需求就越大。因而，人们可自由支配收入同旅游产品之间存在着正相关变化的关系，图 3-4 所示为可自由支配收入与旅游需求量的关系曲线图。

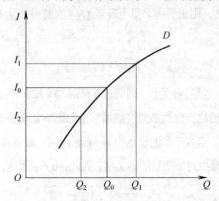

图 3-4　可自由支配收入与旅游需求量的关系曲线图

在图3-4中，纵坐标代表人们的可自由支配收入I，横坐标代表旅游产品的数量Q。该曲线表示：旅游需求量与人们可自由支配收入成同方向变化。当可自由支配收入由I_0上升到I_1时，旅游需求量由Q_0增加到Q_1；反之，当可自由支配收入由I_0下降到I_2时，旅游需求由Q_0减少到Q_2。因而，旅游需求收入曲线是一条自左下方向右上方倾斜的曲线D。

3. 旅游需求量与人们的闲暇时间呈同方向变化

旅游产品的消费是一种特殊的消费，必须占用一定的时间。尽管人们的闲暇时间并不属于经济的范畴，但它同旅游需求也具有密切的联系。闲暇时间不仅对旅游需求的产生具有决定性作用，而且直接影响着旅游需求量的变化。当人们的闲暇时间增多时，旅游需求量就相应增加；当人们的闲暇时间减少时，旅游需求量就相应减少。因而，旅游需求同闲暇时间的关系就像旅游需求同可自由支配收入的关系一样，也呈同方向变化。如果在坐标图中绘出旅游需求闲暇时间曲线，则是同旅游需求收入曲线相类似的曲线。

4. 旅游需求水平受其他影响因素而变动

旅游需求除了与旅游产品价格呈反向变化外，还受其他各种因素影响而变化。在旅游产品价格既定的条件下，由于其他因素的变动而引起的旅游需求变化，称为旅游需求水平的变化。例如，在图3-5中，当人们可自由支配收入增加时，在旅游产品价格P_0不变的情况下，旅游需求就会增加，从而引起旅游需求曲线D_0右移D_1，并使旅游需求量由Q_0增加到Q_1；反之，当人们可自由支配收入减少时，在旅游产品价格P_0不变的情况下，就会减少旅游需求，从而引起旅游需求曲线D_0左移到D_2，并使旅游需求量由Q_0下降到Q_2，这种变化就表现为旅游需求水平的变化。

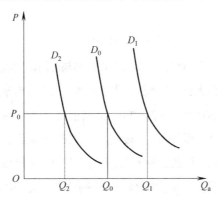

图3-5　价格不变，可自由支配收入变化导致旅游需求量变化的曲线

第二节　旅游供给分析

一、旅游供给的概念

经济学意义上的供给是指一定时期内以一定价格向市场提供的商品数量。从旅游经济的角度看，旅游供给是指在一定时期和一定价格水平下，旅游经营者愿意并且能够向旅游市场提供的旅游产品数

量。关于旅游供给的概念要从以下几个方面来加强理解：

1. 旅游供给是以旅游需求为前提

旅游需求与旅游供给是一对既矛盾又统一的概念，两者相互依存。某种产品产生供给的前提条件就是社会需求的存在。旅游需求是旅游供给的基本前提条件，旅游生产经营单位和部门，必须以旅游者的需求层次和需求内容为客观要求，建立起一整套适应旅游活动需要的旅游供给体系，保证提供旅游活动需要的全部内容。在提供旅游产品的时候，要对旅游需求的动向、内容和层次进行必要的调查研究和预测，结合制约旅游供给的其他条件来制订计划，组织旅游产品生产，达到实现旅游供给的目的。只有满足旅游需求的供给才会形成有效的供给，符合需求的供给才会为供应者带来良好的效益。

2. 旅游供给必须是有效的供给

旅游供给必须是旅游经营者愿意并可能提供的旅游产品。虽然旅游需求决定了旅游供给的方向、数量和质量，但这仅仅是一种前提条件。要真正体现旅游供给，必须同时具备旅游经营者愿意出售并有可供出售的旅游产品。这种旅游供给同旅游需求一样，是相对于旅游产品的价格而言，即在特定的价格下，总有特定的旅游产品供给量与之相对应，并随着价格的变动而相应变动。同时，旅游产品的供给还不仅仅是单个旅游产品数量的累加，而是综合地反映了旅游产品的数量多少、质量高低。要提高旅游供给，不能只抓旅游产品的数量，更重要的是提高旅游产品的质量，要在独特的自然与人文旅游资源的基础上，注重提高服务质量和旅游设施水平，才能增加有效供给，从而更好地满足市场的需求。因此，为了满足市场的需求，旅游供给必须是旅游生产的意愿与可能性相结合的供给。

3. 旅游供给由基本旅游供给与辅助旅游供给组成

旅游供给的构成相当复杂，根据供给对旅游者直接参与旅游活动的重要程度，可将旅游供给分为基本旅游供给和辅助旅游供给两大类。基本旅游供给是指一切直接与旅游者发生联系，使旅游者在旅游过程中亲身接触和感受的旅游产品，它包括构成食、住、行、游、购、娱各要素的所有产品。辅助旅游供给是指为基本旅游供给体系服务的其他设施，也称旅游基础设施，包括供水、供电、供气、污水处理、供热、通信和医疗系统，以及旅游区地上和地下建筑，如机场、码头、公路、桥梁、铁路、航线等各种配套工程。其特点是，它除了为旅游者提供服务外，还为非旅游者提供服务。基本旅游供给与辅助旅游供给的划分具有约定俗成的相对性。例如，旅游区内的交通常常划入基本旅游供给范围，而旅游区以外，且到达旅游区必须经过的交通则划归于辅助旅游供给。

二、旅游供给的特点

旅游供给是一种特殊的产品供给，具有其自身的特殊性。这种特殊性是由旅游产品的特性所决定的，主要表现在以下几个方面：

1. 旅游供给的综合性

旅游需求所要求的产品是由食、住、行、游、购、娱各要素组成的。作为一个完整的旅游产品，任何一个要素都是不可缺少的。这几个要素组合在一起形成一个旅游产品销售给旅游者。在测定旅游供给的数量时，不能用各要素的数量累加在一起来计算旅游供给的数量，而是要用旅游者数来表征，并反映旅游供给的数量及生产能力水平（容量）。

2. 旅游供给的产地消费性

一般商品的销售是通过产品向外转移而完成的，而旅游产品则是通过将旅游者请到生产地进行消费的。因此，旅游景区景点的环境容量及接待能力，直接影响着旅游供给的数量和水平。而且旅游景区景点对旅游交通在舒适程度上提出了更高的要求，因为旅游的进入与流出直接承载的是客人，要尽量让客人舒服满意、免受颠簸是旅游商品构成的一部分。

3. 旅游供给的持续性

一般物质产品的供给可通过再生产而持续不断的供给，但是若再生产停止，则物质产品的生产与供给也就停止了。但旅游产品的生产与供给则不一样，无论是景区景点还是酒店酒楼，一旦建成就能在较长一段时间内持续供给，有的甚至可以永续利用。但是旅游产品一旦遭受破坏，则较一般物质产品要严重得多。因为，一般物质产品生产工厂的破坏可通过另建新厂来恢复供给，而旅游景区景点的破坏可以使该种旅游供给能力永久丧失。

4. 旅游供给的非储存性

旅游供给非储存性是由于旅游产品生产与消费的同时性所决定的。一般物质产品可把产品储存作为调节供需矛盾的手段，对旅游产品来讲，由于旅游产品生产、交换与消费的同时性，旅游产品不能储存，因而产品的储存对调节旅游供需矛盾已失去意义，实际操作中有意义的只是旅游供给能力的储备，而并非旅游产品供给的储备。

5. 旅游供给的多样性

因为旅游产品的使用价值在于满足人的心理和精神的需要，由于旅游需求者的文化、性别、爱好、年龄、经济状况的不同对旅游产品的需求也是千差万别的，所以旅游供给具有个别供给的特点，即使采用组团旅游的方式来提高规模效益，也要注意满足团队中个别旅游者的特殊需求。因此，旅游供给的多样性较之于物质产品供给更为重要。

6. 旅游供给的替代性

构成旅游产品的各个要素本身有一定的替代性，如旅游交通中火车、飞机、汽车之间具有替代性。另外，同类旅游产品之间也具有替代性，如海滨城市之间的替代性。所以，旅游者会根据市场旅游产品的价格来选择自己的旅游目的地。

三、旅游供给的影响因素

在旅游经济中，凡是使旅游供给增加或减少的因素都被视为旅游供给的影响因素。影响旅游供给的因素很多，表现的形式也十分广泛，有系统内各要素的条件变化，也有外部环境变化的影响；有直接的，也有间接的；有可控的，也有不可控的；有确定的，也有随机的；有单一的，也有综合的；有自然的，也有社会的；而且还可根据系统的层次逐一细分。要全面分析众多的影响因素是不可能的，在实际工作中，旅游供给的影响因素主要有以下几个方面：

1. 旅游资源因素

旅游资源状况会给旅游供给的两个方面造成较深的影响：一是旅游供给的方向和内容，二是旅游供给的质量和数量规模。一个旅游目的地提供何种旅游产品是和本地区的资源开发和资源状况直接相关的。因此，目的地的资源直接就影响了旅游供给的方向和所能提供的内容。

此外，旅游资源的开发并不是无限的，要考虑到本地所能够承载旅游者的数量，因此旅游目的地的环境容量也在很大程度上决定和影响着旅游供给的规模和数量。如果旅游者数量超过了旅游目的地的容量，不仅会造成对自然环境的破坏和污染，而且会引起当地居民的不满，甚至产生一系列社会问题，这样又会直接影响到旅游产品的吸引力。因此，旅游资源状况及环境容量是直接影响旅游供给的重要因素之一。

2. 旅游产品价格因素

旅游供给直接受旅游产品价格的影响。当旅游产品价格提高，则旅游经营者在同样的成本投入中可获得更多的利润，因而会刺激旅游经营者增加旅游供给量；反之，当旅游产品价格下降，则会导致旅游经营者的利润减少，从而会减少旅游产品的供给量。因此，旅游供给的规模和数量直接受到旅游产品价格变化的影响，并与旅游价格呈相同方向变化。

旅游产品的供给量除了受自身价格变化的影响外，还会间接地受各生产要素价格的影响，各生产要素价格的变化直接关系旅游产品的成本高低。尤其旅游产品是一个包含食、住、行、游、购、娱各种要素在内的综合性产品，各种要素价格的变化必然影响到旅游产品供给的变化。对于团队旅游在整体旅游产品价格不变的情况下，若各种要素价格提高，则必然使旅游产品的成本增加而利润减少，于是旅游产品供给量也随之减少；反之，若各种要素价格降低，则使旅游产品成本降低而利润增加，于是刺激旅游产品供给量随之增加。对于散客而言，各生产要素价格的升高就相当于旅游者旅游消费的总体增加，于是使旅游需求数量降低，为达到均衡从而影响到旅游供给数量的降低；反之，若各生产要素价格下降，会引起旅游供给的增加。因此，旅游生产要素价格也直接对旅游供给产生着重要的影响。

3. 社会经济发展水平

随着生活水平的提高，人们可自由支配收入提高，人们外出旅游的数量也越来越大，但人们外出旅游需求的条件要求也越来越高。高要求的旅游供给离不开社会生产力的发展，它需要在社会现有的经济基础上为旅游业提供必需的物质条件，才能形成旅游的综合接待能力，才能提供一定数量和质量的旅游产品。如果社会经济发展水平低，就不能保证旅游供给所需的各种物质条件。因此，社会经济发展的状况和水平不仅为旅游供给提供各种物质基础的保证，而且在一定程度上决定着旅游产品的供给数量和质量。

4. 科学技术发展水平

科学技术是第一生产力，是推动社会经济发展的强大动力，也是影响旅游供给的重要因素之一。科学技术进步为旅游资源的有效开发提供科学的手段，为形成具有特色的旅游产品提供科学方法，为保护旅游资源、实现旅游资源的永续利用提供科学依据，并为旅游者提供具有现代化水平的接待服务设施，为旅游经济发展提供科学的管理工具和手段，从而增加有效的旅游供给，加速旅游资金的周转，降低旅游产品成本，提高旅游经济效益。如迪士尼乐园、深圳的世界公园都是科学技术发展的产物，也是新的旅游供给产品。

5. 政府对旅游经济发展的方针和政策

旅游目的地国家或地区有关旅游经济发展的方针和政策，也是影响旅游供给的重要因素之一。特别是有关旅游经济发展的战略与规划，扶持和鼓励旅游经济发展的各种税收政策、投资政策、信贷政策、价格政策、社会文化政策等，不仅对旅游经济发展具有重要的影响作用，而且直接影响到旅游供给的规模、数量、品种和质量。因此，旅游方针、政策是决定旅游供给的重要因素，是不断提高旅游综合接待能力的生命线，也是促进旅游经济发展的重要力量。作为旅游经营者要及时了解国家对旅游业发展的政策和规划，从中调配出自己最优质的旅游产品提供给旅游者。

四、旅游供给规律

旅游供给的变化受多种因素的影响和制约，不同的因素对旅游供给的变化具有不同的影响，并形成一定的规律性，概括起来主要有以下几个方面：

1. 旅游供给受旅游产品价格的影响

旅游产品价格的变化不仅是决定旅游需求的基本因素，也是决定旅游供给的基本因素。在其他因素不变的情况下，当旅游产品价格上涨，供应商可以得到更高的利润，所以会增加旅游产品的供给；当旅游产品价格下跌，供应商的利润降低，必然引起旅游供给量减少。根据这种规律性，设纵坐标代表旅游产品价格 P，横坐标代表旅游产品数量 Q，S 代表旅游供给曲线。图3-6反映了旅游供给由旅游产品价格变化而引起的变化。该曲线反映了旅游供给量与旅游产品价格同方向变化的客观规律性。即当旅游产品价格为 P_0 时，有相对应的旅游供给量 Q_0；当旅游产品价格从 P_0 上涨到 P_1 时，旅游供给量由 Q_0 上升到 Q_1；当旅游价格从 P_0 下跌到 P_2 时，旅游供给量由 Q_0 下降到 Q_2。因此，旅游供给曲线 S 是一条自左下向右上倾斜的曲线。

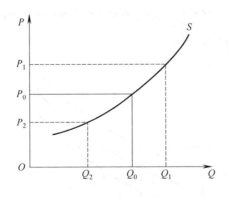

图3-6　旅游供给曲线图

2. 旅游供给能力受环境容量的限制

旅游供给量与旅游产品价格的同方向变化到一定程度时会受到环境容量的限制。在景区建成后，环境容量不会在短时间内发生变化，使旅游供给能力在一定条件下是既定的，从而决定了旅游供给量的变动是有限制的。所谓旅游供给能力，就是在一定条件下旅游经营者能提供旅游产品的最大数量。由于旅游供给的不可累加性及环境容量的限制，决定了旅游供给在一定时间、一定空间的条件下，其供给量必然受到旅游供给能力的制约。一旦达到旅游供给能力，即使旅游产品价格再高，旅游供给量也是既定不变的。如图 3-7 所示，当旅游供给量小于 Q_c 时，旅游供给量将随旅游产品的价格变化而同方向变化；当旅游供给量达到 Q_c，即达到旅游供给能力时，无论价格如何变化，即价格从 P_1 提高到 P_2，旅游供给量 Q_c 都不会发生变化。

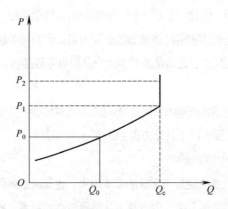

图 3-7　受旅游供给能力限定的旅游供给价格曲线

3. 旅游供给水平受其他影响因素而变动

旅游供给变化不仅受旅游产品价格变动影响，也受其他各种因素的影响。在旅游产品价格既定条件下，由于其他因素的变动而引起的旅游供给量变动，称为旅游供给水平的变动。例如，在图 3-8 中，当生产要素价格下降，必然引起旅游产品成本下降，从而在既定生产条件下会增加旅游供给量，并引起旅游供给曲线由 S 右移到 S_1；反之，当生产要素价格上升，必然引起旅游产品成本提高，导致旅游供给量下降，使供给曲线由 S 左移到 S_2。这时，尽管旅游产品价格保持不变为 P_0，但旅游供给量 Q 已发生变化，分别由 Q_0 上升到 Q_1 或下降到 Q_2。

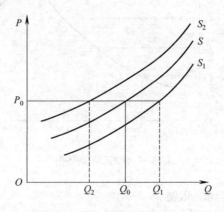

图 3-8　旅游供给曲线的变动

第三节　旅游需求与供给弹性

一、弹性的一般概念

在经济学中，弹性主要用来表明两个经济变量变化的关系。所谓弹性就是指作为因变量的经济变量 y 的相对变化对于作为自变量的经济变量 x 的相对变化的反应程度。用公式表示如下：

$$E = \frac{\Delta y / y}{\Delta x / x} \qquad\qquad (3\text{-}3)$$

式中　E —— 弹性；

　　y —— 因变量；

　　x —— 自变量；

　　Δy —— 因变量增量；

　　Δx —— 自变量增量。

弹性一般可分为点弹性和弧弹性。点弹性是指当自变量变化很小时（即在某一点上）而引起的因变量的相对变化。式（3-3）实际上就是点弹性的计算公式。弧弹性是指自变量变化较大时，取其平均数对因变量的相对变化量。其计算公式如下：

$$E_a = \frac{y_1 - y_0}{(y_1 + y_0)/2} \div \frac{x_1 - x_0}{(x_1 + x_2)/2} \qquad\qquad (3\text{-}4)$$

式中　E_a —— 弧弹性；

　　x_0，x_1 —— 变化前后的自变量；

　　y_0，y_1 —— 变化前后的因变量。

点弹性与弧弹性的重要区别就在于：点弹性是指因变量相对于自变量某一点上的变化程度，而弧弹性则是指因变量相对于自变量某一区间上的变化程度。

二、旅游需求弹性

旅游需求弹性是指旅游需求量对各种影响因素变动的反应程度。主要的影响因素有旅游产品的价格，消费者的可自由支配收入和其他相关商品价格的变化情况。

1. 旅游需求价格弹性

旅游产品价格与旅游需求之间呈反方向变化的规律，即旅游产品价格提高，旅游需求会减少，相反旅游产品价格降低，旅游需求会增加。这种旅游需求对于旅游产品的价格变化所表现出来的数量增减程度就称为旅游需求的价格弹性。旅游需求价格弹性系数是指旅游价格变化的百分数与旅游需求量变化的百分数的比值。由于旅游需求量与旅游价格的变化方向相反，所以旅游价格弹性系数总是表现为负数，通常用绝对值来表示，其计算公式如下：

$$E_{dp} = \frac{Q_1 - Q_0}{Q_0} \div \frac{P_1 - P_0}{P_0} \qquad\qquad (3\text{-}5)$$

$$E_{dp}=\frac{(Q_1-Q_0)}{(Q_1+Q_0)/2}\div\frac{P_1-P_0}{(P_1+P_0)/2}$$　　　　（3-6）

式中　E_{dp}——旅游需求价格弹性系数；

　P_0，P_1——变化前后的旅游产品价格；

　Q_0，Q_1——变化前后的旅游需求量。

式（3-5）反映的是旅游产品价格变动引起旅游需求量的直接变化程度，即需求曲线上某一点的弹性系数。式（3-6）表示的是旅游产品价格变动引起旅游需求量的平均变化程度，即需求曲线上某一段的弹性系数。即式（3-5）计算的是点弹性，式（3-6）计算的是弧弹性。

由于价格与需求量成反向关系，因而旅游需求价格弹性系数为负值，在分析旅游需求价格弹性系数时，取其绝对值。于是根据旅游需求价格弹性系数 E_{dp} 的绝对值大小，通常可区分为以下三种情况：

当 $|E_{dp}|>1$ 时，表明旅游需求量变动的百分比大于旅游产品价格变动的百分比，这时称旅游需求富于弹性。旅游需求弹性较大，需求曲线表现得比较平坦。此时，只要旅游价格稍有变化，便会引起旅游需求较大幅度的变化。因此，在旅游需求弹性系数的绝对值大于 1 的情况下，提价便会引起旅游需求量的锐减，从而减少总收益，降价则可以刺激旅游需求量的剧增从而增加总收益。

当 $|E_{dp}|<1$ 时，表明旅游需求量变动的百分比小于旅游产品价格变动的百分比，称旅游需求弹性不足或称为缺乏弹性。旅游需求曲线表现得比较陡峭。此时，旅游价格若发展变化，只会引起旅游需求量较小幅度的变化。因此在旅游需求弹性系数的绝对值小于 1 的情况下，适度的提价可以增加总收益，降价则会在一定程度上减少总收益。

当 $|E_{dp}|=1$ 时，表明旅游需求变动的百分比与旅游产品价格变动的百分比相等，称这种旅游需求价格弹性为单位弹性。旅游需求弹性适中，旅游需求曲线表现为一条正双曲线。此时，旅游产品价格若有所变化，旅游需求则发生相同比率幅度的变化。因此，在旅游需求价格弹性系数的绝对值等于 1 的情况下，提价不会增加总收益，降低也不会减少总收益。

需要指出的是，不同等级或档次的旅游产品，其需求的价格弹性系数不同。一般来说，经济型旅游产品的弹性系数较小，豪华型旅游产品的弹性系数较大。由于某项旅游产品多是各种类型产品的综合体，其需求弹性系数不尽相同，所以，不能盲目采取降价策略来刺激需求量。

2. 旅游需求收入弹性

旅游需求收入弹性是指旅游需求量对人们可自由支配收入变动的反应程度。旅游需求的收入弹性系数是指人们可自由支配收入变化的百分数与旅游需求量变化的百分数的比值。由于旅游需求量与人们可自由支配收入的变化方向相同，所以旅游需求收入弹性系数总是表现为正数，其计算公式如下：

$$E_{di}=\frac{Q_1-Q_0}{Q_0}\div\frac{I_1-I_0}{I_0}$$　　　　（3-7）

式中　E_{di}——旅游需求收入弹性系数；

　Q_0，Q_1——变化前后的旅游需求量；

　I_0，I_1——变化前后的可自由支配收入。

旅游需求的收入弹性系数也会出现以下三种情况：

当 $E_{di} > 1$ 时，表示旅游需求量变动的百分比大于人们可自由支配收入变动的百分比，说明旅游需求对收入变化的敏感性大，因此人们可自由支配收入发生一定的增减变化，会引起旅游需求量发生较大程度的增减变化。此时，旅游需求曲线表现得比较平缓。

当 $E_{di} < 1$ 时，表示旅游需求量变动的百分比小于人们可自由支配收入变动的百分比，说明旅游需求对收入变化的敏感性小，因而人们可自由支配收入发生一定的增减变化，只能引起旅游需求量发生较小程度的增减变化。此时，旅游需求曲线表现得较为陡峭。

当 $E_{di} = 1$ 时，表示旅游需求量变动的百分比与人们可自由支配收入变动的百分比相等，因此旅游需求收入弹性为单位弹性，即旅游需求量与人们可自由支配收入按相同比例变化。

国际旅游组织的有关研究表明，各主要客源国的旅游需求收入弹性系数一般都比较高，有些国家甚至高达 3.0。随着社会生产力的发展和人民生活水平的提高，旅游将逐渐成为人们日常生活的一部分，旅游需求的收入弹性系数将会逐渐缩小。通常，高级消费品的需求收入弹性都较大。因为，随着社会生产力的发展及人们收入水平的提高，人们用于低级的生活必需品的支出比重将逐渐下降，而用于高级生活消费品的支出比重将逐渐上升。

3. 旅游需求的交叉弹性

旅游产品是一种由多种要素所组成的综合性产品，它既表现为一个整体的产品，又表现为由若干个单元产品组成的系列产品，即每一种要素都能构成独立的、单一的旅游产品。这些单一的旅游产品之间有些有替代性，有些有互补性。

所谓旅游产品的替代性，就是指相同性质而不同类型的旅游产品在满足旅游需求之间具有相互替代的关系，例如宾馆、度假村、招待所、公寓、临时帐篷等都是向旅游者提供的住宿设施，而各种不同类型的住宿设施随着价格变化可以互相替代。

所谓旅游产品的互补性，就是指旅游产品各部分的构成中，是互相补充和互相促进的，即某一部分的存在和发展必须以其他部分的存在和发展为前提，或者某一部分旅游产品作用的有效发挥，必须以其他部分的存在及配合为条件。例如，航运公司的旅客增加，必然使旅游饭店和旅游餐饮的接待人数也相应增加。

正是由于旅游产品具有替代性和互补性的特点，因而某种旅游产品的需求量不仅对其自身的价格变化有反应，而且对其他旅游产品的价格变化也有反应。所以，旅游需求的交叉弹性就是指某一种旅游产品的需求量对其他旅游产品价格变化反应的敏感性，其计算公式如下：

$$E_{dc} = \frac{(Q_{x1} - Q_{x0})/Q_{x0}}{(P_{y1} - P_{y0})/P_{y0}} \tag{3-8}$$

式中　E_{dc}——旅游需求交叉弹性系数；

Q_{x0}，Q_{x1}——变化前后 x 旅游产品的需求量；

P_{y0}，P_{y1}——变化前后 y 旅游产品的价格。

计算出来的旅游需求交叉弹性是正值或负值取决于两种商品之间的关系。如果两种产品之间为替代关系，两者的价格和需求量同方向变动，所以计算出来的旅游需求交叉弹性为正值；如果两种产品之间为互补关系，两者的价格与需求量之间呈反向变动，所以计算出来的旅游需求交叉弹性为负值。正的交叉弹性越大，两种商品的替代性越高；负的交叉弹性越小，两种商品的互补关系越密切。

三、旅游供给弹性

旅游供给弹性是指旅游供给对各种影响因素变化做出的反应。旅游供给受多种因素的影响，在这里我们着重介绍旅游供给受价格的影响所产生的反应，即旅游价格弹性。

旅游产品价格与旅游供给之间存在着同方向变化的规律，如果旅游产品价格增加，旅游供给也会增加；相反，旅游产品价格降低，旅游供给也会减少。旅游供给量对旅游产品价格变化程度的反应程度称为旅游供给弹性。测定旅游供给价格弹性的尺度就是旅游供给的价格弹性系数，用 E_{sp} 来表示。其计算公式如下：

$$E_{sp}=\frac{(Q_1-Q_0)/Q_0}{(P_1-P_0)/P_0} \tag{3-9}$$

式中　E_{sp}——旅游供给价格弹性系数；

　P_0，P_1——变化前后的旅游产品价格；

　Q_0，Q_1——变化前后的旅游供给量。

旅游供给价格弹性系数存在以下五种情况：

当 $E_{sp}>1$ 时，则表明旅游供给量变动百分比大于旅游产品价格变动百分比，即旅游供给是富有价格弹性的。若旅游供给是富有价格弹性的，则说明旅游产品价格的微小变化将引起旅游供给量的大幅度变化。

当 $E_{sp}=1$ 时，则表明旅游供给量变动百分比同旅游产品价格变动百分比是相等的，即旅游供给富有单位弹性。

当 $0<E_{sp}<1$ 时，则表明旅游供给量变动百分比小于旅游产品价格变动的百分比，因而旅游供给缺乏弹性，其实质上说明旅游产品价格的大幅度上涨或下跌，对旅游供给量变化的作用不强。

当 $E_{sp}=0$ 时，称旅游供给完全缺乏价格弹性。表明无论旅游产品价格怎样变动，旅游供给量是基本保持不变。

当 $E_{sp}=\infty$ 时，则称旅游供给是完全富有弹性的，或称旅游供给具有无限价格弹性。表明在既定的旅游产品条件下旅游供给量可任意变化。

需要说明的是，在旅游价格变化的情况下，旅游供给量的增减变化具有一定的滞后性，其原因有三：①旅游供给量的增加涉及资源开发、设施建设、人员补充等，这些都需要一定的时间，因此不可能迅速对旅游价格的变化做出反应。②旅游供给量的增加受环境容量和社会合作等多方面因素的制约，不可能由旅游部门单独做出反应。③由于旅游设施的专用性比较强，在旅游价格下降的情况下，旅游供给量也不会即刻减少。

与上述问题相联系，旅游供给的弹性系数在不同的时间内大小不一，在一个较短的时间内，旅游价格的变化只会引起旅游供给量较小幅度的变化，故其价格弹性系数较小，在一个较长的时间内，旅游价格的变化则会引起旅游供给量较大幅度的变化，故其价格弹性系数较大。

第四节　旅游供求矛盾与均衡

一、旅游需求与旅游供给的关系

旅游需求与旅游供给是旅游经济活动的两个主要方面，分别代表着旅游市场上的买卖双方，它们之间的对比关系是旅游活动中最基本的经济关系。

旅游需求与旅游供给各自以对方的存在作为自身存在与实现的前提条件。旅游需求只有通过相适应的供给才能满足，旅游供给必须通过有支付能力的需求才能实现。所以，旅游供给和旅游需求都要求对方与之相适应，以达到两者的相互平衡。从旅游供给与旅游需求的相互依存关系看，一方面旅游供给虽然受许许多多的影响因素制约，但归根结底最基本的影响来自旅游需求。旅游供给的规划和发展都要以旅游需求为前提，离开旅游需求所制定的供给发展必然是盲目的。此外，自然和社会等各种因素对旅游供给的影响，往往也就是对需求的影响，或者是通过抑制旅游需求来限制旅游供给的发展。另一方面，旅游供给又是旅游需求实现的保证，它提供旅游需求以具体的活动内容。如果没有旅游供给的不断发展，旅游需求将永远停留在旅游的自然风光观赏水平上。从总体上看，旅游供给源于旅游需求，但在旅游业发展到一定程度之后，旅游供给又能激发旅游需求，产生旅游需求，促使人的旅游需求内容不断扩大，以及需求水平不断提高，从而改善人们的生活质量。然而，在不同的发展阶段，两者的主导地位是不一样的。在旅游业发展的初期，不断产生的旅游需求导致旅游供给在数量、质量及效能上的持续增长或提高；而旅游业发展到一定程度后，旅游供给越来越多地创造出新的旅游需求，使旅游需求日益发展、演进。是扩大旅游供给，以此来满足或刺激旅游需求，还是开拓旅游需求，以此来适应或促进旅游供给，始终是旅游业领导者必须适时考虑的基本内容。

在旅游市场上，由于各种主客观因素的影响，旅游需求与旅游供给总是在相互不平衡的矛盾运动中趋向平衡。也就是说，在旅游经济活动中，旅游供求关系经常表现为供求矛盾。

二、旅游供给与需求的矛盾运动

旅游供给与旅游需求既互相依存又互相矛盾，它们通过旅游产品价格这一中介有机地结合起来，从而形成了旅游供给与旅游需求相互依存和相互矛盾的运动规律。

从旅游供给与旅游需求的矛盾关系看，其主要表现在数量、质量、时间、空间（地域）和结构等方面的矛盾冲突。

1. 旅游供给与需求在数量方面的矛盾

旅游供给与需求在数量方面的矛盾主要表现为供给能力与实际旅游者人数之间的矛盾。在一定时间内，旅游供给能力是既定的，而旅游需求则受客源国和目的国的政治、经济、自然、地理等诸多因素的影响，具有较大的不确定性和随机性。在旅游市场上，旅游供给的既定性与旅游需求的不稳定性必然导致两者的不均衡，出现旅游产品供不应求或供过于求的局面。在旅游产品供过于求的状况下，如果市场机制不完善，极有可能发生削价竞争，而削价竞争往往伴随着供给质量的下降，这在我国旅游业的发展过程中已经得到了证明。在旅游产品供不应求的状况下，由于旅游供给有自身的生长周期，即使不断进行深度开发，也难以迅速扩大旅游供给，还会使旅游供给的质量有所下降，使旅游者的需要不能得到充分满足。

2. 旅游供给与需求在质量方面的矛盾

旅游供给与需求在质量方面的矛盾，主要表现为旅游者的心理预期与实际旅游供给之间的差距。旅游者对产品质量好坏的衡量具有很强的主观性，而且每个人的判断标准也不一样，这就使得旅游供给在一定的水平上对不同旅游者的满足度也是不一样的。由于旅游供给的发展是以旅游需求为前提的，所以供给的发展滞后于需求。在一定历史发展阶段的生产力水平上，与旅游资源相关联的设施、服务形成之后，它们的水平也就确定了，而人的需求内容、水平却在不断变化。旅游供给要跟上旅游需求内容、水平的变化，就需要一定的资金投入和建设时间。此外，受社会价值准则和道德规范的限制，对有的旅游需求不能提供相应的供给。加之旅游供给也有自己的生命周期，随着设施的磨损和老化，即使不断地局部更新，也难以阻止设施在整体上的老化，这就使旅游供给的质量下降；反之，旅游供给的规划与建设不以旅游需求为前提，超需求水平发展，会使旅游供给在近期内的效益降低，而远期因设施陈旧老化也达不到预期的效益目标。这些都是旅游供给与需求在质量方面的冲突表现。因此，旅游经营者在提供旅游产品时，一定要充分考虑不同旅游者的心理特征和行为方式，了解他们的特殊需求，并且有针对性地开展个性化服务，来提高服务质量，加快旅游设施建设和更新，缓解旅游供需之间在质量方面存在的矛盾。

3. 旅游供给与需求在时间方面的矛盾

有些时间因素直接影响旅游供给能力的发挥，有些时间因素则不影响旅游供给能力，而是抑制旅游需求，造成旅游供给与需求的冲突。例如，春意盎然、秋高气爽的季节，人们想要到各风景区旅游观光；而隆冬季节，冰灯冰雕、滑雪冬泳则成为人们旅游需求的项目；至于炎热夏天，避暑胜地又供不应求了。又如，节假日使旅游区比在其他时间迎来更多的游客。而构成旅游产品的旅游设施和旅游服务一旦相互配套，形成一定的供给能力，具有常年同一性。因此，旅游需求的时间性、旅游资源的季节性与旅游设施的常年同一性之间形成了巨大的反差，具体表现为，在旅游需求的高峰期或某旅游地的季节性吸引力较大时，该地的旅游产品供不应求，在旅游需求的低落期或某旅游地的季节性吸引力较小时，该地的旅游产品供过于求，即我们通常所说的旅游旺季、旅游淡季和季节矛盾。

4. 旅游供给与需求在空间（地域）方面的矛盾

旅游供给与需求在空间方面的冲突表现为旅游资源在位置上的固定性和场地的有限性与旅游需求变动性的矛盾。有的旅游目的地供大于求，游人稀少；有的旅游目的地供不应求，游人如织。特别是那些在国内、国际上久负盛名的旅游景点，在旅游旺季，游客如云，摩肩接踵，景观因之而减色；而有的景区因客运能力不配套，进得去、出不来，旅游者望而却步，游人寥寥无几。可以说，旅游资源的类型、丰富状况和旅游设施的完善程度导致了旅游供求在空间（地域）上的矛盾。

5. 旅游供给与需求在结构方面的矛盾

由于旅游者的组成不同，其兴趣爱好、民族习惯、宗教信仰、支付能力、消费水准千差万别，这就形成了旅游需求的复杂多样、灵活多变的特点。而一个地区，甚至一个国家的旅游供给，不管怎样周全地规划和配备，总不可能做到面面俱到、一应俱全。由于旅游供给是根据客源市场预测和旅游地客观条件设计的，一经形成就具有特指性和稳定性。因此，就会出现旅游供给与旅游需求在结构上的矛盾，在同一时期，某一种旅游产品出现供大于求的情况，另一种旅游产品则出现供不应求的情况。

总之，旅游供求在以上五方面的矛盾是旅游供求矛盾的不同表现形式，它们之间既密切相关，又互相影响。旅游供给与旅游需求的矛盾，通过市场机制和宏观调节得到了解决，旅游经济活动在这种矛盾运动中得到了发展。

三、旅游供给与需求的均衡

1. 均衡的含义

均衡是一种状态，在这种状态下的价格达到使需求与供给相等，此状态也叫供求平衡。所以均衡价格是指一种商品的需求价格与供给价格相等时的价格，也是供给量与需求量相等时的价格。处于均衡价格下的供求量称为均衡数量。旅游供给和需求的均衡如图 3-9 所示。

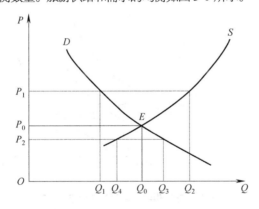

图 3-9　旅游供给和需求的均衡

以 Q 表示旅游供给量或需求量，并作为横坐标，以价格 P 作为纵坐标，在平面直角坐标系中描绘出需求曲线 D 和供给曲线 S。设需求曲线 D 与供给曲线 S 相交于均衡点 E。在 E 点，供给量与需求量相等，称为供求均衡，这时的价格 P_0 称为均衡价格，Q_0 称为均衡产量。如果旅游产品价格由 P_0 上升为 P_1，这时需求量减少到 Q_1，而供给量增加至 Q_2，旅游市场上出现超供给量 $Q_2 > Q_1$，即供过于求。如果市场价格由 P_0 降到 P_2，则需求量增加至 Q_3，而供给量减少至 Q_4，这时的旅游市场上出现欠供给量 $Q_4 < Q_3$，即供不应求。在实际中，总是希望通过采取措施，使供求达到均衡。

2. 旅游供求变化对均衡价格的影响

（1）旅游需求变化对均衡价格的影响

在旅游供给不变的情况下，随旅游需求的增加，均衡价格会上升，旅游需求减少，均衡价格会下降，如图 3-10 所示。

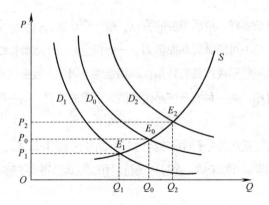

图3-10　旅游需求变化对均衡价格的影响

（2）旅游供给变化对均衡价格的影响

如果旅游需求暂时不变，仅仅由于旅游供给的变化，也会造成市场均衡价格发生变化。旅游供给增加，均衡价格会下降；旅游供给减少，均衡价格会上升，如图3-11所示。

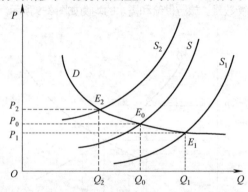

图3-11　旅游供给变化对均衡价格的影响

（3）旅游供求同时发生变化对均衡价格的影响

旅游供给和旅游需求同时发生变化是市场经济的必然结果。如果旅游需求的增加大于旅游供给的增加，会带来旅游产品价格的提高；如果旅游需求的增加小于旅游供给的增加，会导致旅游产品价格的下降；当旅游需求的减少大于旅游供给的减少时，旅游产品的价格会下降；当旅游需求的减少小于旅游供给的减少时，会导致旅游产品价格的提高。无论旅游供给和需求发生怎样的变化，都会产生新的均衡价格，如图3-12所示。

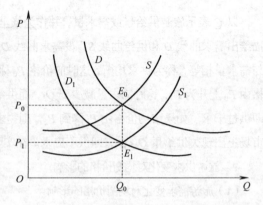

图3-12　旅游供求同时发生变化对均衡价格的影响

四、旅游供求均衡的调控

通常情况下，供求均衡主要是量的相等，旅游供求均衡则具有更广泛的含义，它除了量的均衡外，还要求供需方在质的方面要相互适应，表现在旅游供求构成、供求季节和地区不均衡的协调等方面。旅游供求均衡意味着社会的人力、物力和资金的节约，以及旅游供给对精神文明建设的社会效益。旅游供求对供给方的人力、物力和资金的节约是直接的、显而易见的，而它的社会效益，则是通过供需双方在市场上一定价格条件下的交换来实现的，表现为供给方对需求方的满足和引导。因此，旅游供求均衡与一般产品的供求均衡相比，具有均衡的相对性、不均衡的绝对性、供求均衡的随机性等特点，从而要求加强宏观调控，从旅游业的长远发展来确立调控目标，并采用一定的调控方式，有效地实现旅游供求均衡的调控目标。从实践看，旅游供求均衡的调控有多种方式，概括起来主要有规划调控和过程调控两种方式。

1. 旅游供求均衡的规划调控

旅游供求均衡的规划调控是一种通过调节旅游供给来实现旅游供求均衡的调控方式，是一种前馈控制。它对旅游供给的发展给出目标限定和范围，其内容包括：旅游资源调研和开发、旅游需求预测、供给规模确定、旅游区规划和建设、基本旅游供给与相关旅游基础设施的发展计划、人员培训和行业规范等。在制订旅游供给规划的时候，要遵循社会主义市场经济规律、国家的方针政策，从社会主义现代化建设的总目标出发，使旅游供给的发展规模和发展速度既适应社会主义经济发展的需要，又符合国家或本地区的经济实力。

2. 旅游供求均衡的过程调控

旅游供求均衡的过程调控是根据旅游市场中旅游供给和需求的变化来调控旅游供求均衡的调控方式，其包括宏观和微观两个方面的调控。在宏观层次，国家可以根据旅游经济发展的目标和旅游供求均衡的现实状况，通过政策对旅游供求运动进行引导或限制，促成旅游供求的均衡。在微观层次，对旅游供求均衡的调控，主要是通过市场机制来进行。当旅游市场上出现供过于求的情况时，旅游产品的价值就难以实现，价格不得不下降，生产旅游产品的资金就可能发生转移，从而使旅游供给减少；而当市场上出现供不应求的情况时，旅游产品就走俏，价格上扬，资金就可能由其他行业流入旅游业，从而使旅游供给扩大。这就需要根据旅游需求发展的趋势，适时扩大旅游供给，增加旅游供给能力的储备，提高旅游供给随旅游需求而动态均衡的主动性。

基本训练

1. 如何理解旅游需求与供给的概念？
2. 形成旅游需求的主客观条件有哪些？
3. 如何理解旅游需求规律与供给规律？
4. 如何理解弹性理论？如何应用旅游需求的各种弹性理论？
5. 为什么说旅游市场上的供需矛盾是必然的？
6. 如何进行旅游供需均衡的调控？

应用训练

1. 应用弹性理论分析不同单项旅游产品的特性。
2. 用供需均衡理论分析旅游市场的波动。

案例分析

缓解供需矛盾是基本出路

"宰客门"事件让三亚遭遇形象危机，也引发了人们对海南国际旅游岛建设的疑虑。从旅游资源禀赋来看，海南堪称是世界级的，建成世界一流旅游目的地也只是时间问题。笔者认为，宰客事件的发生，最主要的原因是供需矛盾尖锐，而破解矛盾之策就是缓解供需矛盾。

建设国际旅游岛是海南全省的统一行动。春节期间人们争相前往三亚度假，其中一个因素是受海南国际旅游岛建设利好政策的影响。其实，国际旅游岛建设并非仅限三亚一市，而是全省全岛战略。根据规划纲要，海南将开发六大组团，目前各组团都有不同程度的建设进展。按照海南省打造"南部旅游圈"的构思，保亭、五指山、乐东、陵水等地都有望融入大三亚旅游圈。以保亭为例，有 5A 级景区呀诺达，4A 级景区槟榔谷、七仙岭热带雨林等。作为全国农业百强县，有着"中国无核荔枝之乡"的澄迈也在国际旅游岛建设的进程中肩负着特殊重任。新建成的盈滨半岛休闲度假旅游区、加笼坪热带季雨林旅游区、福山咖啡文化风情镇已发挥了吸引游客的作用。2012 年春节前，澄迈策划推出了海口—永庆寺—福山的"新春祈福游"线路，春节期间共吸引游客 16.2 万人次，同比增长 43%。另外，文昌航天城正在紧锣密鼓的建设中，未来有望成为海南旅游的又一个热点。

"宰客门"事件也提醒三亚旅游部门，节前应加大舆论和信息引导力度，通过电视、广播、报刊等传统媒体，以及网络、手机等新传媒工具，让公众全面了解海南多元化的旅游产品和资源，这样更有利于分流客源、缓解三亚旅游接待压力。

椰风海韵并非三亚一地独有。在海南，与之气候差不多的还有陵水、万宁等沿海城市。再者，即使春节期间天气晴朗，三亚海水温度也仅 20℃左右，只有身强力壮者才敢下水，多半人员只能观水、亲水或戏水。陵水南湾猴岛有不同水况条件的三块沙滩，并正在加快推进"浪漫天缘"项目建设；万宁的 109km 黄金海岸带也不亚于三亚，且正在大力开发神州半岛、石梅湾和山钦湾等滨海景区。相信这些旅游度假项目全面建设完成后，能够分流部分游客，有望在一定程度上缓解三亚的供需矛盾。

丰富旅游产品结构是缓解供需矛盾的必要途径。三亚旅游供应的紧张是全方位的，包括住宿、餐饮、景区、海滨、道路交通等。破解的路径之一就是通过推出多样化的旅游产品或产品组合，有计划地引导游客合理流动，使游客分布更加均衡，减缓海滨一线的接待压力。

距离海口三十多千米的定安县，虽然无海，但是负氧离子含量高，还有很多特色美食。定安县委县政府正在立足本地资源，深入挖掘美食文化，打造美食精品，做大旅游经济。

2012 年春节黄金周期间，以万泉河、红色娘子军、博鳌亚洲论坛、温泉、生态五个旅游品牌为主打的琼海也吸引了不少游客，特别是在已建成的五个游艇码头，游艇婚礼、游艇海钓、游艇观光等新兴旅游产品受到了广大游客的追捧。建设进程中的海南正通过整合丰富的热带生态、民族风情、红色旅游等资源，逐步形成以滨海度假旅游为主导、观光旅游和度假旅游融合发展、专项旅游为补充的旅游产品结构。

大力推进环岛游是海南旅游发展的方向。环岛游不仅有利于缓解三亚等个别地方的接待压力，也有利于延长游客在全岛的停留时间。在深入挖掘旅游资源、丰富产品类型的同时，交通条件的逐步改善为有效分流游客提供了重要支撑。

为给游客提供更加美好的旅游体验，除利用好以上这些有利因素外，海南也不妨借鉴其他旅游城市的成功经验。例如，2007年，杭州市提出"优待游客就是优待自己"，鼓励居民主动把美丽的西湖让给游客；2009年，"十一"黄金周期间河北省承德市开展了"礼让迎宾，展示风采——把核心景区让给外地游客"活动。此类做法如果运用得当，可以在游客集中时段释放出更多的公共资源，为游客营造更好的旅游环境。

资料来源：www.toptour.cn/detail/info55052.htm（有删改）

案例分析思考：

1. 你是否同意"供需矛盾尖锐是导致海南宰客问题发生的最主要原因"这一观点？
2. 运用有关旅游供需理论，分析海南应采取哪些措施缓解供需矛盾。

Chapter 4

第四章

旅游市场

学习目标

知识目标：理解旅游市场的广义与狭义概念，明确旅游市场的特征，了解旅游市场的分类，理解
旅游市场的功能，明确旅游市场竞争的客观性，掌握市场竞争结构的理论。

技能目标：能够从旅游市场体系和机制的角度对现实旅游市场进行分析，能够根据旅游市场竞争
内容与决定因素正确认识旅游市场竞争。

能力目标：能够进行旅游市场调查和预测，并制定旅游市场开拓策略组合。

导读案例

桂林市2019年春节假日旅游市场情况总结

一、基本情况

（1）旅游接待情况

春节假日期间全市共接待国内外游客 219.97 万人次，同比增长 12.79%；共实现旅游消费
29.42 亿元，同比增长 13.26%。

主要景区（点）接待情况：全市重点监测的 28 家景区（点）共接待游客 122.38 万人次。其
中，漓江景区（含排筏）20.38 万人次，象山景区 14.66 万人次，龙脊梯田 5.73 万人次，阳朔印象
刘三姐 4.1 万人次，桂林千古情 8.46 万人次，荔浦银子岩景区 8.26 万人次，全州湘山寺 7.32 万人
次。增幅较大的景区有全州湘山寺，同比增长 112.8%；七星景区 4.85 万人次，同比增长 110.9%；
灵川桂林漓江逍遥湖景区 2.82 万人次，同比增长 93.2%；象山景区，同比增长 84.3%；伏波山景
区 0.99 万人次，同比增长 43.3%。

住宿设施出租情况：星级住宿设施累计平均出租率为 61.87%，非星级住宿设施累计平均出租率为 60.27%。住宿高峰期为第三至六日（初二至初五）。民宿、农家乐等住宿设施深受游客青睐。

（2）交通运力情况

1）铁路：累计抵达 1 902 列次，同比增长 15.13%；抵达旅客 32.52 万人次，同比增长 2.2%。

2）民航：累计抵达航班 567 架次，同比下降 11.4%；累计抵达旅客 7.8 万人次，同比下降 12.9%。

3）公路：累计抵 95 331 车次，同比下降 8.82%；累计抵达旅客 118.96 万人次，同比下降 2.14%。

（3）大数据分析情况

截止到 2019 年 2 月 9 日，大数据显示，在 2019 年春节假期来桂的国内游客中，排名前 10 名（除广西壮族自治区以外）的为广东省、浙江省、湖南省、四川省、贵州省、河南省、江苏省、北京市、重庆市、上海市。客源以广东省的最多，占总比例的 39.59%；然后是浙江省和湖南省的，占比分别为 4.51% 和 4.16%（广西壮族自治区内游客，占总比例的 18.00%）。基于空间位置及交通优势，浙江省与湖南省的客源地已逐步构成桂林旅游的二级市场。

来桂游客主要使用的交通工具为自驾车、大巴及其他，其次为高铁或火车，其中自驾车、大巴及其他占比超 80%。

来桂游客男女比例为 55.68:44.32，游客近六成为中老年人。

春节期间，漓江景区、遇龙河景区、阳朔西街、两江四湖、龙脊梯田、象山景区、七星景区、大圩古镇、独秀峰王城景区（正阳东巷·逍遥楼历史文化休闲旅游街区）、银子岩景区为排名前十的热门景区。

二、本次假日旅游特点

一是猪年春节旅游接待火爆，实现开门红。

二是央视多角度聚焦桂林风土人情和浓郁年俗。

三是旅游成为新年俗，自由行和自驾是主要出行方式。

四是各公园景区热闹喜庆，市民游客欢度新春。

五是文娱活动遍布城乡，百姓群众欢乐过年。

六是桂林交通服务贴心，温暖回家路。

资料来源： http://www.gltour.gov.cn/lydt/jdxw/201902/t20190211_1090627.html（有删改）

第一节 旅游市场的含义

一、旅游市场的概念

市场是社会生产力发展到一定阶段的产物，哪里有商品生产和商品交换，哪里就有市场。早期的旅游活动并不是以商品形式出现的，而是一种社会现象。随着生产力的发展、社会分工的深化，商品生产和商品交换得到了发展，旅游活动逐渐商品化了。一方面社会中出现了旅游活动的购买者，另一方面形成了专门为旅游者提供服务的行业，于是出现了以旅游者为一方的旅游需求和以旅游经营者为另一方的旅游供给，两者间的经济联系就构成了旅游商品交换。随着旅游商品交换的发展，旅游市场也随之产生并扩大，并对旅游经济活动发挥着重大作用。

从经济学角度看，旅游市场的概念有狭义和广义之分。

1. 狭义的旅游市场

狭义的旅游市场是指在一定时间、一定地点和条件下，具有购买力、购买欲望和购买旅游产品权利的群体。从这个意义上说，旅游市场就是旅游需求市场或旅游客源市场。狭义的旅游市场由四个要素构成，即旅游者、购买力、购买欲望和购买权利。

（1）旅游者

旅游产品的消费者即旅游者，是构成旅游市场主体的基本要素，旅游市场的大小取决于该市场上人口数量的多少。一个国家或地区总人口多，则潜在的旅游者就多，需要旅游产品的基数就大，因此，一个国家或地区人口的多少反映了旅游产品潜在市场的大小。

（2）购买力

旅游市场的大小还取决于购买力。购买力是指人们在可自由支配收入中用于购买旅游产品的能力，它是由收入水平决定的。没有足够的支付能力，旅游便无法成行，旅游只会是一种主观愿望。

（3）购买欲望

旅游市场的大小还取决于购买欲望。购买欲望是旅游者购买旅游产品的主观愿望或需求，是反映潜在购买力变成现实购买力的重要条件。没有购买欲望，即使有购买力，也不能形成旅游市场。

（4）购买权利

旅游市场的大小还取决于人们购买旅游产品的权利。购买权利是指允许消费者购买的某种旅游产品的权利。对于旅游市场来说，尤其是国际旅游，由于旅游目的国或旅游客源国单方面的限制，如不发给签证或限制出境，都会使旅游权利受阻而导致无法形成国际旅游市场。

以上四个要素是相互制约、缺一不可的。人口因素是前提，没有旅游者就没有市场；人口多而居民收入又高的国家和地区才是真正具有潜力的市场；有了人口和收入，还必须使旅游产品符合旅游者的需求，引起其购买欲望，并在具备旅游权利的情况下，使潜在旅游市场变成现实旅游市场。

2. 广义的旅游市场

广义的旅游市场是指在旅游产品交换过程中反映的各种经济行为和经济关系的总和。在旅游经济活动中，旅游市场上存在着相互对立和相互依存的双方：一方是旅游产品的供给者，另一方是旅游产品的需求者。正是这种供需双方的矛盾运动推动着旅游经济活动的发展。其运动过程包含了旅游需求者与供给者之间、旅游需求者之间、旅游供给者之间的各种关系，并且通过市场运作表现出来。

（1）广义旅游市场包括所有的旅游市场主体

市场的形成必须有市场交换的主体，旅游市场的交换主体通常是指旅游者和旅游经营者，此外由于旅游活动的综合性，决定了旅游市场上还有其他的交换主体，如为旅游者提供部分服务或间接服务的企业或机构，为旅游企业提供旅游生产要素的供应商等。因此，从广义旅游市场角度看，旅游市场不仅仅是旅游者，还包括旅游经营者，以及提供旅游生产要素和提供间接服务的相关市场主体。它们之间相互依存、互为交易对象，并通过旅游市场的纽带而紧密地联系在一起。

（2）广义旅游市场包括所有的旅游市场客体

旅游市场的客体或交换对象，通常是指为旅游市场交换而提供的，并能够满足人们旅游需求的旅游产品或服务。如果没有旅游产品作为旅游市场交换对象或客体，旅游市场就不可能形成，旅游活动也不能有效开展，人们的旅游需求就无法得到满足，旅游经营者的经济收益也就没有保证。但是，从广义旅游市场的角度看，除旅游产品外，还包括其他间接为旅游者提供的物质产品和服务，以及为保证旅游产品生产和供给的各种旅游生产要素，如资金、劳动力、信息、技术和管理等。

（3）广义旅游市场包括所有的旅游交换条件

旅游市场的交换条件是指有助于旅游产品交换的各种手段和媒介，如货币、广告信息媒体、场所等，都是旅游产品交换和旅游市场存在的重要条件。随着现代科学技术进步和市场经济发展，如互联网、电话、电视、手机等，也逐渐成为旅游产品交换的重要手段和媒介。特别是在现代旅游市场中，旅游价格和汇率变化、旅游信息充足程度、旅游中介机构的商誉，以及进行旅游产品交易的手段和设施的现代化程度等，都直接对旅游产品交换产生着重要的影响作用。

二、旅游市场的特征

旅游市场作为反映旅游供求状况，进行旅游产品交易和旅游经济运行的基础，其与一般商品市场、服务市场和生产要素市场相比，既有一定的市场共性，又有不同于其他市场的多样性、季节性、异地性、波动性、全球性和竞争性等典型特征。

1. 旅游市场的多样性

旅游市场的多样性是由旅游需求的多样性和旅游供给的多样性所决定的。因此，旅游市场的多样性主要表现在以下三方面：①旅游产品种类的多样性，即旅游者和旅游经营者之间交换的旅游产品，既可以是单项旅游产品，也可以是旅游线路产品、旅游目的地产品等；②旅游产品交换的多样性，既有团体包价旅游、散客包价旅游，也有自助旅游，以及包价旅游与自助旅游相结合等多种内容；③旅游购买方式的多样性，既有通过旅游企业直销、分销或代理，也有通过网上预订和购买等多种形式。

2. 旅游市场的季节性

在旅游经济发展中，旅游者的闲暇时间分布不均衡，或旅游目的地国家或地区自然条件、气候条件的差异，往往造成旅游市场具有突出的季节性特点。如某些利用带薪假日出游的旅游者，是造成旅游"淡旺季"的主要原因；某些与气候有关的旅游资源和旅游产品，也会因季节不同而产生"淡旺季"差别；某些旅游目的地产品则受气候影响而具有明显的季节差异性，如海滨旅游、漂流旅游等。因此，对于旅游目的地国家或地区而言，应根据旅游市场的季节性特点而做出合理的规划，科学地组织好"淡旺季"旅游市场的旅游供给，以减少或消除季节性的影响，使旅游市场向"淡旺季"均衡化方向发展。

3. 旅游市场的异地性

旅游产品的消费者主要是来自异地的居民，也就是旅游客源地远离旅游产品生产地（旅游目的地），这不同于其他行业的产品消费形式。旅游企业通常需要大量的宣传促销，将旅游者吸引过来，不是旅游产品转移，而是通过客源的移动来实现旅游产品消费的目的。因此，需要在时间和空间上的转移与对接，旅游产品异地消费就要考虑到交通、季节、风俗习惯、人文环境等各个方面的要素。这为旅游产品生产和消费既带来机遇也带来了挑战。

4. 旅游市场的波动性

旅游市场的波动性是由于影响人们旅游需求的因素是多种多样的，如物价、工资、汇率、通货膨胀、节假日分布、某一社会活动，以及旅游者自身心态、行为倾向的变化等，其中任何一个因素的变化，都可能引起人们旅游需求的变化，进而影响到旅游市场的波动。特别是随着经济全球化和区域一体化发展，对于某个具体的旅游市场来说，任何意外事件或者重大活动都会在一段时间内改变其旅游客源的流向，从而使旅游市场呈现出较大的波动性。如海湾战争曾经使中东旅游业一度下滑，而东南亚金融危机则直接影响到该地区的旅游业发展，美国"9·11事件"不仅影响美国的旅游市场使其一度下滑，而且影响到全球旅游市场使其也呈现出较大的波动。

5. 旅游市场的全球性

旅游市场的全球性主要体现在以下几个方面：一是旅游活动的全球性，现代交通高度发达、国家之间交往日益密切，人们具有周游世界各国和各地区的经济能力和条件，使旅游活动成为人们生活的重要组成部分；二是旅游范围的全球性，即旅游者的活动范围遍布世界各地，不仅五大洲早已成为旅游目的地，就连南极和北极也留下了旅游者的足迹，人们甚至开始涉足外太空旅游；三是旅游发展的全球性，表现在旅游经济成为国民经济和服务贸易的重要组成部分，世界各国和各地区都积极发展旅游经济，进一步促进了旅游市场的全球化发展。

6. 旅游市场的竞争性

竞争作为市场的伴随产物，只要存在着商品交换活动就必然存在着市场竞争，旅游市场也不例外。在旅游市场上，竞争通常表现为争夺旅游者和提高市场占有率。但是，随着旅游经济的蓬勃发展，随着旅游市场从国内市场、区域市场扩展到全球市场，旅游市场竞争不仅表现为对现实旅游者的争夺，也表现为对潜在旅游者的开发；不仅表现为对国内市场和区域市场的开拓，也表现为对国际市场的抢占；不仅表现为旅游营销方式上的竞争，也表现为综合旅游竞争实力的较量。这些都使旅游市场竞争更加激烈，竞争范围更加广泛，竞争手段更加多样。

三、旅游市场的分类

旅游市场分类是按照不同的划分标准将总体旅游市场分为不同的类型，以针对不同的旅游市场提供不同的旅游产品和服务，并采取不同的政策措施、经营方法和竞争策略等。在现实旅游经济发展中，由于影响旅游市场发展变化的因素很多，因而对旅游市场的分类方法和分类层次也很多，从目前旅游市场的特点和发展趋势看，一般可根据地域范围、国境范围、旅游目的、旅游距离、消费水平、组织形式等因素，将旅游市场划分为各种类型。

1. 按地域范围划分的旅游市场类型

世界旅游组织根据世界各地旅游发展情况和客源集中程度，将世界旅游市场划分为欧洲市场、美洲市场、东亚及太平洋地区市场、非洲市场、中东市场和南亚市场六大区域性市场。

从20世纪70年代至今，欧美经济发达国家一直占据着国际旅游市场的主导地位。国际游客及其支出的 80%主要产生并流向这一区域。20 世纪 90 年代，世界旅游市场份额发生了一定变化。从 1990 年至 2000 年，欧洲的流量份额由 62.4%减至 57.8%，美洲地区的客流量也从 20.5%下降至 18.6%，而在所有自 1970 年以来增加了市场份额的地区中，东亚太地区成绩最为突出，2017 年亚太地区旅游人数占全球旅游总人数的 66.6%，比 2016 年增长了 1.6%。因此，世界旅游组织预测，亚洲将会是国际旅游的主要目的地，到 2020 年中国将成为世界第一旅游热点。

2. 按国境范围划分的旅游市场类型

按国境范围划分旅游市场，一般是以旅游者是否出境旅游为标准，分为国内旅游市场和国际旅游市场，其中国际旅游市场又分为出境旅游市场和入境旅游市场。通常，国内旅游市场和国际旅游市场，对于一个国家和地区的经济具有不同的意义。

（1）国内旅游市场

国内旅游市场主要指本国居民在国内各地进行旅游而形成的市场。国内旅游市场的旅游者主体是本国居民，主要使用本国货币支付各种旅游开支，并自由地进行旅游而不受国界的限制。因而，大力发展国内旅游，不仅可以满足本国居民物质生活和精神生活的需要，而且可以在促进国内商品流通、货币回笼等方面起到积极作用。

（2）国际旅游市场

国际旅游市场包括出境旅游市场和入境旅游市场。出境旅游市场是指组织本国居民到境外进行旅游的市场；而入境旅游市场则是指接待境外旅游者到本国各地旅游的市场。

在国际旅游市场上，入境旅游的旅游者是其他国家或地区的居民，使用在其他国家获得的收入或货币来支付旅游开支，因此发展入境旅游，一般会增加旅游目的地国家或地区的经济收入和外汇收入，从而促进其经济发展和增强其国际支付能力；而出境旅游的旅游者是本国居民，发展出境旅游通常会导致旅游客源地国家和地区经济收入及外汇的流出。由于国际旅游往往涉及货币兑换、旅游证件和出国护照、进入旅游目的地国家或地区的签证许可等问题，使国际旅游市场与国内旅游市场相比较要复杂得多。表 4-1 详细统计了我国 1992—2018 年入境旅游、出境旅游和国内旅游情况。

表 4-1　1992—2018 年我国入境旅游、出境旅游和国内旅游情况

年份（年）	海外入境旅游		出境旅游		国内旅游	
	人数（万人次）	增长率（%）	人数（万人次）	增长率（%）	人数（万人次）	增长率（%）
1992	3 811.50	—	293.00	—	33 000	—
1993	4 152.70	8.95	374.00	27.70	41 000	24.20
1994	4 368.45	5.20	373.36	−0.20	52 400	27.80
1995	4 638.65	6.19	452.05	21.10	62 900	20.00
1996	5 112.75	10.22	506.07	12.00	63 900	1.60
1997	5 758.80	12.64	532.39	5.20	64 400	0.80
1998	6 347.84	10.23	842.56	58.30	69 400	7.80
1999	7 279.56	14.67	923.24	9.60	71 900	3.60
2000	8 348.09	14.68	1 000.00	8.30	74 400	3.30
2001	8 901.29	6.63	1 213.31	15.90	78 400	5.30

（续）

年份（年）	海外入境旅游		出境旅游		国内旅游	
	人数（万人次）	增长率（%）	人数（万人次）	增长率（%）	人数（万人次）	增长率（%）
2002	9 790.83	10.00	1 660.23	36.83	87 800	11.90
2003	9 166.21	−6.30	2 022.19	21.80	87 000	−0.90
2004	10 904.00	18.96	2 885.00	42.67	110 200	26.67
2005	12 029.0	10.32	3 103.00	7.60	120 000	8.90
2006	12 494.21	3.90	3 400.00	9.60	139 000	15.80
2007	13 200.00	5.50	4 095.00	18.60	161 000	15.50
2008	13 002.74	−1.40	4 584.44	11.90	171 200	6.34
2009	12 647.59	−2.70	4 765.63	4.00	190 200	11.10
2010	13 376.22	5.80	5 738.65	20.40	210 300	10.60
2011	13 542.35	1.20	7 025.00	22.40	264 100	13.20
2012	13 240.53	−2.20	8 318.27	18.40	295 700	12.00
2013	12 907.78	−2.51	9 818.52	18.04	326 200	10.30
2014	12 849.83	−0.45	10 700.0	8.98	361 100	10.70
2015	13 382.04	4.14	11 700.0	9.0	400 000	10.50
2016	13 800.0	3.5	12 200.0	4.3	444 000	11.00
2017	13 948.0	0.8	13 051.0	7.0	500 100	12.80
2018	14 120.0	1.2	14 972.0	14.7	554 000	10.76

资料来源： 1992—2017 年数据取自《中国旅游统计年鉴》（中国旅游出版社），2018 年数据来自网络。

3. 按旅游目的划分的旅游市场类型

人们的旅游目的受旅游需求和动机所决定，既有观光游览、文化寻访、休闲度假、宗教朝觐、探亲访友等纯粹旅游目的，也有与商务活动、公务出差、参加会议及科考工作相结合的旅游目的。因此，根据人们的旅游目的的不同，可以划分为各种不同的旅游市场类型。

在 20 世纪 50 年代以前的传统旅游市场中，根据人们旅游目的的不同，一般将旅游市场划分为观光旅游市场、文化旅游市场、商务旅游市场、会议旅游市场、度假旅游市场、宗教旅游市场等。自 20 世纪 50 年代以来，除了以上传统旅游市场外，又出现了一些新兴的旅游市场：如以满足人们健康需求为主的体育旅游市场、疗养保健旅游市场和狩猎旅游市场等；以满足人们业务发展需求为主的修学旅游市场、学艺旅游市场等；以满足人们享受需求为主的豪华（游船、火车、汽车）旅游市场、美食旅游市场等；以满足人们寻求刺激心理需求为主的探险旅游市场、秘境旅游市场、惊险游艺旅游市场等。于是，随着人们旅游需求的发展变化，旅游者的旅游目的也呈现多样化发展态势，从而形成了各种各样的旅游市场类型。

4. 按旅游距离划分的旅游市场类型

任何旅游活动都体现着从旅游客源地到旅游目的地的空间移动，因此按旅游客源地到旅游目的地的距离远近，一般还可以将旅游目的地划分为近程（或周边）旅游市场、中程旅游市场和远程旅游市场。

（1）近程（或周边）旅游市场

近程旅游市场通常是以旅游目的地为核心，能够满足人们一日游为主的旅游目的地市场，包括相邻国家或地区之间的边境旅游市场、城市周围的城郊旅游市场等。其旅游市场的主体一般是以周末休闲旅游为主的旅游者。

（2）中程旅游市场

中程旅游市场是指以满足人们短期观光游览、休闲度假、商务会议、公务出差等旅游活动为主的旅游目的地市场，通常是距离旅游客源地不太远，一般能够在2～4天内往返的旅游目的地市场。

（3）远程旅游市场

远程旅游市场一般是距离旅游客源地较远，可以满足人们在较长一段时间内游览观光、休闲度假的旅游目的地市场，包括海滨度假、户外运动、多国游览等国际、国内旅游市场。

当然，按旅游距离划分旅游市场是相对的，在实践中往往还要综合考虑旅游通达条件、使用交通方式及旅游的便捷性等因素，对旅游市场进行具体的划分。

5. 按消费水平划分的旅游市场类型

在现实经济中，由于人们的收入水平、年龄、职业以及社会地位、经济地位的不同，其对旅游产品的需求也不同，从而决定了旅游消费水平也不一样。因此，根据旅游者的消费水平，一般可将旅游市场划分为豪华旅游市场、标准旅游市场和经济旅游市场。

（1）豪华旅游市场

通常，豪华旅游市场的市场主体是社会地位较高或有丰厚收入的旅游者。他们一般不关注旅游价格的高低，只希望旅游活动能反映出他们的社会地位，能更多地满足他们的旅游需求，如高尔夫旅游、商务旅游、会议旅游等。豪华旅游市场高额的旅游支出，对旅游目的地国家或地区产生极大的吸引力，促使他们加大了对豪华旅游市场的开拓。

（2）标准和经济旅游市场

标准旅游市场的主体是大量的中等收入阶层，他们既注重旅游价格，又注重旅游活动的内容和质量；经济旅游市场的主体是那些收入水平较低的旅游者，他们更多的是注重旅游价格的高低。虽然标准旅游市场和经济旅游市场的消费能力不及豪华旅游市场，但这两个市场的潜力从数量上和质量上来说都是巨大的，而在条件成熟时它们可以进入高消费的层次。

6. 按组织形式划分的旅游市场类型

根据旅游的组织形式，可将旅游市场划分为团体旅游市场、散客旅游市场和自助旅游市场。在现代旅游活动中，团体旅游和散客旅游是两种最基本的旅游组织形式。

（1）团体旅游市场

团体旅游市场是以团体旅游者为主体的旅游市场。团体旅游一般参加人数较多，旅游方式以包价为主，包价的内容通常包括旅游产品的基本部分，如食、住、行、游、购、娱，也可以是基本部分中的某几个部分。

团体旅游的优点：一是其活动日程已经提前安排好，使旅游者放心地随团旅游；二是包价旅游的内容灵活多样，可以根据旅游者的偏爱而自由选择；三是旅游者参加团体旅游的价格一般较便宜。由于团体旅游具有上述优点，因此是现代旅游市场的主体部分。

（2）散客旅游市场

散客旅游市场主要指个人、家庭或少数人自行结伴旅游而形成的旅游市场。散客旅游者通常可以按照自己的意向自由安排活动内容，也可以委托旅行社购买单项旅游产品或旅游路线中的部分项目，因而比较灵活方便。散客旅游的主要缺点是旅游者自己要考虑每一站的抵离接送及住宿问题等，其所购买的各单项旅游产品的价格之和比旅行社同样内容的团体包价旅游的价格也要昂贵得多。随着现代旅游的个性化发展，越来越多的人选择了散客旅游方式，散客旅游市场相对于团体旅游市场有较快的发展。

（3）自助旅游市场

自助旅游市场是指由自主出行旅游者所形成的旅游市场。自助旅游是旅游者通过直接向航空公司、车船公司、旅游饭店、旅游景区景点预订或购买单项旅游产品，按照个人需求及偏好所进行的旅游活动。虽然自助旅游一般不通过旅行社，但由于其购买的是由自己组合的旅游线路产品，所以本质上仍然是一种旅游产品。经济全球化发展、现代信息技术和互联网的迅速普及，为自助旅游提供了极为方便有利的条件，自助旅游成为人们越来越青睐的新兴旅游产品，自助旅游市场展现出良好的发展态势和潜力。

第二节　旅游市场竞争

一、旅游市场竞争的客观性

旅游市场竞争是指旅游经营者在旅游市场上销售旅游商品时，相互争夺旅游者，以求得旅游者和社会的承认，从而实现旅游商品价值的经济活动。旅游市场竞争同其他市场竞争一样，是商品经济的必然现象，因而具有存在并发挥作用的客观必然性。无论在什么制度下，只要存在旅游市场，就会有竞争。因此，旅游市场竞争无处不在、无时不在，只有充分认识旅游市场竞争的客观必然性，才能按照客观经济规律，充分应用旅游市场机制，有效发挥旅游市场的功能作用，促进旅游经济健康持续发展。

1. 竞争是价值规律实现的客观要求

按照价值规律，旅游产品价值是由社会必要劳动时间决定的，旅游产品价格围绕价值而上下波动。因此，在市场经济条件下，旅游企业能否以符合旅游产品价值的旅游价格销售旅游产品，只有通过旅游市场的竞争才能够确定。

旅游市场上的旅游价格所反映的旅游产品价值是指社会必要劳动时间，即企业生产经营同种旅游产品的社会平均劳动时间。但是，对于不同的旅游企业来讲，由于其生产经营旅游产品的条件和影响因素往往存在着一定差别，决定了他们生产经营同种旅游产品所花费的个别劳动时间也是不相同的。当某个旅游企业所花费的个别劳动时间高于社会平均劳动时间时，其旅游产品价值就会因为旅游价格高而难以实现，于是旅游市场竞争的结果迫使其必须提高劳动效率、加强经营管理、降低产品成本，使生产经营旅游产品的个别劳动时间低于或等于社会平均劳动时间，才能保证其旅游产品价值的实现。

2. 竞争是供求规律运行的必要条件

在旅游市场中，旅游产品的交换不仅要遵循价值规律的要求，还要受到旅游市场上供求规律的作用和影响，而旅游供求规律的作用又必须以旅游市场竞争为必要条件，因为在旅游市场上，旅游供求均衡是暂时和相对的，而不均衡是经常和绝对的。

一般来讲，当旅游市场上出现供不应求的现象时，表现为旅游需求大于旅游供给，于是出现旅游者之间为选择旅游产品的竞争，竞争结果必然使旅游价格上涨，从而刺激旅游供给增加，抑制旅游需求增长，以达到旅游供求均衡；当旅游市场上出现供过于求的现象时，表现为旅游供给大于旅游需求，于是出现旅游经营者之间争夺旅游者的竞争，竞争结果必然使旅游价格下跌，从而刺激旅游需求增加，使旅游供给减少，以实现旅游供求均衡。因此，只有在旅游市场竞争条件下，旅游供求规律才能有效地发挥作用，并通过旅游市场竞争促进旅游供求的动态平衡。

3. 竞争是应用科学技术的前提条件

现代科学技术的进步，尤其是各种高新技术的普及和应用，不仅促进了旅游经济的快速发展，也加剧了旅游市场的竞争。如计算机预订系统的普及，首先运用于航空客运预订系统，再到饭店销售预订系统，最终广泛应用于旅行社的游客预订和组团。特别是互联网的发展，更是使现代旅游市场成为统一的世界旅游市场，简便快捷的网上促销、网上订房、网上组团、网上购物等电子商务的发展，使所有旅游企业都无一例外地经历着"适者生存"法则的考验。

因此，旅游市场竞争，一方面促使旅游企业必须重视和充分运用现代科学技术，才能保证在激烈的旅游市场竞争中占有一席之地；另一方面，任何旅游企业要想获得经营成功，就必须加快应用科学技术的步伐，不断提高旅游企业的科技水平和能力，于是又促进了现代科技在旅游经济中的应用和发展。

4. 竞争是旅游经济发展的客观规律

在市场经济条件下，旅游市场竞争已成为旅游经济发展的客观规律。一方面，旅游市场竞争是旅游经济发展的必然趋势，尤其是从 20 世纪 50 年代以来，随着世界旅游经济的快速发展，旅游市场已由卖方市场转向买方市场，导致世界旅游市场竞争日趋激烈。进入 21 世纪后，旅游市场竞争更加集中地反映在对旅游客源的争夺上，许多国家或地区纷纷调整旅游营销策略，采取更为积极的政策和更加灵活的促销方式以开拓旅游客源市场，争夺国际旅游者。

另一方面，旅游市场竞争有利于促进旅游企业进行旅游产品的改造升级，丰富旅游产品内容，不断提供优质的旅游产品；有利于促进旅游目的地加强人才培训，树立优质服务意识和观念，不断提高旅游服务质量；有利于推动旅游企业之间的优胜劣汰，促进旅游企业不断改善经营管理，促进旅游经济效益的提高。于是，在旅游企业不断发展的基础上，必然促进整个旅游经济健康持续发展。

二、旅游市场竞争的内容

在旅游市场竞争中，由于一切旅游产品都必须通过旅游市场进行交换，因此必然在旅游市场上形成旅游者之间、旅游经营者之间、旅游者和旅游经营者之间、旅游目的地国家或地区之间的竞争，它们共同构成了旅游市场竞争的主要内容。

1. 旅游者之间的竞争

现代旅游活动是一种跨地区、跨国界的经济社会活动，其涉及经济、政策、法律和文化等许多相关因素，因此旅游者之间的竞争，主要表现为在各种因素的影响下对旅游产品选择的竞争，具体包括选择旅游目的地、选择旅游经营者、选择旅游产品等方面的竞争。

（1）选择旅游目的地的竞争

旅游目的地是旅游者出游的指向地，也是进行旅游活动的主要区域。通常，由于旅游者的需求和消费具有一定的偏好和从众行为的特点，因此旅游特色鲜明、服务质量好、环境优美的旅游目的地，常常成为旅游者竞相选择的出游地，尤其是旅游旺季，选择知名旅游目的地往往成为旅游者之间竞争的重要内容。因此，在旅游发达的国家或地区，旅游者通常在旅游旺季之前的几个月，甚至更早就开始进行旅游产品的预订和购买，以保证获得预期的旅游需求和消费的满足。

（2）选择旅游经营者的竞争

现代旅游活动尤其是国际旅游活动，由于涉及大量的食、住、行、游、购、娱等预订和购买服务，以及签证、出/入境等具体事务，使旅游者没有大量的时间、精力、能力和经验来具体办理，一般都是通过购买旅游经营者提供的包价旅游产品，统一由旅游经营者来进行总体安排和提供服务。因此，有较强的旅游经营实力、旅游线路设计合理、服务质量优、经营信誉好的旅游经营者，往往成为众多旅游者选择的主要对象，特别是在国际旅游市场中这一情况更加突出。由于经营信誉好、服务质量优的旅游经营者，能够有效地满足旅游者的旅游需求，因此，选择旅游经营者就成为旅游者之间的竞争内容之一。

（3）选择旅游产品的竞争

旅游者在选择旅游目的地和旅游经营者的竞争中，关键的是选择旅游产品的竞争，即对有关旅游产品的内容、质量和价格的选择和竞争。在旅游产品的选择上，人们通常是选择具有吸引力的旅游目的地和有特色的旅游线路产品；在旅游服务内容上，人们通常是选择服务全、有信誉、质量好的旅游经营者；在旅游服务价格上，人们总是选择价格合理和有价格比较优势的旅游产品。因此，选择旅游产品的竞争也成为旅游者之间的竞争内容。

2. 旅游经营者之间的竞争

旅游经营者之间的竞争是指旅游产品供应者之间的相互竞争，这种竞争的核心点都是围绕着扩大旅游产品销售，争取更多的旅游者，提高市场占有率等展开的。因此，旅游经营者之间的竞争具体表现为争夺旅游者、争夺旅游中间商和提高市场占有率三个方面的内容。

（1）争夺旅游者

旅游活动的消费对象是旅游者，一个国家或地区吸引旅游者数量的多少及其消费能力，决定着该国、该地区和旅游企业的收入和利润状况，也决定着旅游经营的成败和旅游产品销售的规模和数量。因此，争夺旅游者就成为旅游经营者之间竞争的实质内容。谁争夺到旅游者，谁就获得了客源市场，就意味着争夺到财源。争夺到的旅游者数量越多，相应获得的旅游收益就越多。

（2）争夺旅游中间商

旅游中间商通常是指代理旅游目的地旅游产品销售的组织机构与个人，其中以旅行社为主，它们是旅游产品价值得以实现的重要渠道。在旅游市场上，经由旅游中间商销售旅游产品占有相当的比重，从这个意义上说，争夺旅游中间商就是间接争夺旅游者，争夺到的旅游中间商越多，从旅游中间商那里得到的支持越大，就意味着占有的旅游市场越大，旅游产品的销量就越多。在旅游市场竞争中，争取较大的、有实力的旅游中间商，是扩大旅游产品销售规模和数量的必然选择。

（3）提高市场占有率

旅游市场占有率是指旅游企业所接待旅游者人数在旅游市场总量中所占的比重，其反映了不同旅游企业在旅游市场中的地位，也是衡量旅游企业的经营规模和水平的重要标志之一。旅游市场占有率通常分为绝对占有率和相对占有率。旅游市场绝对占有率是指旅游接待方（可以是一个企业或一个旅游点，也可以是一个地区或一个国家）在同一时间内所接待旅游者人数占一定范围内（地区、国家或整个世界）旅游市场所接待的旅游者总人数的百分比。旅游市场相对占有率是指在一定时期内、一定范围内某一旅游接待方的市场绝对占有率与同期、同范围内市场占有率比较高的其他旅游接待方市场绝对占有率的百分比。

3. 旅游者和旅游经营者之间的竞争

旅游市场竞争不仅是旅游者之间或旅游经营者之间的竞争，也表现为旅游者和旅游经营者之间的竞争。由于旅游者对旅游产品的需求与旅游经营者的供给总是存在着一定的差别，因此旅游者和旅游经营者之间也存在着一定的竞争，包括对旅游产品、旅游服务和旅游价格等方面的竞争。竞争的结果，一方面形成双方都能够接受的旅游产品，旅游服务的内容、方式、质量和价格；另一方面必然促使旅游需求和供给的动态平衡发展，从而促进旅游经济的健康发展。

（1）旅游产品的竞争

旅游产品不仅是旅游者和旅游经营者之间交换的主要内容，而且是构成旅游目的地和旅游企业的市场竞争优势和竞争力的重要基础。因此，旅游产品竞争的实质就是如何开发旅游资源、培育旅游品牌，以更好地满足人们旅游需求和消费的竞争。

在旅游产品开发过程中，旅游资源的特色、知名度、丰富度、吸引力和组合情况等，既是构成旅游产品的核心要素，又是利用和发挥旅游资源禀赋和比较优势，提高旅游市场竞争力的重要前提。因此，旅游产品竞争的重点，是如何根据旅游者的旅游需求，开发有特色的旅游产品，其核心是培育精品旅游产品，关键是提供优质的旅游服务。

（2）旅游服务的竞争

旅游服务是旅游产品的核心组成部分，随着旅游市场竞争的范围更广、内容更多、层次更高，旅游服务的竞争必然发展成一种综合性竞争，成为旅游者和旅游经营者之间竞争的重点内容。

旅游服务竞争不仅取决于一个国家或地区所拥有的各类旅游吸引物、服务设施和接待体系等，也取决于其经济社会条件、地理区位、整体环境和政策因素等。一方面，旅游目的地和旅游企业要重视提升旅游服务质量，因为旅游服务质量对满足旅游者的旅游需求和消费是至关重要的，高质量的旅游服务才能吸引更多的旅游者，并使旅游者得到更好的旅游享受；另一方面，要高度重视提高旅游服务人员的综合素质，通过提高旅游服务人员的服务意识，努力为旅游者提供优质的旅游服务，并不断改善旅游服务的形式和内容，才能提高旅游目的地和旅游企业的整体形象和竞争力。

（3）旅游价格的竞争

旅游价格是旅游市场竞争中最敏感、最有效的竞争手段。随着旅游产品逐渐由生活的奢侈品变成生活的必需品，同一旅游市场竞争环境中，不同的旅游者对同一旅游价格，或相同的旅游者对不同旅游价格的反应也有所差别。因此，旅游价格竞争不仅是旅游者和旅游经营者之间竞争的重要手段，也是旅游市场竞争的"晴雨表"。

旅游经营者为了赢取旅游市场，往往采取不同的旅游价格策略，如低价策略、高价策略和同价策略等。第一，低价策略是指旅游经营者以低于旅游市场平均水平的旅游价格，来吸引更多的旅游者并迅速占领旅游市场，占据有利的旅游市场竞争地位；第二，高价策略是指旅游经营者通过对新产品或特色旅游服务制定高于旅游市场的产品价格，来突出其旅游产品和服务特色，以有利于在短时间内收回投资并增加旅游企业的利润；第三，同价策略是指旅游经营者为巩固和维护旅游市场的竞争地位，尽可能采取与旅游市场中其他企业或竞争对手相同的旅游价格水平，以吸引和保持一定的接待旅游者的市场份额。

4. 旅游目的地国家或地区之间的竞争

在旅游市场竞争中，随着人们旅游需求多样化发展和旅游消费心理的成熟，旅游者不再单纯追求旅游价格的低廉，而更加注重旅游产品和服务的质量和内容。因此，除了上述旅游市场竞争的内容外，旅游目的地国家或地区之间的竞争，还突出表现在塑造旅游形象、培育旅游品牌、提供特色旅游产品和附加旅游服务等非旅游价格方面的竞争。

（1）旅游形象的竞争

旅游形象是由旅游产品、服务和其他因素综合形成的一种旅游者的总体印象，不仅是旅游者选择旅游目的地、进行旅游决策的重要依据，也是旅游目的地发挥旅游竞争优势，提升旅游目的地的知名度、美誉度和影响力，招徕更多旅游者的重要手段。因此，许多国家和地区都非常重视自身旅游形象的设计和推出，如中国的"魅力中国"，法国的"浪漫巴黎"，新加坡的"惊喜无限新加坡"，泰国的"神奇泰国游"，中国香港地区的"动感之都"和云南省的"永远的香格里拉"等，都是在国内外旅游市场上具有较强吸引力和影响力的旅游形象。

（2）旅游品牌的竞争

旅游品牌是指旅游产品和服务在旅游者心目中的定位，其既是旅游产品的总体标志，又是旅游目的地竞争力的重要内容。旅游品牌不仅反映了旅游目的地在提供旅游产品和服务中，对旅游者做出的服务内容、价值和质量等方面的承诺，也是旅游者在选择和购买旅游产品的过程中，通过选择旅游目的地和旅游经营者，以寻求自身利益最大保证的重要依据。因此，不断培育和树立知名旅游品牌，加大旅游品牌化经营力度，是增强旅游目的地的竞争力、赢得旅游市场竞争优势、提高旅游市场占有率的重要内容和途径。

（3）特色旅游产品的竞争

特色旅游产品是随着旅游者需求的多样化发展的，是旅游目的地国家或地区针对不同旅游者的需求而开发和出售的旅游产品，以及为旅游者提供的个性化旅游服务等。开发特色旅游产品或服务，要求旅游目的地国家或地区必须以满足旅游市场需求为出发点，选择一个或几个旅游客源市场作为旅游目的地的目标市场，提供与众不同的旅游产品或服务，以差别化的旅游产品和服务来赢得游客的青睐，并以成本优势阻止其他竞争对手的进入。

（4）附加旅游服务的竞争

旅游产品由核心部分、形式部分和延伸部分组成。旅游产品的延伸部分是指旅游者购买旅游产品时获得的优惠条件、付款条件等附加服务方式等，是旅游者进行旅游活动时所得到的各种附加利益的总和，也是旅游者对旅游产品或服务评价和决策的重要组成因素。附加旅游服务由于增加了旅游者的附加利益，形成与众不同的特色，从而具有赢得旅游市场竞争的优势，如旅游活动中馈赠旅游纪念品或"先旅游，后付款"等特殊付款方式都属于附加旅游服务的竞争。

三、旅游市场竞争的决定因素

在旅游市场竞争中，决定和影响旅游市场竞争的因素很多，包括基础因素、影响因素和决定因素等，其中基础因素主要有旅游资源、劳动力、资本、技术和管理在内的所有生产要素资源等；影响因素主要有旅游需求、旅游供给、旅游产业和宏观环境等；而决定因素主要有旅游者和旅游经营者的数量、旅游产品的同质性和差异性、旅游信息的充分和完全程度、旅游市场进出的条件和旅游竞争对手状况等方面。

1. 旅游者和旅游经营者的数量

决定和影响旅游市场竞争的首要因素是在旅游市场中有多少旅游者和多少旅游经营者。在现实旅游经济中，只有个别或少数旅游者或旅游经营者的旅游市场是非常少见的，因而对大多数旅游市场来讲，影响旅游市场竞争的关键是市场上旅游者和旅游经营者的数量。从旅游供给角度看，旅游市场中处于平等地位的旅游经营者越多，则旅游市场的竞争程度就越激烈；如果旅游市场中只存在一个或少数几个旅游经营者处于支配地位，旅游市场竞争程度就会减弱，甚至形成垄断旅游市场。因此，旅游者和旅游经营者数量的多少决定着旅游市场竞争的激烈程度。

2. 旅游产品的同质性和差异性

决定和影响旅游市场竞争的第二个因素是旅游产品的同质性，即不同旅游经营者销售的旅游产品在质量上是相同的，以至于旅游者无法辨别不同旅游经营者所提供的旅游产品的差别，这也是形成旅游市场规范竞争的重要条件。但是，在现实旅游经济中，大多数旅游经营者提供的旅游产品不具备上述严格的条件，即使是同一个旅游经营者提供的旅游产品，也会因为时间、季节、服务人员等各种自然的、心理的因素影响而存在一定的差异性。因此，在旅游市场竞争中，就必然出现旅游者喜欢选择某一旅游企业的旅游产品胜于其他旅游企业的同类同质旅游产品的情形，从而促使旅游企业保持自己所提供的旅游产品与其他旅游企业的差异性，以提高旅游企业的市场竞争力。

3. 旅游信息的充分和完全程度

决定和影响旅游市场竞争的第三个因素是旅游者和旅游经营者能否获得市场上的全部旅游信息。在旅游市场竞争中，获得充分完全的旅游信息是一个相当严格的条件，它要求旅游者和旅游经营者能够充分了解旅游市场、旅游产品交易的全部旅游信息。如果旅游信息不完全，旅游者就不可能在充分了解旅游产品的情况下，做出正确合理的旅游产品购买决策；而旅游企业也不可能正确掌握旅游市场上的旅游供求状况，并根据旅游供求变化及时调整旅游产品。因此，旅游信息的完全程度，直接决定着旅游市场竞争的程度，影响着旅游竞争机制作用的正常发挥。

4. 旅游市场进出的条件

决定和影响旅游市场竞争的第四个因素是旅游经营者进出旅游市场的自由度。通常，如果旅游经营者进入或退出旅游市场十分容易，则旅游市场的竞争程度就会提高；反之，如果旅游经营者进入或退出旅游市场受到阻碍和制约，则旅游市场的竞争程度就会减弱。因此，旅游市场进出的自由程度，直接影响和决定着旅游市场的竞争程度。如果旅游经营者在进入某一旅游市场时受到阻碍，则意味着该旅游市场存在着进入障碍，或者说该旅游市场进入壁垒较高，而进入壁垒较高的旅游市场，通常具有较高的旅游市场垄断性。

5. 旅游竞争对手状况

决定和影响旅游市场竞争的第五个因素是旅游竞争对手状况，因为旅游市场竞争既是旅游企业之间的竞争，也是旅游目的地国家或地区之间的竞争。为了正确评估和确定旅游竞争优势和竞争力，就必须重视对旅游竞争对手的分析，培育具有超过旅游竞争对手并能实现自身价值最大化的竞争优势和竞争力。

关于旅游竞争对手状况的分析，一般包括两方面内容：一方面，要立足旅游者的需求和旅游市场的供求情况，着眼于对旅游竞争对手的整体情况分析，以正确把握旅游竞争对手的竞争优势和特点；另一方面，根据有效益、有市场的竞争力才是竞争优势的原则，更加重视考察旅游产品和服务的成本和效益，考察旅游目的地和旅游企业在旅游市场上的占有率，从而为明确自身的竞争优势和竞争力，制定合理的竞争战略提供科学依据。

四、旅游市场竞争结构理论

旅游市场竞争结构是指由不同旅游市场竞争程度所决定的旅游市场竞争类型。通常，根据参与旅游市场竞争的旅游者和旅游经营者数量的多少、旅游产品之间的差异程度、旅游信息的完全程度、旅游市场进入条件和旅游竞争对手状况等因素，可以把旅游市场竞争结构理论划分为经典旅游市场竞争结构理论、可竞争旅游市场结构理论和二元旅游市场竞争结构理论等。

1. 经典旅游市场竞争结构理论

经典旅游市场竞争结构理论是将旅游市场竞争结构划分为完全竞争旅游市场、完全垄断旅游市场、垄断竞争旅游市场和寡头垄断旅游市场四种类型。其理论分析的前提，是对不同的旅游市场竞争类型确定不同的假设条件，然后运用逻辑分析和数理分析方法，对各种不同旅游市场竞争结构特点进行分析，从而揭示旅游市场竞争的规律和特点。

按照经典旅游市场竞争结构理论，决定旅游市场竞争结构的主要因素包括市场集中度、产品差别化和市场进入壁垒等。其中，市场集中度是旅游市场竞争结构的主要决定因素，市场集中度越高，某个旅游企业的市场支配势力越大，则旅游市场的垄断性也越强，而竞争程度就越低。因此，对旅游市场竞争结构的衡量，主要采用市场集中度指标来测量。

市场集中度指标的计算方法有两种：一种是绝对集中计算法，即通过计算旅游市场集中度指数、赫芬达尔-赫希曼指数（Herfindahl-Hirschman Index，HHI）等，来衡量旅游市场竞争的绝对垄断程度；另一种是相对集中计算法，即通过计算洛伦兹曲线和基尼系数，来衡量旅游市场竞争的相对垄断程度。

2. 可竞争旅游市场结构理论

可竞争旅游市场结构理论是把可竞争市场结构理论，应用于旅游市场结构分析而形成的新理论。可竞争市场结构理论认为，良好的生产效率和技术效率等市场绩效，在理想的经典市场竞争结构以外仍然是可以实现的，而无须有众多竞争企业的存在。因此，可竞争旅游市场结构理论，是对经典旅游市场竞争结构理论的发展。

根据可竞争市场结构理论，可竞争旅游市场可以是完全竞争旅游市场，但其与完全竞争旅游市场必须满足，存在大量小规模的买者和卖者，而且没有产品差别化和进入壁垒等，旅游市场竞争结构条件又不同。同时，可竞争旅游市场也可以是寡头市场，甚至是独家垄断市场，只要保持旅游市场进出的完全自由，只要不存在特别的进出旅游市场的成本，潜在竞争的压力就会使任何旅游市场结构条件下的旅游企业都必然采取竞争行为。

在可竞争旅游市场条件下，旅游市场竞争的压力主要来自进入者的潜在竞争压力，其对现有旅游企业的行为施加了很强的约束力。在存在新的旅游企业随时进入旅游市场的潜在竞争压力条件下，即使旅游市场上仅有一个独家垄断旅游企业，其所能获取的利润率也不会高于完全竞争旅游市场下众多旅游企业所能获取的平均利润率，因为任何能使独家垄断旅游企业获取高于平均利润率的垄断定价行为，都会立即招致其他可能进入者的潜在竞争。因此，可竞争旅游市场条件下理想的竞争，可以作用于所有的经典旅游市场竞争结构形态。

3. 二元旅游市场竞争结构理论

二元旅游市场竞争结构理论是把二元市场竞争结构理论应用于旅游市场竞争结构分析而形成的又一新理论。二元市场竞争结构理论，根据企业的规模及其在市场上的份额，把一个产业中的企业划分为核心企业和外围企业，并指出市场上存在两种普遍性的竞争结构：一种是有核心企业参与的市场竞争，另一种是仅有外围企业参与的市场竞争。

二元市场竞争结构理论比较符合旅游市场竞争的实际，因为在旅游市场上，同样存在着核心旅游企业和外围旅游企业两种竞争结构。其中，核心旅游企业并不是绝对孤立的，其竞争通常是相对于外围旅游企业的竞争而存在的，即核心旅游企业的投资有利于强化其在旅游产业内的市场力量，这种投资可能筑起新的市场进入壁垒，并直接获取较高的行业利润；而外围旅游企业由于受投资能力的限制，其在旅游行业的竞争中往往处于低利润率状况。

从现实旅游经济运行看，核心旅游企业的竞争行为有利于形成行业平均利润率，并规范旅游市场竞争秩序；而外围旅游企业的竞争行为，则往往引起旅游市场竞争秩序混乱，导致旅游行业平均利润率不稳定或出现异质性变化等情形。因此，促进核心旅游企业的发展，发挥其积极作用，对规范旅游市场竞争秩序是很重要的。目前，我国旅行社市场秩序混乱的根本原因，就在于旅行社市场是一种核心旅游企业不强、外围旅游企业较多的旅游市场竞争结构。

五、旅游市场竞争结构的特点

根据旅游市场竞争结构理论，可将旅游市场竞争结构划分为六种基本市场竞争类型，即完全竞争旅游市场、完全垄断旅游市场、垄断竞争旅游市场、寡头垄断旅游市场、可竞争旅游市场和二元旅游市场竞争。各种旅游市场竞争类型具有不同的市场竞争特点。

1. 完全竞争旅游市场

完全竞争旅游市场又称为纯粹竞争旅游市场，是指不受任何阻碍和干扰的市场竞争状况，是一种由数量众多的旅游者和旅游经营者所组成的旅游市场。完全竞争旅游市场的特点和条件是：旅游市场上存在许多各自独立、彼此竞争的旅游者和旅游经营者，每个旅游者和旅游经营者都不能支配和主宰整个旅游市场的交换；各旅游经营者的旅游产品是完全同质而无差别的，因而旅游者不会对任何一个旅游经营者的旅游产品产生偏好；所有生产要素资源能够在各行业间完全自由流动，旅游经营者可以自由地进入和离开完全竞争的旅游市场；每个旅游者和旅游经营者对旅游市场都具有充分的认识和了解，旅游市场信息是充分和畅通的；旅游经营者和旅游者在进入和离开完全竞争旅游市场时，不受其他任何非经济因素的影响。

通常，只有同时具备以上条件才能称为完全竞争旅游市场，但由于现实旅游经济中不存在同时具备以上条件的旅游市场，因而完全竞争旅游市场实际上只是一种理论假设，主要供旅游经济理论分析时使用。

2. 完全垄断旅游市场

完全垄断旅游市场是一种完全由一家旅游经营者控制旅游产品供给的旅游市场。完全垄断旅游市场的特点和条件主要有以下几个方面：旅游经营者提供的旅游产品没有替代品，具有唯一性的特征；旅游产品的价格和产量均是完全由旅游经营者所控制的；完全垄断旅游市场具有市场壁垒，使其他任何旅游经营者无法进入。某些具有独特性或唯一性的旅游资源开发成的旅游产品，往往会形成垄断旅游产品，从而又形成完全垄断旅游市场。

完全垄断旅游市场在现实旅游经济中也不多见，像我国北京的长城、陕西的兵马俑、云南的石林等，国外埃及的金字塔、法国的凯旋门等，都属于极少见的完全垄断旅游产品。因此，完全垄断旅游市场也主要供旅游经济理论分析时使用。

3. 垄断竞争旅游市场

垄断竞争旅游市场是介于完全竞争和完全垄断之间，既有垄断又有竞争，并且更偏向完全竞争的旅游市场类型。由于它既包含竞争性因素，也包含垄断性因素，因此属于一种不完全竞争旅游市场。

（1）垄断竞争旅游市场的竞争性

垄断竞争旅游市场的竞争性不同于完全竞争旅游市场，其主要特点表现在以下几个方面：其一，同类旅游产品市场上拥有较多的旅游经营者，每个旅游经营者在旅游市场总额中只占较小的比例，这使他们对旅游产品数量、旅游价格的影响有限而无法操纵市场，导致彼此之间的竞争也比较激烈；其二，在市场经济条件下，每个旅游经营者进入或退出旅游市场一般比较容易，并没有太多的市场壁垒；其三，不同旅游经营者的同类旅游产品存在着一定的差异性，即同类旅游产品在质量、服务、包装、商标、销售方式等方面具有特色，从而使处于优势的旅游产品在价格竞争和市场份额占有上优于其他的旅游经营者。

（2）垄断竞争旅游市场的垄断性

垄断竞争旅游市场的垄断性也不同于完全垄断旅游市场，其主要特点表现在以下几个方面：其一，由于每个国家或地区的旅游资源不可能是完全相同的，从而导致所开发的每一种旅游产品都有其独特的个性，并在一定程度上形成了旅游产品的垄断性；其二，政府对某些旅游产品的开发方针、政策的限制，也会形成某些旅游产品在旅游市场上的垄断性；其三，由于各种非经济因素的制约，旅游者不能完全自由选择旅游产品或进入任何旅游目的地，从而使某些旅游产品具有一定的垄断性。

4. 寡头垄断旅游市场

寡头垄断旅游市场是指为数不多的旅游经营者控制了绝大部分旅游供给，他们对旅游价格、旅游产品销量有很大影响，并且每个旅游经营者在行业中都占有相当大的份额，以致其中任何一家旅游经营者的旅游价格或旅游产品销量的变动，往往都会影响到整个旅游市场的产品价格和其他旅游经营者的销售量；同时，新的旅游经营者要进入旅游市场也是不容易的。因此，寡头垄断旅游市场也是介于完全垄断和完全竞争旅游市场之间，并偏于完全垄断旅游市场的一种旅游市场类型。

在市场经济条件下，寡头垄断旅游市场在某些方面比完全垄断旅游市场更典型，如拥有特殊、稀少旅游资源的旅游经营者，以及大型航空公司、游船公司、旅游列车公司等，往往容易形成寡头垄断旅游市场。

5. 可竞争旅游市场

可竞争旅游市场是对完全竞争旅游市场理论的发展，其相对于完全竞争旅游市场来讲，主要有以下几个方面的特点：其一，自由进出旅游市场的限制性，即旅游企业进出旅游市场虽然是完全自由的，但这里的"进出自由"不是说进入没有成本，而只是相对于现有旅游市场中的旅游企业而言，潜在进入者在生产技术、产品质量、成本等方面并不存在劣势；其二，进入旅游市场的驱动力，关键在于潜在进入者可根据现有旅游企业的旅游价格，评价和确定进入旅游市场的盈利性，一旦现有旅游企业的定价行为提供了利润机会，则潜在进入者就会迅速进入旅游市场；其三，退出市场的经营目标，潜在进入者在进入旅游市场有利可图，而退出旅游市场又没有损失时，可以采取"打了就跑（hit-and-run）"的旅游市场竞争策略，并往往在现有旅游企业做出旅游价格反应之前，毫无损失地迅速退出旅游市场。

可竞争旅游市场比较符合旅游市场尤其是旅行社市场竞争的实际，不仅在垄断竞争旅游市场上具有可竞争性，在寡头垄断旅游市场上也具有可竞争性。因此，可竞争旅游市场可以更好地分析和说明在旅行社市场上，为什么有的大旅行社往往受到众多小旅行社"小鱼吃大鱼"的竞争压力和影响。

6. 二元旅游市场竞争

二元旅游市场竞争与经典旅游市场竞争相比，从旅游市场竞争的协同性角度出发，更符合旅游市场竞争的实际，更具有旅游市场竞争的鲜明特点，也比较符合当今国内外旅游市场竞争的发展趋势。

二元旅游市场竞争的特点主要体现在以下几个方面：其一，竞争结构的二重性，即在旅游规模、市场份额、市场力量、集中度、收益和风险机制等方面，形成各不相同的核心旅游企业和外围旅游企业两个层次；其二，竞争目标的二元性，核心旅游企业依托自身实力往往以长期利润最大化作为其竞争目标，而外围旅游企业由于经营的非稳定性而以获取短期利润最大化为目标，使核心旅游企业与外围旅游企业常常处于矛盾和冲突之中；其三，竞争机制的二元性，由于在旅游市场竞争中，核心旅游企业始终处于有利地位，而外围旅游企业则处于不利地位，使核心旅游企业收益大而风险小，外围旅游企业风险大而收益小，因此竞争不仅体现在旅游价格上，还往往体现在非价格上的竞争；其四，竞争方式的多样性，由于二元旅游市场竞争是在垄断竞争旅游市场条件上自发形成的，因此旅游市场竞争不仅在旅游企业间进行，还往往在旅游行业内和产业之间同时进行，从而使旅游市场竞争更加激烈；其五，竞争结果的二元性，使不同竞争层次间的利润难以平均化，从而形成两种不同的利润率，即核心旅游企业的利润率和外围旅游企业的利润率，并且核心旅游企业的利润率有同质化和相对稳定的趋势，而外围旅游企业的利润率则处于异质化和不稳定的变化趋势。

第三节　旅游市场的开拓

市场开拓能力是衡量企业经营能力的一个重要标志。旅游经营者必须不断开拓市场，适应市场的需求，才能在激烈的旅游市场竞争中求得生存和发展。

一、旅游市场开拓的概念

所谓旅游市场开拓是指为扩大旅游产品销售、实现旅游产品的价值、扩大旅游市场占有率而进行的一系列活动。它包括两个方面的内容：一是充分挖掘现有市场的潜力，提高现有市场的占有率；二是开发新的旅游市场。

旅游市场开拓要在明确旅游市场战略目标的前提下进行市场调研和预测，了解市场需求和竞争对手；在此基础上，分析旅游企业所处市场的宏观环境和微观环境，使其经营活动适应市场环境的变化；进行市场细分，并在市场细分的基础上，选择目标市场；然后针对目标市场，确定合适的市场营销组合，最终实现旅游市场开拓的战略目标。

旅游市场战略目标是指在一定时期内，旅游市场营销工作的服务对象和预期所要达到的目的。即旅游目的地国家、地区或旅游企业为其旅游发展和经营所确定的一定时期的奋斗目标。进行旅游市场开拓，首先要明确一定时期的任务和目标。对于旅游行业而言，其任务和目标表现为开发本身所具有的旅游资源，形成高质量的旅游产品，并利用一切有利的条件，满足旅游市场的需求，最大限度地获取经济效益和社会效益。对于旅游企业而言，其任务和目标表现为确定业务经营范围和领域，寻求和判断战略机会的活动空间和依据。经营任务确定后，应把任务具体化为每一个管理层次的经营目标。

二、旅游市场调查与预测

为了确定好旅游市场的战略目标，加快对旅游市场的开拓，必须做好旅游市场调查和市场预测，它是旅游市场开拓的前提。

1. 旅游市场调查

（1）旅游市场调查的类型

运用科学方法和手段，对旅游经济活动中的旅游需求、旅游供给和旅游环境所进行的调查工作称为旅游市场调查。

1）按范围可分为宏观市场调查和微观市场调查。

宏观市场调查主要包括市场总需求和总供给的调查、市场环境调查等内容。旅游市场总需求是指整个社会在一定时期内有支付能力的、通过市场交换的对旅游产品的需求总量。旅游市场总供给，是指整个社会在一定时期内对旅游市场提供的可供交换的旅游产品的总量。旅游市场宏观环境是指影响市场供求变化的经济、政治、社会、文化、教育等状况。宏观市场调查主要为旅游目的地国家或地区制定旅游业发展战略，确定旅游市场开拓策略提供科学的依据。

微观市场调查是旅游企业根据营销活动而进行的调查，包括旅游者需求调查、旅游市场营销状况调查和旅游市场竞争调查等。旅游者需求调查主要包括旅游动机、旅游客源结构和游客费用支出状况调查。旅游市场营销状况调查包括旅游者对新老旅游产品质量，产品生命周期各个阶段的要求、意见和建议的调查。旅游市场竞争调查主要调查企业有哪些竞争对手，哪些是现实的竞争对手，哪些是潜在的竞争对手；竞争对手的资金实力、旅游产品项目设计、服务质量、价格水平等状况。微观市场调查主要为旅游企业制定正确的市场营销策略，不断开拓客源市场提供依据。

2）按照旅游市场调查目的不同，一般把旅游市场调查分为探索性调查、描述性调查和因果关系调查。

探索性调查，又叫非正式调查、试探性调查，主要用来发现问题，寻找机会，解决"可以做什么"的问题。一般直接利用现成的资料，原始数据一般是定性的或是小规模的，是非随机性调查。当市场调查的问题和范围较模糊时，为确定调查的方向和重点，可以采用探索性调查去寻找和发现实质性问题。如某旅游市场产品销量急剧下降，到底是什么原因所致不清楚，只有先做试探性调查，找出主要原因，才能做深入的正式调查；另外，当企业提出新的设想和构思时，也可借助探索性调查确认其是否可行。

描述性调查是指为了描述事物状况特征而进行的调查。它主要是通过深入实际调查研究，收集和整理有关事实的情况和资料，将市场的有关客观情况如实地加以描述和反映，来说明事物之间的因果关系及内在联系的调查，用来解决诸如"是什么"的问题，它比探索性调查更深入、更细致。

因果关系调查是要找出有关市场现象之间的因果关系，也就是专门研究"为什么"的问题。描述性调查是提供问题中的各因素关联现象，而因果性调查是找出形成这类关系的原因。

（2）旅游市场调查的程序和方法

1）旅游市场调查的程序。旅游市场调查程序通常可分为五个阶段：

① 明确调查问题并确立调查目标。在正式调查之前，要求调查人员认真仔细地确定本次调查应该弄清的问题，并据此确立调查的目标。在企业的营销活动中，任何一个问题都会存在许多可以调研的方面，必须善于找出实质性的内容，否则收集信息的成本可能会远远超过调研结果的价值。不仅如此，错误的研究方向会产生错误的结论，而错误的结论所导致的错误措施，必然会给企业带来巨大的损失。因此确定问题是营销调研过程中最困难的环节，要求调研人员对所研究的问题及所涉及的领域必须十分熟悉。

② 制订调查工作计划。要求调查人员制订调查工作计划，以保证调查方案的实施。调查工作计划应包括：选择资料来源、选择资料收集的方法、选择调研工具、决定抽样计划、建立调查组织和选择调查人员、编制本次调查的预算并确定时间进度。

③ 收集信息。在市场调查工作中，人们根据信息资料的来源将其划分为两类，即原始资料和第二手资料。所谓原始资料也称第一手资料，指专门为本次调查目的而直接从调查对象处搜集的信息资料；所谓二手资料是指各种可以利用的现成资料。二手资料容易取得，且调查成本低，应充分利用。只有当二手资料不能满足本次调查目的的需要时才需着手搜集原始资料。二手资料的来源包括内部来源和外部来源。内部来源是指来自本企业或本组织内部的各种可利用的资料来源。例如，各种统计、财务报表，企业内部的有关记录、凭证、各种经营指标以及过去的调研报告等。外部来源是指来自于本企业或本组织以外的资料来源。例如，学术团体公布的统计资料，公开出版的期刊、文献、报纸、杂志、书籍和研究报告，网络信息，以及有关国际或区域旅游组织和专业旅游市场调研机构的年报和其他资料等。但是，二手资料也有一定的局限性，往往不能直接原封不动地加以利用，要以公正性、时效性和可靠性为原则对二手资料进行评估。当二手资料不能满足专门的调查时，旅游调查人员就必须化费较多的时间和经费，去收集第一手资料，即原始资料，以满足市场调查的专门要求。

④ 资料整理与分析。从被调查者处收集来的资料是千差万别的。在编制调查报告前，必须先进行资料的整理。主要过程有：第一步编辑，主要目的是发现并剔除调查资料中的错误部分，如调查人员的偏见、答复者有矛盾的答复等。第二步分类，为便于查找、归档、统计和分析，必须将经过编辑整理的资料进行分类编号。第三步统计，将已分类的资料进行统计计算以便利用和分析。第四步分析与解释，运用调查所得出的有用数据和资料，分析情况并得出结论。

⑤ 报告的准备与提出。将调查所得出的结论编写成调查报告提供给有关部门或领导，以便做决策时参考。编写报告应突出调查主题；调查内容要客观、扼要、有重点；方案要简洁易懂；报告结构要合理、严谨，给人以完整的印象。编写调查报告的结构是：调查的目的和范围、调查所采用的方法、调查的结果、提出的建议、以及必要的附件。

2）旅游市场调查的方法。旅游市场调查的方法有询问法、观察法、实验法和会议调查法。

① 询问法。该方法是由调查者先拟订出调查提纲，然后向被调查者以提问的方式请他们回答，收集资料。可以用个别面谈或小组讨论等方法，也可以用电话询问、邮寄调查表或混合调查法进行。

② 观察法。观察法是指调查人以直接观察具体事物作为搜集资料的一种手段。观察得到的第一手资料比较生动、直观、可靠，但此方法也有一定的局限性，它一般只能看到表层现象，很难对深层因素进行分析，如顾客的职业、文化水平、心理动机等就很难通过观察法去了解。

③ 实验法。实验法是从影响调查对象的若干因素中，选出一个或几个因素作为实验因素，在其余诸因素均不发生变化的条件下，了解实验因素变化对调查对象的影响。

④ 会议调查法。会议调查法是指通过召开专门的调查会议或者调查者利用参加其他会议的机会进行调查。采用会议调查法应注意，会议的准备必须充分、完善，与会者的水平和素质是开好会议的基本保证，对会议内容的认真记录、核实是取得可靠资料的依据。由于各种会议集中了各种不同的专门人才，因此，能收集到内容广泛、水平较高的答复。

2. 旅游市场预测

所谓预测就是根据过去和现在的实际资料，运用科学的理论和方法，探索人们所关心的事物在今后的可能发展趋势，并做出估计和评价，以调节自己的行动方向，减少对未来事件的不肯定性。简言之，预测就是根据过去和现在推断未来，根据已知推断未知。市场预测简单地说就是对市场商品供需未来发展的预计。科学的市场预测需要应用定量分析和定性分析方法，并且将两者有机地结合起来运用。

（1）旅游市场定性分析

旅游市场定性分析是对旅游预测目标的性质以及可能估计到的发展趋势做出的分析。如对现代饭店集团的优势分析，包括品牌优势、经营管理优势、市场优势、财务优势等的分析。分析方法一般包括旅游者意见法、经理人员判断法、营销人员估计法和专家意见法等。

1）旅游者意见法是通过对旅游者进行调查或征询，来进行旅游市场预测的一种方法。其具体做法是：当面询问、电话征询、写信、要求填写调查表、设立意见簿、召开座谈会等。

2）经理人员判断法指邀请企业内部各职能部门的主管人员根据各自的经验，对预测期的营业收入做出分析和估计，然后取其平均数作为预测估计数。此法简便易行、节省费用。

3）营销人员估计法是由企业内外的营销人员对市场做出预测。使用这种方法的企业，要求每个营销员对今后的销售做出估计，营销经理再与各个营销员一起复审估计数字，并逐级上报预测数字并汇总。这是面对面讨论的办法，能够相互启发，互为补充，简便易行，没有繁复的计算。在缺少历史资料或对其他预测方法缺乏经验的情况下，是一种可行的办法。

4）专家意见法又称德尔菲法，是由美国兰德公司在20世纪50年代初创造的一种预测方法。采用这种方法，企业首先必须拟定预测提纲，明确预测目标，并准备好有关的信息资料及征询表格；还要选择既熟悉业务、又善于与专家打交道和责任心强的工作人员来专门负责预测工作。然后，由工作人员将预测提纲及有关信息资料、征询表格送交专家们，专家们按照提纲要求做出自己的主观估计，填好征询表格，定期交回给工作人员汇总整理。由于第一轮专家的估计差异较大，由工作人员整理加工以后，把修改后的预测提纲及相关资料第二次送交专家，进入第二轮循环。专家根据新的提纲和资料，对原来的估计予以修改，提出新的判断估计，并要说明修改的理由，再交回给工作人员集中整理。一般来说，这一轮专家的意见还不能趋向一致，需提出新的预测提纲，进入第三轮循环。在第三轮，工作人员提供新提纲和新信息，专家进一步做出分析判断。专家经过两轮的情况交流，对前两次预测中产生过高或过低估计的原因逐渐清楚，一般至此，预测意见可基本趋于一致。如果预测的问题非常复杂，也可能需要第四轮或第五轮的循环。这就是德尔菲法的一般工作程序。企业在具体运用中，还应掌握和控制好时间，每一轮循环的时间以 1 周或 10 天为宜，否则易影响分析判断的效果。

（2）旅游市场定量分析

旅游市场定量分析是运用数学和统计等方法，对较系统和完整的资料与数据进行分析，从而对旅游市场及其变化做出评估和推断的方法。一般使用统计方法和计量经济学方法，其中常用的方法有时间序列分析法和回归分析法。时间序列分析法又包括简单平均法、移动平均法、指数平滑法、变动趋势预测法等；回归分析法包括一元线性回归分析法和二元线性回归分析法等。

三、旅游市场的开拓策略

通过旅游市场调查和预测，获得大量市场信息；在分析各种影响因素的基础上，对旅游市场进行细分；选择适当的目标市场，在一定时期内有计划地综合运用各种可能的市场营销策略和手段，进行旅游市场的开拓。

旅游市场开拓策略指旅游企业为取得最佳经济效益，在分析各种影响因素的基础上，选定目标市场，并在一定时期内，有计划地综合运用各种可能的市场营销策略和手段，进行旅游市场的扩展。

一般来讲，影响旅游市场开拓的因素主要有两类：一类是外部环境因素，包括人口环境、政治环境、法律环境、经济环境、文化环境、科学技术环境等宏观环境因素，还包括市场竞争者、中间商、供应商、社会公众等微观环境因素。这些外部环境因素是影响旅游市场开拓的不可控因素，只能通过环境分析，以发现有利的市场机会，克服不利的环境威胁，尽可能适应微观和宏观市场开拓环境。另一类是可以控制的因素，如旅游产品、价格、促销和分销等因素。

旅游市场的开拓策略有以下几个方面：

1. 旅游目标市场开拓策略

旅游企业在市场细分基础上选择旅游目标市场后，采用无差异性市场策略和差异性市场策略及密集性市场策略来进行市场开发。

（1）无差异性市场策略

无差异性市场策略指旅游企业把整个旅游市场看成是一个有相同或近似需求的整体，采用单一的市场营销组合策略来满足整个旅游市场的需求。无差异性市场策略一般用于大众化旅游产品市场的开拓，如一般的大众观光旅游市场的开拓。

（2）差异性市场策略

在旅游市场细分的基础上，选择几个细分市场作为自己的目标市场，并针对每一个细分市场的需求特点，采取不同的营销组合，尽可能满足目标市场的特殊需求。差异性市场策略较好地适应了旅游需求多样化的趋势，有利于旅游企业吸引更多的旅游者，强化旅游企业的形象和市场竞争力，促进旅游产品的销售。

（3）密集性市场策略

密集性市场策略指旅游企业在旅游市场细分的基础上，只选择其中一个细分市场作为自己的目标市场，以便旅游企业能够集中全部力量，以有限的人、财、物取得较高的市场占有率，较适用于中小型旅游企业。

2. 旅游市场营销组合策略

将影响旅游市场开拓的产品、价格、分销、促销等可控因素结合起来，用于对旅游目标市场的开拓。这些因素的组合策略有：旅游产品策略、旅游价格策略、旅游产品销售渠道策略和旅游促销策略。

（1）旅游产品策略

旅游产品是吸引旅游者、开拓旅游市场的基础。准确把握市场需求，有针对性地开发旅游产品，是旅游市场开拓的关键。旅游产品的开发应做到：①大力开发具有民族特色、地方特色的旅游产品；②旅游产品的形式要丰富多样，不要局限于团体包价形式的、以观光为主的旅游产品；③在继续经营团体包价旅游的同时，大力发展散客旅游、半包价旅游；④在继续经营观光旅游的同时，大力开发度假旅游、会议旅游、商务旅游以及专项旅游，加大旅游产品开发的深度。

（2）旅游价格策略

价格是否合理，直接关系到旅游产品的竞争力，影响旅游市场开拓的效果。在制定旅游产品价格时，要根据旅游市场开拓的任务、目标市场顾客群的实际情况以及竞争对手的价格，有针对性地确定自己的旅游产品价格，避免定价的盲目性，避免不顾市场情况的定价倾向。根据定价目标选择适当的定价方法和灵活的定价形式。此外，还要注意降低直观价格，注重价有所值，确保质量兑现。最后，要注意保持价格的相对稳定，频繁的价格变动将使市场无所适从，也不利于市场稳定。

（3）旅游产品销售渠道策略

旅游产品必须通过一定的销售渠道才能实现交换。旅行社、饭店以及其他旅游企业均面临销售渠道的选择问题。毫无疑问，旅行社仍然是销售渠道的主体。就销售职能而言，可将旅行社分为旅游批发商和旅游零售商。前者的业务涉及旅游产品的重新组合、定价、促销和配售等；后者的主要业务是直接向旅游者销售旅游产品。销售渠道的选择是否合适，直接影响着旅游产品的销售。入境旅游在相当程度上要借助于国外旅游批发商和零售商的支持来发展。发展与国外大型的、信誉较高的旅行社的业务关系，在价格、促销等方面给予对方必要的支持与合作，以发展和壮大我们的销售渠道网络。同时，要积极利用现代化通信手段，如电视广告、互联网等促进旅游产品的销售。

（4）旅游促销策略

旅游促销策略是促进旅游产品销售的多种手段的综合，如广告、宣传、公关、参加或举办各种旅游博览会等。促销已成为各国、各企业参与旅游市场竞争的重要手段。目前，我国国际旅游市场促销应注意：

①增加促销经费。国际旅游业的惯例是，旅游目的地国家或地区将入境旅游收入的 0.4%用于市场开发与促销招徕。我国主要竞争对手的年促销投入都在几千万美元以上，如新加坡为 7800 万美元、韩国为 4100 万美元、菲律宾为 8000 万美元。长期以来，我国的旅游促销一直在经费短缺的情况下勉力而为。

②应加强促销的针对性，有的放矢，提高促销效果。泰国政府非常重视旅游宣传和旅游产品促销，他们采取有针对性的、差异化的宣传促销战略，取得了显著的成效。比如，向东亚游客展示的是他们独特的民族风情，向欧美游客则推出热带风光；给工薪族提供一个休闲度假的好去处，给有钱人则制造一个寻古探幽的世外桃源。普吉岛附近有一群无人小岛，在蔚蓝色的海水中犹如一片片郁郁葱葱的微型森林，它们就称之为"小桂林"，自然引起了许多中国人的兴趣；在"小桂林"中，有以电影《007》中主人公詹姆斯·邦德命名的"邦德岛"，无疑又让广大"邦德迷"们找到了寻访的感觉。相比之下，我们国内的旅游宣传和旅游产品促销就显得比较呆板。同是名山大川，推出的风光资料大同小异，给人千景一面的感觉，很难给受众留下深刻的印象。风景名胜区的对外宣传资料就只有一个版本，无论是对外地人还是对本地人，无论是对有钱人还是工薪阶层，都是同一套说辞，缺乏针对性。事实上，旅游产品即商品，旅游者是消费者。消费者地域、民族、经济条件、喜好等的差异客观存在，甚至有天壤之别。宣传促销旅游产品应当认识这种差异、适应这种差异，才会取得事半功倍的效果。

③动员和组织各地方和企业参加促销。由旅游主管部门承担大部分费用，减少企业的负担，鼓励更多的企业参展，从而扩大整个展场的面积，造成宣传本地的更大声势。现在，中国香港地区、新加坡、泰国、马来西亚参展都是由旅游局承担总费用的 50%，参展企业分担另一半。此外，新加坡旅游促进局对推广该局牵头开发的新产品承担 50%的费用，对常规产品的推广则由企业各自去做。这样做的好处是：增强企业参加整体促销的积极性，也就增强了整体促销的声势和力度。而且，参展的单位越多，每个单位分担的费用就越少，他们就更愿意连续参展，这就成为一种良性循环。

基本训练

1. 如何认识旅游市场的概念和特征？
2. 简述旅游市场的体系、功能和机制。
3. 分析旅游市场竞争的内容。
4. 比较不同旅游市场结构类型的特点。
5. 如何进行旅游市场调查和预测？

应用训练

1. 分析读者所在地旅游市场的体系、功能和结构。
2. 调查读者所在地旅游市场，并进行预测，给出模拟旅游市场开拓规划。

案例分析

汉庭酒店：快捷有道

如果是一个商务人士入住汉庭快捷酒店，他很快便能发现汉庭与其他快捷经济型酒店的不同：他可以在酒店的大堂免费打印 20 张 A4 纸的内容；大堂有两台电脑，凭房卡可免费使用 1 小时；每个房间的书桌和床头都设有网线插口，这样与同事同住也不会抢网线，等等。"为了满足这些需求，汉庭在每家快捷酒店中都额外投入了三四十万。"汉庭酒店集团（以下简称汉庭）的首席执行官张拓说。

汉庭的创始人季琦属于二次创业，在这之前，他一手建立了中国目前最大的快捷连锁酒店品牌如家。基于第一次的经验，同时为了和如家区别开来，他在汉庭所做的事情就是细分目标顾客，将自己的产品瞄准商务人士。"快捷经济型酒店通常针对的普通旅客其实只有一些基本需求，如干净的床、交通方便、24 小时热水等。"张拓说，"而我们从中又提炼出了商务人士最核心的需求。"例如，整个酒店都覆盖有无线网络，再如，为了保证商务人士对安全的需求，电梯只有用房卡才能驱动。"与如家和 7 天相比，汉庭门店选址的租金一般最贵。"张拓说，"因为它要严格保证靠近商圈、办公区或景点，附近的配套设施则必须完备。"这也是对准商务人士的需求。这些人能够承受略高的价格，他们使得汉庭的客人可租客房平均收入（Revenue Per Available Room，RevPAR，是指每间可供出租客房平均每天的收入）在 2010 年第二季度达到了 192 元/间，比如家高出了 21 元，而 7 天的该项指标为 151.5 元。

五年以来，汉庭快捷外滩店店长徐正明的一天都是这样开始的：先巡视店面，和员工们微笑着打招呼。他解释说，这样做有提升员工士气的作用，有助于他们为客人提供优质的服务。随后，他回到办公室，查看经营报告和对汉庭的网评与客人的意见反馈。汉庭的管理者尤其重视与顾客的交流，他经常还走到餐厅前台，和客人聊一聊居住体验。

"对汉庭来说，细分的方法也能用在服务上。"徐正明说。在商务人士最注重节省时间这一基础上，他们把服务继续细分为普通会员和金卡、白金卡的不同等级。汉庭的金卡会员可以享受到 8.8 折优惠，这样的优惠使得入住汉庭的持有会员卡的客人比例已经超过了 60%。入住快捷酒店，持有金卡的客人最快只需要两分钟就能办理好入住手续。如果入住时付清房费，退房无须等待查房，只要把房卡扔到设在大厅里的一个注明"无停留离店"的盒子里就可以了。"我们发现很多商务客人早上走的时候要赶飞机，离店时尽量省事对他们来说是非常重要的。"张拓说。

对商务人士提供核心优质服务的理念并非一蹴而就。2007 年，如家和 7 天的迅速扩张曾让季琦一度剑走偏锋，在三四线城市收购了一些本不符合其发展策略的酒店。汉庭内部的顾客满意度调查结果在 2007、2008 年年初一度降到冰点。所幸，季琦在 2009 年年初遇见了保罗·杜布吕，这位雅高集团的创始人对季琦说了一句"速度不重要，质量最重要"。短短的 10 个字，让季琦决定"悬崖勒马"，回归到服务的本质。从那年开始，汉庭开始围绕商务人士的需求和舒适度来做文章：为了提高安全系数，汉庭快捷在电梯中安装了用门卡才能开启的门禁。季琦本人则设计了卫浴双开门，甚至亲自挑选房间装饰画，这些点滴增加了客人的好感，顾客满意度随之迅速回升。

"但细分市场与服务也要适度。"张拓说。2008—2009 年，他发现汉庭在旅游旺季、周末的经营业绩和平日相差甚多。张拓意识到过度强调针对商务人士的定位有可能丢失传统的休闲旅游客人市场。从 2009 年开始，汉庭开始以城区为单位和旅行社及景点进行合作，推出一些项目来增加对普通游客的吸引。

普通顾客的需求也催生和完善了汉庭的服务。为了上海世博会，"家庭房"应运而生。该房型是在房间中摆放一张双人床与一张小床，对三口之家很有吸引力。对于细节的关注使汉庭在 2010 年第二季度全国酒店的入住率达到了 98%。从 2009 年第一季度开始的统计显示，平均每个季度，汉庭的入住率都要比如家高 3～4 个百分点，对比 7 天有 7 个百分点的优势。

"从细分服务和市场这个概念来看，用一个产品来打遍天下、针对所有的消费者是不可能的。"张拓说。汉庭顺着这个理念推出了中端的全季酒店和低端的海友客栈，用服务区分和发现目标客户。

汉庭设计海友客栈时针对的是年轻的准白领或白领，在他们的设想中，这些客人将是汉庭快捷和全季酒店的潜在客户。为了将这些人同寻找这一价位酒店的普通人区分开来，同时节省成本，他们刻意在客栈的设计里使用了大量的自助服务。

海友客栈推行环保，鼓励来住的顾客自带洗漱用具，取消了房间里面的"六小件"，但是仍然提供无线网络，以便让年轻人能够使用。同时，客栈还提供自助贩卖机，顾客可以买到 2 元一袋的特制碧浪小包洗衣粉，然后花 3 元到楼顶上使用自助洗衣机洗一次衣服，客栈还提供免费晾晒。"我们开张三个月了，客人一般都会自带毛巾、拖鞋。"海友客栈上海虹口足球场店店长沈骐说，这些能够理解并自如使用自助服务的年轻人，素质明显高于入住同等价位酒店的普通顾客，而客栈则通过这一方法增加了收入。

汉庭在定价问题上坚持能省则省，该花就花。他们在地段选择上舍得花钱，但会巧妙地将一些增加成本的免费服务尽量节省掉，或者转变成酒店的收入。从小处说，汉庭快捷酒店从不在房间里面配置茶叶包，因为茶叶有保质期，放在客房里客人也不常取用，有需求的客人可以到前台免费获取。定位于更高端商务客人的全季酒店里，下一步要在酒店内部设立咖啡厅，既能就餐也可以进行商务洽谈，这部分收入也可以纳入酒店的盈利范围。

"2010 年和 2011 年，汉庭酒店集团都会以每年两百家的速度进行扩张。"张拓说。到 2010 年年底为止，汉庭快捷的门店数会占整个酒店集团门店数的 90%，海友和全季两个品牌的门店总数占到 10%。"到 2012 年底为止，这两个品牌的门店数会达到整个酒店集团门店数的 15%。"张拓说，"我们的目标是在每一个细分市场里做到最好。"

资料来源： 环球企业家网站 www.gemag.com（北京）（有删改）

案例分析思考：

1. 汉庭快捷酒店是如何进行市场细分的？

2. 与如家、7 天等快捷型酒店相比，汉庭快捷酒店采取了哪些竞争策略？

3. 汉庭快捷酒店在市场细分和市场定位中遇到了哪些难题？他们是如何解决这些难题的？

Chapter 5

第五章

旅游价格

学习目标

知识目标：掌握旅游价格的概念，明确旅游价格的分类与特点，理解旅游价格机制，明确旅游价格制定的程序。

技能目标：能够分析影响旅游价格的因素，掌握构建旅游价格体系的方法，熟练掌握旅游价格制定的各种方法。

能力目标：根据定价目标，综合各种因素进行旅游价格的制定。

导读案例

重庆市加强对旅游"零负团费"整治力度

所谓"零负团费"是指旅行社在接外地组团社的游客团队时，分文不赚只收成本价，甚至低于成本价，然后通过导游向游客增加自费景点和购物点赚取"回扣"和"人头费"，填补亏空，实现赚钱。

重庆市旅游质量监督管理所负责人介绍，以港澳团为例，根据国家旅游主管部门最新发布的《中国公民出国（境）旅游·消费指引》（以下简称《消费指引》），香港双飞 5 日游的成本价格至少要 3 000 元，但从目前各个旅行社的报价看，不仅是我国香港一地，新马泰、欧洲等线路的报价，也都大大低于《消费指引》的标准。那么，多出的旅游成本怎么弥补？旅行社当然不会做"亏本买卖"，于是就转嫁到了引导游客进店购物、参观自费景点，甚至是降低住宿标准上来。

针对"零负团费"行为，目前重庆市旅游局成立专项行动机构，统一组织对"零负团费"进行治理整顿。采取的措施主要有：

1）进一步规范旅游合同的签订，要求旅行社和游客签订合同时必须明确自费项目的费用和场所。

2）加大行业标准实施力度，规定旅行社必须按合同约定向旅游者提供优质服务，不得降低服务标准。

3）制定落实和保障导游薪酬的措施，减少导游通过收取"人头费"等方式从游客身上谋利的行为。

4）根据旅游"淡旺季"的价格不同，适时制定和公布热点旅游线路的最低保护价格，同时对违规旅行社，在诚信旅行社评定上实行一票否决制。

资料来源： http://travel.sohu.com/20071107/n253108068.shtml（有删改）

从上述导读案例中可以看出，"零负团费"不仅反映出旅游市场秩序问题，更重要的是反映了旅游价格问题。因此，如何从旅游价格和旅游产品定价上分析"零负团费"产生的深层次原因，以采取符合市场经济规律的措施根治"零负团费"，通过学习本章内容来讨论解决上述问题。

第一节　旅游价格及其影响因素

一、旅游价格的概念及构成

1. 旅游价格的概念

在旅游经济活动中，食、住、行、游、购、娱诸需求是旅游者产生的必然需求。在商品经济条件下，这些需求的满足都要借助于交换活动来实现，而价格是交换活动进行的必要条件，旅游者通过支付给旅游经营者通过价格所标明的货币量才能得到需求的产品或服务，进而获得满足。饮食、住宿、交通、游览、购物、娱乐等产品的价格是否合理直接影响旅游者的消费质量和数量，影响旅游经营者的直接利益和旅游产业的合理发展。

旅游价格就是旅游者为满足旅游活动的需要而购买的旅游产品所支付的货币值，是旅游产品价值的货币表现。价值虽然是价格的本源，决定着价格的产生和存在，但它却不是决定价格的唯一因素，价值不能决定价格的特殊本质，即价格要反映价值、供求、币值三者变化的关系，这三要素变化的方向和程度是决定价格变化的数量界限。旅游价格是旅游产品的价值、旅游市场供求状况和当期币值综合变化的反映。

旅游产品是一种特殊形式的产品，既包括劳动的产物也包括非劳动产生的自然物，既包含有形物品也包含无形物品，是旅游者和旅游经营者在市场上交换的各种自然的、社会的、有形的和无形的产品及服务组合起来形成的旅游活动所需要的全部总和。所以，旅游产品是一个综合性的概念，由许多不同的产品与服务构成。旅游者在旅游活动中可以依据自己不同的需要采用不同的购买方式购买各自的旅游产品，这样就形成了旅游产品的内容各不相同的情况，旅游产品所表现出来的价格也就各不相同。不管这种购买是单项购买还是整体购买、一次性购买还是多次重复购买，旅游价格最终总是旅游者购买的旅游产品价值的货币表现。

2. 旅游价格的构成

由于旅游产品所具有的特性使得旅游价格有其特别的构成。因此，对旅游价格的构成我们可以从不同的角度进行分析。旅游价格的构成主要表现为按费用成本水平（即产品成本费用）、旅游服务质量，以及旅游地域和旅游时间等方面组合成的多种价格的结合体。

从旅游价格的本质上进行分析，旅游价格则是由成本和盈利两部分构成的。成本是旅游经营者进行旅游产品"生产"时所消耗的所有费用，包含两部分内容：一部分是物化劳动的耗费，即原有物资设备和原材料消耗部分的价值转移；另一部分是旅游行业职工新创造价值中用来补偿其生活资料消耗的部分，即旅游业职工的工资部分。盈利则是旅游价格扣除成本的剩余部分，是旅游业职工活劳动新创造价值中扣除其必要劳动耗费部分的余额，它包括向政府交纳的税金、贷款利息、保险费用和旅游产品经营者的利润。这种分析角度适用于对单项旅游产品的价格分析。

在现实中，旅游者所面对的旅游价格可能是由多种单项旅游产品构成的复合旅游产品的价格。这种复合旅游产品的总价格由各个单项旅游产品的单价之和加上旅行社的成本及盈利构成。对于国际旅游者来说，旅游产品的总价格由三部分构成：一是旅游客源国或地区至旅游目的地国家或地区的往返交通费用；二是旅游目的地国家或地区所提供的旅游产品的价格；三是旅行社的成本及盈利。在我国旅游市场上，一般认为旅游价格由综合服务费和专项附加费构成：旅游综合服务费包括交通费、住宿费、餐费、景点门票费、导游服务费，旅游意外保险费，以及其他旅游过程中要发生的直接费用；专项附加费包含汽车超公里费、游江游湖费、风味餐费、专业活动费、责任保险费，以及不可预见的费用等。

二、旅游价格的分类与特点

1. 旅游价格的分类

根据不同的标准和角度，旅游价格可以进行以下不同的分类：

（1）按旅游者购买旅游产品的方式划分

在现实生活中，旅游者可以根据自己的需要选择不同的购买方式。依据旅游者购买旅游产品的内容和方式不同，旅游价格区分为单项旅游价格、旅游目的地统包价格和小包价格。

如果旅游者是按零星购买的方式进行旅游活动，旅游价格就是按每一单位购买价格支付的，这种价格称之为单项价格。这种单项价格也就是一个时期内不同旅游经营者所规定的价格，如客房价格、餐食价格、机票价格、游览点的门票价格等。近年来，随着旅游业的发展，自助游越来越受以青年人为代表的部分旅游者的喜爱。这部分旅游者依据自己的旅游经验，由自己决定出游线路来游览景点，以单项价格自己进行旅游产品的采购。

在大部分情况下，相当数量的旅游者选择的是旅行团的团队出行方式，即按一次性购买的方式进行旅游活动，按照统包价格的方式支付，这种价格也称之为旅游统包价。旅游目的地的统包价格是旅游者在旅游活动中的基本需求产品部分的价格加上旅行社一定比例的盈利。

所谓的小包价就是旅游者购买部分的旅游产品包括交通和预定的劳务所支付的价格。

随着旅游活动的不断发展和游客旅游方式的变化，旅游价格形式也出现了一些变化，传统的统包价格大有被日益兴起的单项购买价或小包价所取代的趋势，越来越多的旅游者趋向于只含机票和饭店的包价，使旅游价格出现多种形式并存的局面。这种现象随着时间的推移正被越来越多的旅游消费者所接受。

（2）按旅游者对旅游产品的需求程度划分

无论是国内旅游者还是国际旅游者，他们的旅游动机存在区别，对旅游的需求也是各不相同，因此，对旅游产品的需求也有明显的不同。但从需求程度来看，多样化的需求中包含绝大多数旅游活动中都具有的需求和并非必不可少的个性化需求。据此，可以将旅游价格分为基本旅游价格和非基本旅游价格。

基本旅游价格是旅游者在旅游活动中必不可少的旅游价格，如住宿价格、餐饮价格、交通价格、娱乐价格等。基本旅游价格是旅游经营者为旅游者的旅游活动提供基本服务的收费标准，缺少这种基本服务会使旅游者的旅游活动无法进行。基本旅游价格的高低直接关系到客源数量，因而合理确定这部分旅游价格是极为重要的。

非基本旅游价格是旅游活动中并非每个旅游者都必需的旅游价格，如购物价格、医疗服务价格、邮电服务价格等。这些旅游价格虽然不直接影响旅游活动的进行，但是由于不同旅游消费者需求有别，因而制定合理的非基本旅游价格可以在一定程度上增加旅游消费需求，提高旅游收入。非基本旅游价格可由旅游者自行选择零星购买，可不包含在统包价格之中。

（3）按旅游产品内容划分

由于旅游产品是一种综合性产品，不同的旅游产品可能存在很大的不同。因此按其价格形成与价值的关系不同，通常将旅游价格分为一般旅游价格和特种旅游价格。一般旅游价格是指以价值为基础的旅游价格，如餐饮价格、住宿价格、交通运输价格、日常生活用品价格等。这些旅游产品与国民经济的其他相关行业和部门的产品具有明显的替代性。

特种旅游价格是指价格较大程度背离价值的旅游价格，如旅游购物中的高档工艺品、古董、字画、名人故居或名人居住过的酒店客房价格，以及具有唯一性或垄断性的旅游景点的价格等。这些旅游产品的价格一般不受成本高低的影响，主要取决于旅游市场上旅游者的供求关系。

（4）按经营业务范围进行划分

从旅游产品经营的角度来看，旅游产品价格由成本和盈利两部分构成，成本是指生产费用，盈利是指旅游从业人员新创造的价值部分。从旅游产品经营的角度可以将旅游价格分为旅游产品经营者价格、旅游目的地接待价格和旅行社销售价格。

旅游产品经营者价格是指各类旅游服务提供企业直接向旅游者销售旅游产品的价格，如酒店价格、航空公司价格、景点门票价格等。

旅游目的地接待价格是指一个国家或地区通过各类旅行社或其他组织接待外国或外地旅游者所应收的全部费用。它等于旅游目的地国家或地区所有单项价格及旅行社经营收入之和。

旅行社销售价格是指旅行社组织一次到某旅游目的地国家或地区进行旅游活动而向旅游者销售的价格。它主要包括往返交通费用、旅游目的地国家或地区的旅游价格和旅行社的营业收入三个部分。

2. 旅游价格的特点

旅游价格是旅游产品价值的货币表现，因此旅游价格应该反映产品的特性。由于旅游产品具有不同于一般产品的特殊性，因而决定了旅游价格也具有其自身的特点，这些特点概括起来有以下三点：

（1）旅游价格的综合性

旅游价格的综合性是由旅游产品的综合性决定的。现代旅游活动是一种综合的社会、经济活动，要满足旅游者物质生活和精神生活等多方面的需求，因此旅游产品的内容也必须是丰富多彩的。旅游产品的综合性主要表现在两个方面：第一，它是由多种资源（自然资源、人文资源）、设施和服务构成的组合型产品；第二，旅游产品供给方是由众多部门和行业组成的综合体。产品的综合性必然使价格也带有综合性的特点。同时，由于旅游产品的供给方分属不同的行业和部门，旅游价格的综合性还反映出必须把各种要素有机组合起来，使之相互协调、合理组合成可供销售和消费的旅游产品，这样旅游价格还具有协调和组织各有关部门的产品要素的功能。

（2）旅游价格的季节性

旅游产品与一般商品不同，它的主体内容是旅游服务，旅游产品的生产和消费过程无法分离，既不能运输，也无法储存。旅游产品的价值不是凝结在具体的实物上，而是凝结在服务之中，只有当旅游者消费各种旅游服务时，其价值才真正得以实现。同时，旅游服务又必须在旅游资源和基础设施的基础上才能进行。因此，旅游资源所具有的季节性也成为旅游活动的特性之一。

由于旅游活动具有较明显的季节性，在不同的旅游季节里，旅游者的消费数量有着较大的差异，存在淡季和旺季的不同。为了提高旅游产品的销售量，旅游经营者往往采取营销的手段来刺激旅游消费，吸引旅游者，价格是最为常用的调节手段。这就导致旅游价格不可避免地带有季节性的特点。在旅游淡季，旅游者数量减少，为使不能储存的旅游产品销售出去，必须实行季节差价，即淡季降低价格销售，甚至有时以低于成本的价格销售；当旅游旺季到来时，旅游企业就会适当提价以控制无法满足的需求量。

（3）旅游价格的垄断性

旅游活动的进行依赖于旅游资源，而旅游资源的核心是对旅游者的吸引力。成为旅游资源有两个条件：第一，能够让旅游者在物质和精神上得到满足；第二，对旅游业具有一定的文化、经济、社会价值，能够产生经济效益和社会效益。

由于文物、古迹、名胜、风景、风情、民俗等不同于一般商品，其价值是很难用投入的劳动量的大小来衡量的，不仅不会因为磨损而丧失，相反，随着时间的流逝反而会越来越高。这是因为创造这种价值的古代劳动，既不可能再产生，又不可能用现代劳动创造出无法弥补的历史价值，因而在价格上表现为一种垄断。旅游产品中的自然条件也不包含人类劳动的因素，因而也没有价值可言，但它作为旅游产品中不可缺少的自然基础，仍具有价值，这是因为它的垄断性。所以旅游产品由于独特的、历史的、社会的、自然的因素而使其价值具有垄断性的特点。

三、旅游价格的影响因素

旅游价格受到许多因素的影响，既有供求关系、竞争状况、目的地国家或地区的政策、汇率变动、通货膨胀程度等宏观方面的，也包括旅游产品成本、产品特色、产品定价目标等微观因素。根据旅游企业的可控程度可分为两大类：

1. 旅游价格形成的可控因素

（1）旅游产品成本

旅游产品在生产与流通过程中消耗的物化劳动和活劳动构成了旅游产品的成本。为了保证再生产的实现，通过销售，企业既要收回成本，同时也要有一定的盈利，所以产品的成本是旅游企业在正常环境中定价的最低点。在市场竞争中，旅游产品成本低的企业，对于价格制定拥有主动性，处于有利地位，能获得较好的经济效益。因此，旅游企业一般通过各种努力降低旅游产品成本。

（2）旅游产品特色

旅游产品特色形成了具体旅游产品的稀缺性，甚至是垄断性。它可以是产品的造型、质量、功能、服务、品牌等属性中的任意部分或全部。它反映了旅游产品对旅游者的吸引力。旅游产品的特色可能是以旅游资源的独特性为基础的，也可以由旅游产品提供者通过市场营销策略的运用形成。旅游产品成为名牌产品、时尚产品、高档产品或特殊产品，对消费者会产生较强的吸引力。消费者不仅对该产品满意而且还会期望通过拥有这种产品或享受这种服务来进行炫耀。如"不到长城非好汉"这种概念得到旅游者的认同，使长城旅游显得不同寻常。

（3）旅游产品的定价目标

定价目标规定了旅游企业定价的目的与水平，旅游经营者在制定旅游价格时，受到定价目标的制约，旅游产品的价格必须服从定价目标，以便有利于更好地实现目标。

（4）旅游企业的营销能力

旅游企业的营销能力包括营销渠道的宽度和开展促销活动的能力。在定价中，旅游企业自身的营销能力也很重要，营销能力强的企业，有利于在既定价格水平下更好地完成销售任务，所以营销能力强的企业在定价中具有较大的自由性和竞争力。

2. 旅游价格形成的不可控因素

（1）旅游市场供求因素

旅游市场中的供求关系不以人们的意志为转移，是旅游企业的不可控因素，且旅游市场又是一个十分敏感的市场。旅游产品的不同价格是适应供求变动的体现。所以供求关系对旅游产品价格的确定极具影响。当供过于求时，旅游价格只体现旅游企业生存的目标；当供不应求时，旅游价格可以体现旅游企业利润最大化的目标。

（2）旅游市场竞争因素

在市场经济条件下，旅游市场中的竞争情况对价格有着巨大的影响。因为任何一次价格的制定与调整都会引起竞争者的关注，并导致竞争者采取相应的对策。在市场竞争中，竞争力强的企业有较大的定价自由，而竞争力弱的企业不能主动地为自己的产品定价。

（3）汇率因素

在国际旅游中，一个国家或地区的旅游者到另一个国家或地区去旅游，到达目的地的第一件事是将本国货币兑换成旅游目的地国家或地区的货币。汇率就是两种不同货币之间的比价，即一种货币单位用另一种货币单位所表示的价格，也称汇价。在世界经济格局不断变化的现实中，汇率也处于不断变化之中。汇率水平的变化，不仅关系到一个国家或地区的对外贸易，而且也影响到旅游产品的价格。汇率与旅游价格的关系是相当密切的。它们之间的联动关系主要表现在当本币汇率下跌时，旅游价格又是以外币报价的，旅游产品的价格一定与币值不符。如当人民币与美元的汇率下降时，若旅游价格是以美元报价的，而此时的旅游产品的价格与币值是不相符的，现在实际的客房价格将低于原来所报价格。当人民币汇率上升时，情况则相反。

对旅游企业来讲，汇率的波动必然会影响到旅游产品的销售量，进而对旅游企业收入、利润等造成影响。当本币汇率下跌、旅游价格实际降低时，旅游产品竞争力上升，从而能够吸引更多的旅游者，使产品销售额增加。但是另一方面，旅游企业的换汇成本、生产成本也上升，又会使盈利减少。其中的关键是旅游产品的汇率弹性的大小。因此，旅游企业必须首先对本企业产品的弹性特征有所把握，才能判断汇率、价格波动对本企业是有利的还是不利的。认识汇率和旅游价格的关系，是旅游企业面对国际市场有效使用价格手段规避汇率风险的基础。

（4）通货膨胀

旅游价格与国家的通货膨胀率有着直接的联系。在其他条件不变的情况下，旅游目的地国家或地区的通货膨胀率高，旅游价格就高；反之，通货膨胀率低，旅游价格就低。

我国的旅游产品供给经过近年的发展已达到一定的规模，我国的旅游市场也由卖方市场发展为买方市场。在旅游产品供大于求的情况下，供给成本的高低成为制约旅游价格的一项主要因素。而供给成本的高低又主要取决于国内物价水平。

（5）旅游目的地国家或地区的政策

旅游价格不仅以价值为基础，而且还受旅游目的地国家或地区的政策影响。旅游目的地国家或地区为了保证一定时期经济发展战略目标的实现，制定了一系列的经济政策。其中，旅游价格政策就是政府经济政策中的一个重要组成，它体现了各项经济政策对旅游价格形成的基本要求。各种经济、政治因素对价格形成的影响，最终都要通过价格政策反映出来。

不同的国家或地区在不同的经济发展形势下，所实行的旅游价格政策也是不同的。这是由一定时期一个国家或地区经济发展的总目标和政府对旅游业的态度决定的。如我国改革开放前就把旅游业的活动看成外事活动的一部分，看重的是它的政治功能，而不是一项产业，因此在价格政策上不考虑成本和经济效益，而实行低价政策，不仅不符合价值规律，而且也背离了供求规律。改革开放以后，特别是自1986年以后，国家把旅游业的发展纳入到国民经济和社会发展计划之中，真正把旅游作为一项产业来对待，从而在旅游价格政策上也发生了变化。强调要符合经济规律，实行按质论价，同质同价，优质优价，劣质低价，通过价格杠杆的运用创造更多的外汇收入。总之，旅游价格的制定，总是以能达到一定时期一个国家或地区及旅游企业的一定目标的旅游价格政策为转移的。

（6）旅游替代品价格

从旅游产品内部看，旅游产品是一项综合产品，其内部是由分别满足旅游者不同需求的各个部分组成的，各个组成部分都有许多要素可以满足旅游者同一方面的需求，它们之间便是一种互相替代的关系，也是一种竞争的关系。此外，从总体看，旅游产品外部还存在大量的精神和物质产品，用于满足人们高层次的需求，旅游产品与社会上其他高档消费品，如汽车、别墅、歌剧欣赏等之间也存在着替代关系。既然是替代关系，替代品价格发生变化势必影响相关旅游产品的价格。外部的精神和物质产品价格上升了，那么消费者有可能消费更多的旅游产品；当其他外部替代消费品价格下降了，那么消费者在旅游产品方面的消费就有可能减少。总之，替代品价格的变化会对旅游产品需求乃至价格带来影响。因此，在制定或调整旅游价格时，要密切注意替代品价格的高低，从而合理制定旅游产品的价格，争取更多的客源，创造更大的效益。

第二节　旅游价格机制与体系

一、旅游价格机制

1. 旅游产品的价值量决定供给价格

价格是价值的货币表现，价值是价格的基础，这是对价格本质的高度概括。商品是使用价值和价值的统一体。旅游产品无论是物质产品还是服务产品，同样具有使用价值和价值，具有一定的价值量，而价值量的大小也是由劳动者所支出的社会必要劳动时间决定的。

在不同的社会或同一社会的不同发展阶段，由于社会经济发展水平不同，劳动生产率差异较大。所以，生产同一旅游产品所必需的社会必要劳动时间也不同。在劳动生产率较高的国家或地区，生产同一旅游产品所需的必要劳动耗费相对较少，从而产品中蕴含或代表的价值就低，产品价格相对较低，反之产品价格就高。对于旅游企业来讲，个别劳动耗费是高低不等的，有的低于社会必要劳动耗费，有的高于社会必要劳动耗费。前者按社会必要劳动时间所决定的供给价格出售产品，不仅可以得到应得的利润，甚至还可以得到一部分超额利润；而后者不仅得不到应得的利润，反而还要亏损。因此，在决定价值量的同一尺度面前往往反映出不同旅游企业的经营状况，这有利于促使旅游企业不断改善经营管理，降低消耗，尽可能使本企业的个别劳动耗费等于或低于社会必要劳动耗费，扩大企业的利润空间，并促进旅游业的发展。

2. 旅游产品供求关系决定需求价格

价值是价格形成的基础，但是价格作为交换范畴受到市场供求关系的影响。供求与价格两者互为作用，供求状况影响着价格的变动；反过来，价格的高低又调节着供求关系。在产品价值一定的情况下，旅游产品供求关系的变化是影响旅游价格的最重要的因素。一般来说，当旅游产品供过于求时，需求价格会下降；反之，会上升。

旅游消费带有明显的季节性，因而带来了较为尖锐的供求矛盾。影响旅游供求关系的因素比较多，有政治的、自然的、社会的、经济的、心理的等，其中某一个因素发生变化都可能导致供求关系的变化。此外，由于旅游供给与旅游需求的弹性各不相同，旅游供给弹性较小，旅游需求弹性较大。旅游需求的常变性和旅游供给的稳定性以及旅游活动的季节性，使得旅游供给与需求的矛盾相对其他行业更尖锐、更突出。这种供求之间的矛盾运动正是旅游产品季节差价的主要依据所在。当旅游产品供不应求的旺季到来时，旅游需求大增，旅游产品的消费者愿意支付较高价格以实现旅游消费，从而使需求价格上升；当旅游产品供过于求的淡季到来时，旅游需求减少，供给相对过剩，旅游产品经营者为了将不能储存的过剩产品销售出去，便通过降价的方法来吸引旅游者，旅游者也愿以较低的价格完成旅游消费，以达到节约费用而又体验旅游活动的目的，从而使需求价格下降。

3. 旅游市场竞争状况决定市场成交价格

旅游市场竞争是指在商品经济条件下旅游产品经营者之间、旅游消费者之间以及旅游经营者与旅游消费者之间为了获得经济利益，在市场上进行的抗衡或较量。这种抗衡或较量存在于商品经济的各个方面和全过程。在旅游市场上，竞争规律同样发挥着作用，同样也决定了市场成交价格。

1）旅游经营者之间的竞争。生产同种旅游产品的不同经营者之间为了尽快将产品销售出去而展开激烈的竞争。如果某旅游经营者在市场上价格定得过高，其他经营者则会以较低的价格销售，以便从销售量的扩大中实现利润的增加，这就迫使定价高的经营者降低价格。旅游经营者之间竞争的最后结果就是使旅游市场上成交价格在较低的价位上徘徊。

2）旅游消费者之间的竞争。当旅游市场上某种旅游产品供应量限定的情况下，旅游消费者为了尽快购买并消费所需的旅游产品，往往不顾及价格的高低。这对旅游经营者来说是求之不得的好事。如果旅游者只愿出低价购买，那么交易肯定不会成功。旅游需求者之间竞争的最后结果就是使得市场成交价格在较高的价位上实现。

3）旅游经营者与旅游消费者之间的竞争。旅游经营者总是想方设法地提高产品价格，而消费者总想低价购买，双方产生永恒的矛盾。竞争中哪一方的力量更强，价格就会向哪一方倾斜。如果在市场上消费者的力量更强大，则最后成交价格向下倾斜；如果在市场上供给者的力量更强大，则最后成交价格向上倾斜，分别体现在卖方与买方市场中。

二、旅游价格体系

旅游产品众多的构成要素使得旅游价格不仅类型多样，而且纷繁复杂。各种旅游价格之间相互联系、相互制约，存在着一定的联系。

所谓旅游价格体系就是指各种旅游价格之间相互制约的比例关系的总和，是有机的统一体。从价格学的角度看，价格体系一般分为两个体系，即比价体系和差价体系。旅游价格体系的科学性和合理化实质上就是旅游价格之间的比例关系的科学与合理。具体地说，旅游价格的比例关系主要有旅游产品的比价、旅游产品的差价和旅游产品的优惠价。

1. 旅游产品的比价

旅游产品的比价通常指不同旅游产品之间在价格上的比较关系。因为生产不同的旅游产品所耗费的社会劳动量是不同的，因此它们所体现的价值量也是不同的。简言之，旅游产品的比价即旅游产品价值量的比例关系。

旅游产品的比价一般分为两类：一类是具有互补关系的旅游产品之间的比价关系，如旅游产品中食、住、行、购、游、娱之间的比价关系，这些旅游产品的比价合理化的前提是各类旅游产品之间质量、档次、数量和比例上的相互对应和一致；另一类是具有替代关系的旅游产品之间的比价关系，如商务酒店、汽车旅馆、度假酒店、乡村旅店之间的比价关系，这类旅游产品的比价是在遵循价值决定价格规律的基础上，重点考虑旅游市场的供求和产品特色。

2. 旅游产品的差价

旅游产品的差价是指同种旅游产品由购销环节、购销地区、购销季节以及旅游产品质量不同等原因引起的价格差异。

旅游产品差价与其他商品差价一样，都是客观存在的，是旅游产品价值的实现所要求的。通常旅游产品差价的大小决定着旅游价格水平的高低，并影响到旅游者和旅游经营者的经济利益。在旅游经济活动中，旅游差价主要包括以下几种类型：

（1）批零差价

批零差价是指同种旅游产品在同一市场、同一时间批发价格与零售价格的差额，即发生在旅游批发商与旅游零售商之间的差价。根据对旅游经济活动的实际考察，我们不难发现旅游批零差价实际上有两种情况：第一种是旅游零售商在批发价格的基础上加上一定的差额而形成的零售价。其中的差额就是旅游零售商一定份额的佣金，即旅游产品的批零差价。第二种是旅游批发商直接制定旅游产品的零售价。旅游零售商经销这种旅游产品的收入是从零售价中获取一定比例的回扣。这部分用百分比计算的回扣金额就是旅游零售价和旅游批发价的差额。不过，无论是哪一种情况，旅游产品批零差价总是由旅游零售商的费用、税金和利润构成的。

简单地分析一下：旅游批发商主要负责旅游产品的"制造"，即旅游线路的设计与安排。旅游零售商从批发商那里购进旅游产品再销售给旅游者，在这个过程中，零售商需耗用一定的费用，还要交纳税金，取得合理的利润，所有这些都必须加到零售商的购买价中。所以，批零差价是零售价高于零售商购买价（即批发进价）的部分。诚然，有些旅游批发商一身兼二任，既搞批发又搞零售，但这并不能改变批零差价的存在。另一种是发生在旅行社与旅游产品经营者之间。在旅游市场上，有的经营者经营各种单项旅游产品，如饭店、航空公司、出租车公司、旅游景点等，往往既有一定时期的正式公布的牌价，又有旅行社价格。由于旅行社对各旅游产品的购买总是批量的，因此各旅游经营者对旅行社的购买采取价格折扣方式，在明码实价基础上给予一定的折扣，这种价格上的差异实质上是旅游批零差价的体现。

旅游批零差价的存在是社会分工的必然结果，是促进商业销售的有力手段。在现代旅游购销活动中，旅游产品的销售更多是通过中间商来实现的。旅游产品的销售每经过一个环节都为其旅游产品销售投入了一定量的劳动，都需要一定的价值补偿，从而形成了旅游产品的批零差价。对旅游批发商或旅游产品经营者来说，虽然批零差价会使单位旅游产品收入减少，但由于是批量销售，可以减少销售和推销费用，因此仍有利可图。而对旅游零售商或旅行社来说，每多招徕一个旅游者，就多一份收入。因此，旅游批零差价的存在有利于刺激旅游批发商与零售商两方面的积极性，有利于旅游收入的增加。随着现代社会分工的不断深化，旅游产品的零售网络已成为旅游经济运行的重要环节，从而推动旅游产品批零差价的形成和合理发展。

（2）地区差价

旅游地区差价是指不同地区的同种旅游产品在同一时间销售价格差额，它主要反映了旅游产品在空间上购买和销售的价格差别。

旅游业地区发展的不平衡是客观规律，不同地区的旅游资源、旅游设施和服务水平会表现出较大的差别。不同地区经济发展水平和劳动生产率不同，旅游资源的吸引力不同，提供同种旅游产品耗费的劳动量不同，所以形成了旅游价格上的差别。

在我国，有些地区旅游资源少、没有特色，设备设施条件较差，对旅游者缺乏吸引力，成为旅游"冷点"；反之，某些地区具有丰富的、极具特色的旅游资源，又具备现代化的旅游设施和高水平的旅游服务，从而形成旅游"热点"。旅游冷热点对旅游者具有不同的吸引力，导致了旅游需求上的差异，这种差异反映在价格上便是旅游地区差价。旅游"热点"地区的旅游价格要高些，旅游"冷点"地区的旅游价格要低些。因此，同样的五星级饭店产品，在"热点"旅游目的地的价格比在"冷点"旅游目的地的价格要高得多。同理，不同吸引力的旅游风景不仅在旅游者的数量上有差别，而且在景点价格上也有明显的差异。

不同旅游地区的地区差价，对促进不同地区旅游业的发展起到了积极作用，由于可以利用地区差价来调节不同地区间的游客流量，起到平衡各地区旅游业经济效益的目的。

（3）季节差价

旅游季节差价是指同一旅游产品由于销售季节不同而形成的价格差额，其主要反映了旅游产品在时间上购买和销售的价格差别。旅游活动受季节的影响很大。旅游季节一方面是按一年中的寒暑气候变化划分。例如，在北半球各地区的冬季比较寒冷，这种气候会给一般旅游活动带来极大的不便，造成旅游需求减少，形成旅游淡季。反之，进入春季以后，风和日丽，晴空万里，旅游需求大增，形成旅游旺季。另一方面依据的是社会因素，如传统节日、假日等进行划分。例如，虽然冬季气候寒冷，但在西方国家、东南亚一些国家和我国，却正处在圣诞节和春节期间，正是探亲访友、欢度佳节、观光旅游的兴旺时期。甚至西方国家在周末至周一的两三天中也是旅游的小高峰，也构成了旅游旺季。

在我国，旅游季节可以区分为淡季、平季和旺季。采取旅游季节差价策略可以调节旅游淡旺季不平衡的供求关系，通过平衡淡旺季的旅游价格来达到淡季不淡、旺季不过分旺的目的，促进旅游产品价值的实现，为旅游者提供美好的旅游经历，也使旅游经营者的经济效益达到相对的平衡。

（4）质量差价

旅游质量差价是指同种旅游产品在同一市场上由于质量不同而产生的价格差额。对旅游产品而言，无论是有形产品，还是无形服务，都存在一个质量高低的问题。如不同星级饭店有不同的服务质量，不同等级的旅游景点有不同的特色和服务，不同的飞机座舱（头等舱、经济舱等）服务也有很大的差别。正是由于各类旅游产品质量上的差异，导致满足旅游者需求程度的不一致。因此，为了符合按质论价、优质优价这一价值规律的客观要求，采取合理的旅游质量差价不仅有利于保护旅游者的合法权利，使支出的价格与得到的满足相一致，而且还可以促使旅游产品经营者努力改进经营管理，不断扩大旅游服务项目，提高服务质量，提高经济效益。

3. 旅游产品的优惠价

旅游产品的优惠价是旅游产品经营者在明码公布的旅游价格基础上，根据市场经济规律和旅游行业惯例，对不同旅游消费者给予一定比例的折扣或优惠的价格。它实质上还是一种旅游差价，但旅游优惠价并不一定表现在价格上面，有时还表现为实物或服务上。例如，航空公司通常对团体旅游实行每16个人可以免票一张的优待。饭店对大型旅游团和会议旅游也实行价格优惠。旅游优惠价有如下四种类别：

（1）同业优惠价

所谓同业优惠价是旅游行业内部各类旅游企业之间相互提供旅游产品所给予的价格。由于在现代社会中，同行业相关企业间由分工协作而带来的业务上的关系非常密切，为了保持业务合作的愉快和顺利，相互之间给予一定的价格优惠，从而实现稳定客源、增加利润的目的。这种优惠既有统一规定的，也有自定的或协商的。例如，旅游批发商给予旅游零售商的优惠价、航空公司对旅行社和饭店的优惠价、饭店对旅行社和航空公司的优惠价等。

（2）销售优惠价

所谓销售优惠价是根据规模经济的规律性，依据购买旅游产品数量的多少而实行的优惠价，即游客数量越大则优惠越多。

销售优惠价可以分成两种：第一种是累计折扣优惠价，即在规定时间内同一旅游者累计购买旅游产品或服务的数量超过供给者规定的数额时，可以获得一定的折扣优惠价。这种优惠策略可以有利于稳定客源渠道，保持旅游人数的稳定增长。第二种是非累计折扣优惠价，即规定旅游者每次达到一定的购买数量或购买多种旅游产品达到一定金额时所给予的价格折扣。这种优惠价格能够鼓励和刺激旅游消费者选择更多内容的旅游产品，扩大产品的购买量，同时可以减少交易成本。

（3）现金优惠价

为了鼓励旅游者以现金付款或提前付款而给予旅游者一定折扣的优惠。这种办法在某种程度上还有利于旅游企业三角债务的解决，加快资金周转、减少资金的占用等。

（4）回头客优惠

旅游经营者为了稳定、巩固已有的客源市场，对非首次消费的老顾客给予一定的折扣优惠。

无论采用哪种优惠形式，其目的都在于建立旅游企业与旅游者之间长期固定的买卖关系，刺激消费者多购买，从而达到扩大销售、增加利润的目的。作为一种有效的推销手段，旅游优惠价对占领市场、增强竞争力具有一定的积极作用。

◆阅读资料 5–1◆

欧洲迪士尼初期经营的困难

迪士尼（Disney）乐园是美国好莱坞著名动画片大师和制作家华特·迪士尼（Walt Disney，又译沃尔特·迪士尼）设计创立的，并以他的名字命名的。迪士尼乐园是一座主题乐园，主要由美国大街、冒险乐园、新奥尔良广场、熊的世界、幻想奇境、边境地界和明日世界等七大游区组成，其项目之丰富、技术手段之奇巧、规模之宏伟、设计之独特，无不令人眼花缭乱。美国本土的迪士尼、日本的迪士尼和欧洲的迪士尼（Euro Disney）现已成为全球最具魅力的主题乐园。但是，迪士尼的经营者在取得骄人业绩的背后也有失败的教训，其中之一就是欧洲迪士尼（法国）乐园价格策略的失败。

欧洲迪士尼的经营者在经营初期认为，其欧洲的竞争对手无法与迪士尼的声望和规模相比拟，所以把门票价格定得比竞争对手高了两倍，并且很少进行价格优惠和季节性的调整。他们还假设游客在欧洲迪士尼的二次消费水平会和美国迪士尼相当。但是和大多数美国人开车到乐园游玩的情况不同，欧洲旅游市场上长途客车和旅游经营商担任着重要的角色，欧洲迪士尼没有认识到这一点，因而很少在定价、订票系统上做出让步。

事实上，法郎对其他欧洲货币汇率的变化以及全欧洲范围内的经济衰退，使得欧洲迪士尼的门票价格显得异常昂贵。人们发现，去欧洲迪士尼并不比去佛罗里达（Florida）游览迪士尼的包价旅游便宜多少，而欧洲迪士尼还无法和佛罗里达迷人的气候相比拟。另外，昂贵的门票使得游客往往不太乐意再花太多的钱在食物、纪念品和其他商品上，人们宁愿步行很长一段距离到停车场野餐，也不愿意在乐园里的餐厅就餐，人们害怕餐厅的食物会像门票一样的贵。这样，游客二次消费比他们估计的低了 25%，加之游客数量较少，导致了欧洲迪士尼乐园初期经营严重的困难。

资料来源：根据冷梅的《漫游世界——美国》、屈云波的《旅游业营销》整理

三、旅游产品定价程序

旅游产品的价格确定是建立在科学基础上的，必须遵守一定的程序和步骤。一般来说，旅游产品定价可按七个步骤进行：

1. 评估目标市场的购买力及倾向

目标市场是旅游企业经营的空间和获得预期利润的来源，目标市场的大小及购买倾向就成为企业定价的前提条件。因此，旅游企业通过对目标市场的评估，可以从中发现旅游者的现实需求有多少，了解到旅游者对旅游产品的价值理解程度和价格承受能力大小，并从深层次上发掘旅游者的潜在需要及消费变化的可能，以便采取主动、灵活的价格策略，引导目标市场的成长。因而对目标市场购买力的评估，除了了解旅游者的总收入、纯收入外，更重要的是掌握旅游者可自由支配收入和可能用于旅游产品购买的比例，以及促进其旅游活动形成的其他费用来源，还要了解目标市场中的旅游者对旅游产品的喜爱程度和兴趣转移的可能，以及对价格的敏感性、所接受的非价格竞争方式等。评估目标市场购买力及倾向的方法主要有问卷调查法、面对面交谈法和专家意见法。

2. 估测旅游企业的产品或服务的成本及结构

通过评估目标市场购买力，就可以确定旅游产品供给的总量和价格的上限，进而对企业单位产品成本估测就可以寻找企业可以支撑的价格下限，从而使企业明确产品价格灵活变动的允许范围。对单位旅游产品成本的分析，就可以找出其最佳规模时的最低成本，并从中看出旅游产品成本发展的趋向，从而为确定最佳的产品价格提供可靠的依据。

3. 了解旅游企业市场环境及变化

旅游市场营销环境包括宏观环境和微观环境，它客观地存在于旅游企业营销部门的周围，不以营销者的意志为转移，相反在一定程度上强制性地制约着旅游企业的营销行为。尤其是旅游企业面临的宏观环境，如人口因素、政治因素和法律因素、社会文化因素等在一定时空状态下都是确定的，旅游企业不可能按照自身的要求和意愿去改变它们，只能主动去适应它们，并根据其变化及时调整市场营销策略。事物发展存在优胜劣汰的自然规律，这对旅游企业与市场营销环境的关系而言同样适用，善于适应市场营销环境变化的旅游企业就能很好地生存和发展下去，而不能适应这种环境变化的旅游企业只能被市场淘汰。

4. 旅游价格的确定，还必须考虑企业内外环境要求及变化的可能

对于旅游企业内部而言，供货商的价格稳定性、供货时间衔接性和供货品种齐全性等，关系到旅游企业是否能顺利地控制原材料或者单项旅游产品采购成本，从而为产品成本奠定良好的基础。对外部环境而言，政府规定的最高限价是旅游企业制定价格的上限，国民收入水平、消费结构、产业结构、经济增长率、政府支出等经济环境因素的变化也会制约或促进旅游价格的升降；社会文化环境中旅游者购买行为标准、道德规范与禁忌、风俗习惯等，限制了旅游者对旅游产品购买的规模和倾向，事实上也就规定了旅游价格的高低。

5. 确定旅游企业的定价目标

目标市场购买力的大小、企业产品成本的高低和企业市场环境的走向决定了旅游企业定价的时间考虑、报酬取舍、市场占有率分析和防止竞争等目标的选择。一般可选择定价目标有：

（1）以反映并提高产品质量为主的定价目标

任何产品的质量都是产品价值的表现，是制定产品价格的基础。旅游价格反映旅游产品质量，做到质价相符，以吸引旅游者，扩大经营规模，降低经营成本，实现利润最大化。以反映并提高产品质量为主的定价目标具体包括以下三方面：

1）垄断性旅游产品的定价目标。由于旅游资源在一定的时空环境里具有一定的稀缺性，因此，由于对该旅游资源的开发而形成的旅游产品具有一定的垄断性，从而形成垄断价格的定价目标。这些旅游产品的定价目标可以通过制定高于其他旅游产品的垄断价格，以实现利润的最大化。

2）特色性旅游产品的定价目标。旅游产品的特色指的是旅游产品的某些特征、造型、质量、功能、服务、文化氛围及其组合具有其他旅游产品不具备的特征。特色鲜明的旅游产品不仅能够激发旅游者的消费动机，而且能够使旅游者获得精神体验和心理满足。例如金字塔、迪士尼乐园等都具有鲜明的特色，对旅游者的吸引力十分强大，因此，制定这些旅游产品的价格相应地比同类旅游产品的价格要高。

3）个性化旅游产品的定价目标。旅游已经成为一种大众化的活动，是人民大众不可缺少的一种生活方式。众多的旅游者有着不同的文化背景、个人素养、生活阅历，他们对旅游活动体验、心理感受和满意程度不一样，即便他们消费的是同一时间、同一场所的完全规范、标准的旅游服务，仍然有着不同的评价和体会。为了提高旅游者的满意度，旅游经营者应针对他们的个性化需求提供个性化的旅

游产品和服务，这就必须依据不同的旅游个性化产品制定不同的旅游价格。

（2）以保持并提高市场占有率为目标

市场占有率的高低是反映产品适应市场需求的程度、竞争实力的强弱、经营管理的好坏及价格决策合理与否的重要经济指标。旅游市场占有率是指旅游企业提供的旅游产品销量或旅游收入在同类产品的市场销售总量中所占的比重，它是旅游企业追求利润最大化的基础。旅游市场占有率高，增加利润的机会就越多，发展潜力也就越大。

1）主导旅游市场的定价目标。实力雄厚、规模较大的旅游企业在旅游市场中往往有较高的市场占有率，他们总是利用自己的竞争优势选择稳定的定价目标以确保自己在旅游市场上的地位和占有率。由于这些企业对旅游市场价格水平的主导性作用，中小旅游企业往往追随大企业的定价，这样旅游市场上的旅游价格往往不会发生大的波动。

2）渗透旅游市场的定价目标。旅游经济是一种典型的市场经济，每个旅游企业为不断提高他们的市场占有率，依赖自己的营销渠道，不惜降低自己的产品价格以求扩大市场份额，并配合各种分销渠道和促销策略，有效整合营销组合来广泛渗透和占领各类旅游市场，推动旅游产品的大量销售。

3）稳定旅游市场的定价目标。受到各种因素的影响，旅游企业的竞争一直十分激烈。现阶段我国旅游企业的经营行为在某种程度上讲是比较混乱的，尤其在旅游产品的价格上表现突出，如价格混乱无规无矩、削价竞争恶性循环、只求高价不问质量、价格死板等问题严重。

对所有旅游企业来说，占有市场的多少直接影响到企业经济效益的高低。虽然为了保持自己的市场占有率，只有采取随行就市、稳定市场的定价目标，产品的价格随着市场供应的情况发生波动是一种正常之举。但是在现实中，这样的策略会被滥用，最终导致旅游市场上价格的混乱，因而也影响到旅游市场占有的稳固性。所以，稳定旅游市场占有的定价目标的初衷是正确的，但这并不意味着削价竞争，从而破坏正常的旅游市场供求格局。稳定旅游市场占有的定价必须建立在有序的旅游业竞争环境中才能达到它的目标。

（3）以追求企业利润合理化为目标

利润的最大化是所有企业的追求，但是追求利润最大化肯定不是企业存在的唯一目标，旅游企业也不例外。从经营环境和经营条件的变化，或者从企业长远持续发展的角度看待利润问题，旅游企业应该并且只能追求利润的合理化。

1）追求利润最大化的定价目标。指旅游企业通过价格手段，在较短时期内获得最大限度利润的定价目标。它一般适用于旅游产品质量在一定时期内居于市场的领先地位，具有一定的垄断性，同时对旅游者的吸引力也很强等状况。在这种状况下，旅游企业通常会制定垄断价格（高价），旅游者也乐于接受，因此能以较快速度取得最大利润。

2）追求平均利润率的定价目标。指当旅游产品已经进入成熟期，或者该企业的产品没有垄断性或特色的情况下，往往以获取市场平均利润率为定价目标。具体地说，旅游企业根据游客招徕和接待计划，在总成本的基础上加上市场平均利润率来确定产品价格。

3）追求适当利润的定价目标。一旦旅游企业提供的旅游产品没有特色，市场竞争力较弱，在旅游市场上的占有率较小，他们唯一能够做的就是以适当削减利润为制定价格的目标，即制定低于市场均衡价格的产品价格，以薄利多销来提高产品的销量，最终增加利润总量。

4）追求盈亏平衡的定价目标。根据产品生命周期规律，旅游产品都会面临产品衰退、市场竞争力低下的问题，经营环境和条件也会出现不利的局面。此时旅游企业为了维持稳定和持续的发展，常常制定追求盈亏平衡的定价目标，以保证旅游产品的成本补偿，也为自身尽快开发投入新产品寻求、创造机会和条件，最终实现追求理想利润的目的。

（4）以符合市场行情为目标

在市场竞争的情况下确定旅游价格目标时还必须考虑竞争对手的市场行情，以免因同类旅游价格严重偏离市场行情而受旅游者的冷落。在国际旅游市场上，不同国家或地区的旅游吸引物各有特色，对提供同类旅游产品的不同国家或地区来说，竞争始终是激烈的。由于价格是影响旅游者选择旅游产品的重要因素，任何脱离市场行情的旅游价格都很难吸引旅游者。同时在国际旅游市场上，提供同类旅游产品所耗费的劳动量不同，不同的国家或地区劳动生产率和劳动强度不同，因而表现在价格上会高低不等。但国际旅游市场只承认一个标准，即国际价值，由此决定的价格是国际市场价格，各个国家或地区旅游价格应符合国际市场价格，即符合旅游市场行情，才能为旅游者所接受。

（5）以有助于市场其他推销因素为目标

作为旅游市场的调控因素，旅游价格虽然最活跃，但不是唯一的因素。在旅游产品销售中，旅游目的地或旅游企业还可依赖产品配置、促进销售和分销渠道等手段进行控制。这四大要素是一个相互配合、相互依赖、相互作用的有机整体。旅游价格的制定或变化要考虑到对其他三个因素的影响，应有利于其他因素作用的发挥，这样才能形成强有力的营销阵营，推动旅游产品更好地走向市场。

6. 选择定价方法和策略

由于旅游市场中竞争者的存在和旅游者具有各种各样、千差万别的需要以及价格因素的灵活性。旅游企业定价过程中还必须充分考虑到定价策略，要从竞争者和消费者的心理上、市场的差异上、需求的差别上等方面巧妙地进行定价工作。具体可选择的策略及方法本节的后续内容将会详细介绍。

7. 确定最终价格

通过上面所述的各个步骤，旅游企业可以制定出符合市场需求及内外部环境的合理价格，所确定的价格和其他市场营销策略的共同运用可以为企业带来利润与发展。

第三节　旅游价格的制定方法和策略

一、以成本为中心的价格策略及定价方法

旅游价格制定的策略是指旅游企业根据定价目标，结合内外部客观条件，为实现价格目标所采取的价格对策。它是旅游企业进行价格决策的指导思想和行动方针。不同的旅游价格目标，需要选择不

同的价格策略。

1. 以成本为中心的价格策略

以成本为中心的价格策略认为，成本是制定价格的依据。在成本的基础上，再根据旅游经营者的盈利目标，确定出合理的价格。

旅游企业成本是其在经营过程中所耗费的各种支出，而所有这些支出必须通过营业收入的实现得到补偿，否则旅游企业将无法继续经营。旅游企业在制定价格时，必须以成本为最低界限，避免亏损局面的出现，确保经营活动的成功。因此，以成本为中心的价格策略是旅游企业生存所必需的，是商品经济发展的客观要求。

2. 以成本为中心的定价方法

采取以成本为中心的定价策略有两种方法：一是总成本加成定价法，二是目标收益定价法。

（1）总成本加成定价法

这种方法又称加额定价法，它是根据产品成本，加成一定百分比，作为产品的价格。加成部分称为毛利，一般包括产品的营销费用、税金、预期利润等。成本加成率是以产品的周期阶段、产品的季节性和市场需求变化等情况作为调整的依据。这种定价方法简便易行，是各行各业普遍采用的一种定价形式，在旅游业的食品饮料定价中常被采用。

例如：某饭店为其销售的一道菜品定价，其成本为 25 元，饭店规定的成本加成率为 40%，则：

$$菜品价格 = 25 \times （1 + 40\%）= 35（元）$$

（2）目标收益定价法

目标收益定价法是根据旅游供给者在一定时期的预期利润，首先确定一个目标收益率，再根据要消耗的总成本和目标收益率确定产品的价格。其计算公式为：

$$单位产品价格 = \frac{总成本 + 目标利润}{预期销售量}$$

这种定价方法在饭店业中应用较广泛，如制定菜肴价格时使用的计划利润法，制定房价时使用的千分之一法。

$$平均每间客房的售价 = \frac{建造成本总额 \div 客房间数}{1\,000}$$

例如，某饭店有客房 150 间，饭店的总造价是 4 500 万元，则：

$$每间客房的价格 = \frac{45\,000\,000 \div 150}{1\,000} = 300（元/间）$$

饭店一般采用千分之一法是因为饭店建筑所需的资金一般占总投资的 60%～70%，这就使得造价与客房价格直接相关。人们通过对饭店经营的经验总结认为，如果客房价格为客房造价的千分之一，饭店就可以盈利。但是因为这种方法忽视了旅游目的地可能发生的地价、物价上涨等因素，用以前的建筑费用来计算现在的客房售价是不科学的。

（3）盈亏平衡定价法

这种方法又称保本定价法，指旅游企业根据产品的成本和估计销售量计算出产品的价格，使销售收入等于生产总成本。其计算公式为：

$$单位产品的价格 = 单位产品的变动成本 + \frac{固定成本总额}{估计销售量}$$

例如：某饭店有客房150间，每天应摊销的固定费用为30 000元，预计客房的出租率为80%，每间客房日平均变动成本为100元，不考虑税收的情况下则：

$$每间客房的售价 = 100 + \frac{30\,000元}{150间 \times 80\%} = 350（元/间）$$

盈亏平衡定价法是企业对各种定价方案进行比较选择的参考标准，以其他的方法制定出来的价格如果高于盈亏平衡价格，企业就可以盈利，反之则会亏损。

以成本为中心的价格策略虽然简便易行，但如果不考虑其他外界因素对价格的影响，会使制定出来的价格偏离市场需求，使旅游企业无法获得最佳利润。单纯以成本为中心的价格策略，反映了以产定销的经营思想，在旅游市场处于卖方市场的情况下是比较适合的。

二、以需求为中心的价格策略及定价方法

1. 以需求为中心的价格策略

旅游需求的大小是任何国家或地区旅游业发展的前提条件。客源即是财源，如果没有客源、没有需求，旅游业不仅无法存在，而且也不能发展。

旅游产品是无法储存的，旅游消费需求的下降意味着产品价值的损失，所以旅游价格的制定应该围绕需求这一中心。以需求为中心的价格策略，就是要以旅游者对旅游产品价值的认识和市场需求程度为依据，而不是单纯以产品的成本为依据来确定价格。虽然成本的补偿是旅游企业进行再经营的基础，但这也是建立在旅游产品能顺利销售出去的基础上的。只有旅游产品能顺利销售出去，成本才能得到补偿，利润才能得以实现。

除了产品本身因素外，实现旅游产品顺利销售的关键就是合理的价格。因此，旅游企业必须了解旅游者需要什么产品、旅游者的支付能力和对该产品所愿支付的价格，即以需求为中心确定价格。最为常见的是心理定价策略。

2. 以需求为中心的定价方法

采取以需求为中心的价格策略可以采用四种定价方法：

（1）理解价值定价法

所谓理解价值定价法是指以旅游者对旅游产品价值的理解和认识程度为依据来制定价格的方法。旅游者对每一种旅游产品都会有自己的一种评价或认识，当制定的价格与旅游者对该旅游产品价值的理解和认识相一致时，旅游者就能接受这一价格，反之就不接受。因此，旅游企业必须准确地测定该产品在游客心目中的价值水平，并以此为依据确定产品的价格，根据确定的价格估算能够销售的数量和能否产生理想的利润。如果该价格既能适应市场的需求，又能为企业带来利润，企业又有承受市场需求的能力，那么该价格就是合理的价格。例如，在以山区为主的景区中，位于山顶的商家销售的食品、饮料等商品会比位于山脚的商家出售的同样商品价格高出一些。价格的不同不是因为商品的成本和质量存在不同，是因为爬山前后的旅游者对商品的"价值"有不同的理解。

对旅游者所理解的价值做出正确的判断是采用理解价值定价法的关键。对旅游者所理解的价值估计过高，会使制定的价格偏高，影响销售量的扩大；估计过低，又会使制定的价格偏低，影响销售利润。所以，必须对目标市场进行深入细致的调查研究，以利于正确判断市场的理解价值。

（2）声望定价法

声望定价法就是有意识地通过将某些旅游产品的价格定得高些以此来提高这些旅游产品和企业的声望与档次的定价方法。其依据在于，有些消费者会把价格的高低作为产品档次与质量的标志，把购买高价产品视为提高身份与地位的一种手段，如高级商务旅游者的需求往往就是这样的。采用声望定价法时必须注意两点：一是旅游企业要有较高的社会声望，其旅游产品必须是优质的且具有长久保证的；二是旅游产品的价格不能超过旅游者的心理和经济的承受能力。例如某些旅游目的地拥有的特色产品，如瓷器，特色书画等。在特色产品销售中，对于名家所做的高档产品就可以采取声望定价法。

（3）区分需求定价法

区分需求定价法又称差别定价法，是指根据旅游者的需求程度和对产品价值的认识，对同一旅游产品制定两种或两种以上的价格。这种定价方法常见的有以下几种：

1）针对不同旅游者实行不同的价格。指对同一产品，在同一时间、地点，针对不同的人实行不同的价格。如同一饭店对散客、团体客人、家庭客人等实行不一视同仁的定价方法，利用价格手段去吸引各种类型的旅游者，满足不同旅游者的需求。例如，我国许多的景区对于内宾和外宾，门票的价格会有所不同。

2）针对不同的服务形式实行不同的价格。如对同样的餐食，由于提供用餐服务不同，餐厅用餐或送到客房用餐，价格是不同的。

3）针对不同地点实行不同的价格。在不同地点销售相同的产品或服务，虽然它们的效用和成本相同，但由于周围环境和气氛不同产生了不同的吸引力，旅游者的价值理解也不同，从而可以制定不同地区的差价。热点城市和冷点城市同一产品价格是不相同的。例如，旅游热点地区的星级酒店所制定的客房售价有可能高于冷点地区的同星级酒店。

4）针对不同的时间实行不同的价格。旅游企业可以在不同的季节、不同的日期、不同的钟点，实行不同的价格，如淡旺季价格的不同，旅馆在周初和周末，以及一天中上午和晚上价格也可以不同。

实行区分需求定价法必须是对能够细分的市场，并且在不同的细分市场上能反映出不同的需求强度；另外，还必须对目标市场上旅游者的旅游动机、心理和要求等进行经常的、细致的调查研究，以使区分需求定价更能满足不同旅游者的需求，而不致使旅游者反感。

实行区分需求定价法不仅可使旅游企业适应不同的市场需求，获取更大的利润，而且可以使旅游企业分散风险，均衡收入，防止因某一市场需求剧烈波动或竞争失败而带来过多的损失。

（4）心理定价法

心理定价法就是针对旅游者对旅游价格的心理反应来刺激旅游者更多地购买旅游产品的一种定价法。常见的心理定价法主要有以下几种：

1）尾数定价法。这是针对旅游者对旅游产品不同价格尾数的不同反应来制定价格的方法。一般比较适用价格较低的旅游产品，如旅游纪念品、旅游工艺品、旅游小商品或某些经济类菜食等。企业在定价时有意保留产品的几个分角尾数。例如，企业可以把3元一件的商品定价为2.99元或者2.95元。另外，针对旅游者购物时求吉利的心理，也可以用于定价时尾数的确定。如中国人喜欢以6、8数字结尾，美国人喜欢9，5数字结尾。

2）整数定价法。这是一种适用于较高档旅游产品的定价方法。由于这些商品的价格较高，小数点后面部分可以忽略不计。例如，租金为500美元一天的豪华客房，其价格就不宜改为495美元。

3）分等级定价法。即把旅游产品分成不同的档次，每一档次的产品制定一个价格。这种方法可以使旅游者感觉到各种价格反映了产品质量上的差别，也简化了购买时的斟酌过程。

三、以竞争为中心的价格策略及定价方法

1. 以竞争为中心的价格策略

旅游市场的竞争一直是十分激烈的，任何一家旅游企业都在为如何于激烈的市场竞争中取胜而奋斗、拼搏。固然，企业的成功受到许多因素的影响，但是，其中十分重要的一个因素便是价格。价格是旅游企业增强竞争能力、扩大市场占有率的有力工具之一。

面对日趋激烈的旅游市场竞争，旅游企业的价格策略总是在密切注意市场竞争状况、了解竞争对手的实力而做出相应的调整。为此，旅游企业必须根据市场竞争状况决定价格，这就是以竞争为中心的价格策略。

以竞争为中心的价格策略着眼点是其竞争对手的价格，而不是固守价格与成本及需求间的关系。一个旅游产品的价格变化与否完全取决于竞争对手的价格变化状况；如果竞争对手价格没有发生变动，即使本企业产品的成本和需求已发生变动，其价格仍然应保持不变；反之，如果竞争者价格已经发生变化，尽管本企业产品的成本及需求没有变动，也要随着竞争对手的调价来调整自己产品的价格。

2. 以竞争为中心的定价方法

采取以竞争为中心的价格策略可以采用以下五种定价方法：

（1）随行就市定价法

随行就市定价法是以市场上同类产品一般通行的价格作为定价依据来制定价格的方法。这种定价法认为市场通行的价格反映了行业集体智慧，能保证其获得较理想的收益率，是一种比较稳妥同时风险较小的定价方法。这种定价方法对行业协调的破坏性最小，一般用于市场中存在较多的同档次竞争者的情况下。

（2）率先定价法

这是一种主动竞争的定价方法。率先定价法认为在竞争激烈的市场环境中，谁先提出具有竞争性的价格谁就拥有了占领市场的有利武器。特别是像饭店提供的各种产品和服务具有很大的近似性，从而在市场上形成了同质产品竞争的格局。在这种形势下，谁拥有率先定价的实力和魄力，制定出符合市场需求的价格，谁就拥有了竞争取胜的条件。企业采取率先定价的关键做法是：比较、分析、定位、跟踪。具体来说是，企业首先要把产品的估算价格与市场上的竞争产品价格进行比较，分出高于、低于、一致三个层次；将产品的功能、特色、质量、成本等与竞争产品进行比较，找出优劣；然后结合企业的经营目标对以上情况进行综合分析，确定出合理的产品价位；最后，还要跟踪竞争产品的价格变化，及时对本企业的价格定位做出调整。采用率先定价法制定价格是针对竞争对手的知己知彼行为，具有很强的竞争性，往往会引发市场的剧烈反应。一般拥有雄厚实力或者在产品上具有对手无法比拟的特色优势的企业才能采用这种方法。

（3）追随核心企业定价法

追随核心企业定价法是以同行业中占有较大市场份额或影响最大的企业的价格为标准，其他企业追随其价格来定价的一种方法。这是一种以避免竞争为主要意图的定价方法。一般市场中存在核心企业的情况下，这种方法为其他中小型企业所采用。

（4）边际贡献法

边际贡献法又称变动成本定价法，旅游价格大于变动成本的部分首先用于补偿固定成本，产品的价格和变动成本的差额越大，固定成本得到补偿的部分就越多，也就是边际贡献越大。旅游产品不可储存，在竞争激烈、产品供过于求，或在旅游淡季、产品相对过剩情况下，为了维持简单再生产，减少亏损，可以实行变动成本定价法。但必须掌握一个原则，那就是价格要大于变动成本。

例如，某一旅游产品的总成本为80元，其中变动成本为30元，固定成本为50元。如果由于市场原因，产品销售困难，企业为了减少亏损只能采取降价措施，采用边际贡献定价法来确定产品的价格。在这种情况下产品的价格必须高于30元的水平，如45元。因为产品的价格如果是45元，企业每销售一单位产品只要亏损35元的固定成本，还有边际贡献15元。如果不销售，企业在每单位产品上亏损的就是固定成本50元，因此企业还要选择继续经营。如果产品的价格已经低于30元，则应该停止生产销售。

由上例可见，边际贡献法是企业在特殊时期，不以营利为目标，希望尽量减少亏损的一种定价方法。

（5）折扣定价法

采用折扣价格是旅游企业在产品交易过程中，保持产品的基本标价不变，而通过对实际价格的调整，把一部分利润转让给旅游者，鼓励旅游者购买，并以此来扩大产品销售量，赢得竞争优势。一般包括数量折扣、季节折扣、同业折扣、现金折扣等具体方法。

1）数量折扣有累计数量折扣和一次性购买折扣两种。累计数量折扣是指在一定时间内，旅游产品购买者的购买总数量超过一定数额时，旅游企业按购买总数给予一定的折扣，一般情况下随着旅游者的购买数量增多，折扣随之增大。累计折扣可以鼓励旅游者多次重复购买，稳定市场客源。一次性购买折扣是指旅游企业规定旅游产品购买者每次购买达到一定数量或者购买多种产品达到一定的金额时，给予购买者一定的折扣。一般一次性购买数量越多，折扣就越大。一次性购买折扣的采用能刺激旅游者大量购买旅游产品，增加盈利，同时减少交易次数，降低企业的交易成本。

2）季节折扣是指旅游企业在经营过程中，在产品销售淡季时给予旅游者一定的价格折扣。旅游产品经营的季节性很强，采用季节性折扣可以刺激旅游者的消费欲望，使旅游设施和服务在淡季时能够被充分利用。例如，部分景区会在冬季等旅游淡季时在政府的补贴下对景区门票价格提供较大幅度的折扣。

3）同业折扣是针对各类旅游中间商在市场经营中的不同的作用，给予不同的价格折扣。例如，希尔顿国际酒店集团规定，向旅游批发商只收取净房价，如果旅游批发商代替团队订房，那么公司给予旅游批发商的价格比一般的团队价格低15%。

4）现金折扣又称为付款期限折扣，是旅游企业对现金交易或按期付款的旅游产品购买者给予价格折扣。现金折扣的采用可以鼓励旅游者提前付款，以便尽快收回资金，加速资金周转。

以上介绍的价格策略和定价方法各有侧重，各国家或地区和各旅游企业应根据具体情况综合考虑，确定有利于供求双方的价格策略与方法，使旅游者获得合理的价格和满意的服务，使旅游目的地国家或地区和各旅游企业都获得更大的效益。

基本训练

1. 与一般产品相比，旅游价格有何不同之处？
2. 简述旅游价格制定的理论基础。
3. 影响旅游产品价格的因素有哪些？
4. 旅游产品的价格体系是怎样构成的？
5. 旅游价格制定的程序是什么？
6. 旅游定价目的主要有哪些？
7. 简述主要的旅游定价方法。

应用训练

1. 调查读者周边旅游价格数据，分析其旅游价格体系。
2. 选择不同的旅游单项产品和组合产品，面向不同的目标市场进行模拟定价。

案例分析

节前节后旅游价格反差大　节后错峰出游正当时

2018年春节长假出游高峰过后，旅游市场逐渐进入价格"跳水期"，部分境外线路价格降幅超过30%，给喜欢错峰出游的市民提供了良机。中国国旅（青岛）国际旅行社副总赵青岭表示，东南亚旅游产品价格和春节期间相比，都有较大幅度的回落。泰国、新加坡和马来西亚的价格三四千的都有。尤其是柬埔寨的价格，因为属于包机产品，节后价格甩得比较厉害。"因为泰国等地免签，临近春节突然决定出游的人比较多，价格也随着市场供需变化而涨价。春节期间七八千元的泰国游，如今已经回落到四千元左右。"除了东南亚国家之外，出境游产品中还包含日本和中国台湾。"出境游日本降幅较大，日本路线春节八千元到一万元，现在赶上赏花之旅仅需六千元左右。中国台湾赏花路线，价格比春节期间降一半，现在四五千元。"反观欧美游，三月份和春节期间价格相差不大，反而四五月份进入旺季，价格还会逐渐攀升。

出境游的下降幅度较大，国内游价格又呈现什么样的态势呢？中国旅行社总社（青岛）有限公司副总经理周立钢表示，随着春节假期的结束，旅游产品已经回归到正常的价格。对于即将到来的春季旅游，中老年市场比较活跃。

据介绍，春季旅游基本以春游为主题，包含赏花游、山水游、踏青游等在内的旅游路线格外火爆。"华东五市、华东三市、江南水乡、祈福之旅等都很火爆。"周立钢表示，踏青之旅集中在婺源油菜花、菏泽牡丹花、洛阳牡丹花等。价格方面，春节期间桂林游四五千元，现在三千元左右。"去海南春节期间双飞五日七千元左右，现在四五千元。去云南双飞五日五六千元，现在三千元左右。"据悉，针对婺源赏花，中旅总社推出了各种不同的路线。"针对大学生的周末大巴游仅需500元，双飞价格大概为1800元，火车九江加庐山景点串联价格大概在2000元。"

据同程旅游相关负责人介绍，春节后众多线路价格开始迎来"大跳水"，按照节后市场规律，一般3月至4月，国内出游线路价格可降价约20%，境外部分线路降价可超三成。目前，日本、东南亚、欧美等境外游市场吸引众多国内游客前往，赏花、踏青游线路火爆。而除了自由行外，部分人群选择乘坐邮轮游日本，3月、4月期间，前往日本的邮轮线路相较往常优惠很多，平均价格在3000元。境外长线降价幅度较大，整体下降3000元至5000元，主要表现为机票价格的浮动。业内人士分析，选择节后出游的大部分为中老年群体和假期加班的上班族。

资料来源： http://muji.bandao.cn/a/73458.html （有删改）

案例分析思考：

1. 旅游价格节前暴涨、节后暴跌的现象非常普遍，你认为原因有哪些？

2. 在春节、国庆节这样的黄金周，旅行社的利润率一定会增加吗？在这些时段，旅行社运营中会面临哪些问题和风险？

Chapter 6

第六章

旅游投资评价与决策

学习目标

知识目标：理解投资与旅游投资的含义，明确旅游投资的分类和特点，理解旅游投资项目从发起到决策的各阶段流程步骤。

技能目标：掌握进行旅游投资项目可行性研究的方法，掌握进行旅游投资项目评价和决策的方法。

能力目标：能够参与到旅游投资项目发起、可行性分析、项目评价、项目风险预测、项目决策和实施的各个阶段中，并承担一定任务。

导读案例

统一嘉园为何衰落？

2005年"十一"黄金周，无锡旅游异常火爆。除了大家熟知的传统景区，更有千年崇安古寺、蠡湖中央公园、马山欧洲嘉年华以及薛福成故居、东林书院、钱钟书故居等新景点，一齐赚足了游客的眼球。1日至7日，全市接待旅游者达到210万人次，旅游总收入13.27亿元，同比分别增长23%和30%；日均旅游收入近2亿元，创历史新高。然而，就在城市旅游一片繁荣之际，开业不到四年的无锡统一嘉园景区，却在两个月前因资不抵债、经营难以为继而破产倒闭了。

该景区坐落于太湖之滨，跟央视无锡影视基地隔水相望，相距不过数百米之遥。景区依山傍水，气势恢宏。山顶上，高16.8m、耗费青铜80多吨的中华统一坛，庄严雄伟；山脚下，由六桥六亭二坊一榭组成的千米"缘廊"，曲径绵延直至湖心，如金龙戏水。

这样一个占据了极佳山水资源的主题景区，在城市旅游环境日趋完善的今天，为什么会经营失败呢？

统一嘉园初建于1994年，2001年9月正式对外开放，景区建设周期长达7年。1994年项目启动之初，原定名为镜花缘。其运作思路，完全模仿央视无锡影视基地。就是"以戏带建"，通过为剧组提供拍摄场景服务，带动景区的旅游发展。为此，景区决策者瞄准央视当时正在筹拍的电视剧《镜花缘》，并且通过公关活动，使剧组同意了将无锡镜花缘景区作为主要的场景拍摄地。

这是一个典型的跟风投资项目。当时央视无锡影视基地的旅游异常火爆，每年的客流量高达300万人次。该景区的选址，就在三国城景区的南侧。决策者采用了一种所谓"蝇随骥尾"的发展战略，希望借势于央视无锡影视基地，使景区的旅游发展起来。

但是，相关决策人在做出这项重大投资决定时，忽视了以下两个重要问题：

其一，镜花缘景区所依托的文化载体，跟三国城景区大不相同。《镜花缘》虽为清代著名小说家李汝珍的代表作，书中描写的各种奇人异事和奇风异俗也颇具想象力，但是《镜花缘》的历史文化内涵，远不能与《三国演义》相提并论。而且，相对于大多数旅游消费者而言，该书的故事过于冷僻，远不像《三国演义》那样家喻户晓。《镜花缘》中所描写的黑齿国、女儿国、两面国、豕喙国、跂踵国，不但名字晦涩难以有效传播，而且很难用具象化的形式在景区充分展现出来。

其二，电视剧的生产，从剧本创作到拍摄发行，流程复杂，可变因素很多。比如央视无锡影视基地的唐城景区，本来就是专为电视剧《镜花缘》的拍摄而建的，后因《镜花缘》剧本难产，遂临时调整，改拍电视连续剧《唐明皇》。由于央视无锡影视基地的归属特性，这样的调整并非难事。但是，对于一个从未涉足过影视行业的民营企业来说，情况就大不一样了。《镜花缘》剧组也许会碍于情面，答应来此拍摄。但是，剧组既没有责任，也没有义务非来不可。而决策者据此投入巨大资金建设镜花缘景区，则蕴含着极大的市场风险。

事实上，由无锡镜花缘旅游度假有限公司投资的电视连续剧《镜花缘传奇》，直到1998年底才正式开机拍摄。而作为景区投资主要决策依据的央视《镜花缘》剧组拍摄事宜，则早已不了了之。

资料来源： http://blog.sina.com.cn/s/blog_499b11f5010003sa.html（有删改）

统一嘉园失败的案例说明，由于旅游业本身具有很强的综合性，因此旅游投资是一项复杂性、不确定性和风险性极高的投资。如何认识旅游投资活动？如何对旅游投资活动进行科学的可行性研究？如何规避旅游投资活动的风险？如何进行旅游投资活动的科学决策？这些内容将在本章进行阐述。

第一节　旅游投资概述

一、投资与旅游投资

1. 投资

经济学中将投资定义为，为未来获得收益而现时投入的资金或资本，这意味着牺牲当前的消费以增加未来的收益。在宏观经济学中，投资是一个国家经济生产出来没有被消费的部分，是收入中没有用在消费领域的部分，即不会被消耗掉而是被使用在未来生产。在微观经济学中，投资是指经济主体垫支货币或物资以获取价值增值的一种活动过程，有时也被用来指代具体投放的资金。

投资有广义和狭义之分。广义投资又有直接投资和间接投资之分。直接投资是指购置和建造固定资产、购买和储备流动资产的经济活动；间接投资是投资者通过购买有价证券，以获取一定预期收益的投资活动，而通过这种方式募集的资金将最终用于直接投资。从国民经济角度分析，直接投资扩大了生产经营能力，使实物资产存量增加，是经济增长的重要条件。间接投资作为一种投资资金的筹措手段和方法，对国民经济的发展是一种推动力量，在发展现代经济中发挥着巨大的作用，是现代经济所不可缺少的构成部分。狭义投资仅指固定资产投资。

投资作为一种经济活动，具有一系列的特点，在理解投资概念或进行投资分析时，有必要认识和了解这些特点。

（1）投资的广泛性

投资是覆盖全社会的一项经济活动，涉及面广、综合性强。例如，一个基建投资项目涉及投资主管部门、投资公司、勘察设计公司、工程承包或施工公司、工程监理机构等，同时还涉及银行、地产管理部门、物资供应单位和其他公共服务部门。

（2）投资的周期性

对于一个具体投资活动而言，投资周期主要由投资决策期、投资实施期、投资回收期三个阶段构成。在投资决策期应投入足够的时间与资源，进行充分的可行性研究，避免决策失误；在投资实施期应按照计划，按质量标准完成所有计划任务；在投资回收期通过合理的经营管理，充分发挥投资的效果，加快资本周转，尽快完成投资回收，并产生进一步的回报。由此可见，所有投资都需要一个周期，完成从投入到产出的全过程。

（3）投资的连续性

投资是一个不间断的过程。在进行投资决策之后，所投入的资金与资源不是一次性投入，而是按照相关的进度和计划分阶段投入的。如果没能按计划进行资金投放，不但会加大投资成本，而且会影响投资回收期的经济效益。因此，在投资实施过程中，需要考虑各种工作进度不均从而导致资金的需求量不均的情况，在设计项目进度、筹措和分配资金时，进行有针对性的计划与管理。

（4）投资的风险性

投资的风险性是指任何投资活动都存在失败的可能性。投资决策是通过在投资实施期前按照对于未来的预期进行的，其中必然包含不确定性因素。如果在投资实施后，所面临的情况与预期的不同，就有可能无法实现预期的收益，投资者就会发生少盈利、无盈利甚至亏本的情况。因此，在进行投资分析时，应充分考虑投资的风险控制。

2. 旅游投资

任何国家或地区要发展旅游业，都离不开一定的投入。旅游业的产业特征和旅游资源的性质，决定了旅游业的投入主要是资金、劳动力、土地及企业家才能，由于劳动力、土地和企业家才能的投入最终都要以货币的形式来体现，因此旅游资金的投入就成为旅游投资的重点。因此，旅游投资就是指旅游目的地政府或企业在一定时期内，根据旅游市场需求及发展趋势，把一定数量的资金投入某一旅游项目的开发建设，获取比投入资金数量更多的产出，以促进旅游业发展的经济活动。

旅游投资既是旅游经济正常运行和发展必不可少的，通过固定资产和流动资金的投入实现旅游业的扩大再生产和旅游经济持续发展的资金投放活动，又是通过增量投入来优化旅游经济结构提供更多旅游产品和服务，满足人们日益增长的旅游需求的重要经济活动。

进行旅游投资对于旅游目的地政府和企业来讲，存在投资目的方面的差别。对于旅游目的地政府来讲，旅游投资的目的是促进旅游业的发展，获取宏观和微观的效益，即包括旅游经济效益、社会效益、环境生态效益在内的综合性效益。具体来讲，旅游投资是为了获取更多的包括外汇收入在内的旅游收入，促进社会经济的发展；是为了提供更多的就业机会，保证社会的安定；是为了更好地继承和发展社会文化，保护和弘扬优秀的文化传统；是为了更好地保护和改善生态环境，促进经济的可持续发展；是为了更好地消除地区经济发展差距，实现区域经济的平衡发展。对于旅游企业来讲，旅游投资的目的是根据旅游市场供求状况和旅游消费特点，选择旅游投资项目并投入一定的资金，通过要素市场购买各种生产要素，按一定方式投入旅游生产过程，并组合为各种旅游产品销售给旅游者，以获得应得的经济效益。因此，在评价具体的旅游投资项目时，政府与企业会存在差异。

二、旅游投资的分类

1. 按旅游投资的对象分类

（1）旅游景区景点投资

旅游景区景点投资指依托旅游目的地的旅游资源所进行的景区景点的开发投资活动，包括景区景点内的各种旅游吸引物、旅游住宿、旅游餐饮、游览道路、旅游商店、娱乐设施及卫生间、标志牌等方面的投资活动。

（2）旅游饭店投资

旅游饭店投资是指以接待旅游者住宿、餐饮为目的而进行的旅游宾馆、饭店、度假村、公寓、客栈及各种餐馆、餐厅和风味饮食的投资活动。

（3）旅游娱乐投资

旅游娱乐投资是指为旅游者提供各种旅游娱乐活动以及特种娱乐活动的开发建设，包括主题公园、文化演出场所、休闲活动及康体健身设施等各种旅游设施、设备的投资活动。

（4）旅游交通投资

旅游交通投资指专门为旅游者服务的各种航空、旅游车船、索道、旅游道路和码头等基础设施的投资活动。

（5）旅游商品投资

旅游商品投资指为向旅游者提供各种旅游工艺品、旅游纪念品及各种土特产品而进行的投资活动，包括对各种旅游购物品的生产与销售场所的投资。

（6）旅游教育与其他投资

旅游教育与其他投资指对包括以培养、培训各类旅游专业人才为主的学校、旅游培训中心，以及提供游客咨询服务、医疗救援服务等旅游配套设施的各种投资活动。

2. 按资金来源分类

（1）国家投资

国家投资是指国家根据国民经济发展的总体战略，有计划地拨付给旅游业的资金。我国从 1988 年起，实行基本建设基金制，国家从财政费用中划拨出一部分资金用于旅游产业建设，由建设银行管理，实行专款专用。国家对旅游业的投资由国家旅游主管部门负责编制计划，报国务院有关部门审批后具体实施。30 多年的实践表明，国家对旅游业的投资起到了很好的导向作用，全国基本上形成了一套结构合理、项目齐全、设施完备的旅游接待体系，为旅游业的持续发展奠定了坚实的基础。

（2）银行贷款投资

银行贷款投资是旅游投资的一个主要来源，分为两种：一种是旅游基建贷款，是用于旅游基础建设的中长期贷款，需要经国家或地方政府进行审批；一种是商业贷款，由具体投资活动的投资主体通过质押等方式向银行贷款获得投资资金。

（3）利用外资投资

利用国外资金进行旅游投资可以向外国政府、银行、金融组织进行贷款，或者吸收外商的直接投资。利用外资的具体方式包括中外合资经营、合作经营、外资独资经营、贸易补偿等。利用外资可以弥补国内资金的不足，有利于引进国外的先进技术和科学的管理方法，促进我国旅游业的发展。

（4）自筹资金投资

自筹资金是部门、地方政府和企业按照国家有关规定可以使用的自留资金。包括地方政府上年初预算的结余、地方预算外资金、企业发展基金和利润留成、企业通过发行股票或债券募集的资金等形式。自筹资金具有灵活性强的优势，在市场经济条件下已经成为主要投资类型。

3. 按投资的形式分类

（1）新建旅游投资

新建旅游投资是指为了满足旅游市场的需求，以前尚未开发而现在新开发的旅游投资。如开发新的旅游景区景点，新建宾馆饭店、娱乐设施等。

（2）改造旅游投资

改造旅游投资是指在原有旅游产品的基础上，对不适应旅游业发展需要的部分设施、设备进行改造或增建的旅游投资。如对旅游饭店的客房进行重新装修、装饰，对旅行社的网络预订系统进行更新和提高，增加新的旅游娱乐设施等。目的是提高旅游接待设施、设备的服务水准，从而提高旅游产品的综合质量。

（3）维护旅游投资

维护旅游投资是指对原有的旅游产品进行恢复、保护的旅游投资。如对旅游吸引物的维修保护，对旅游娱乐设施、设备的维修保养，对旅游导游和其他服务人员的培训提高等。目的是保持一定的旅游经营规模和服务水平。

三、旅游投资的特点

1. 旅游投资的综合性与复杂性

首先，旅游经济具有依赖性强的特征，涉及社会经济的各个领域，因此旅游投资需要考虑各方面的综合因素。其次，旅游需求与旅游产品都具有综合性的特征，食、住、行、游、购、娱各个方面不是独立存在，而是有机的综合体。因此，旅游投资必然具有综合性。

旅游投资的综合性也就必然带来了旅游投资的复杂性。从宏观角度来看，旅游投资涉及财政、金融、外汇、物资供应等方面，非常复杂；从微观角度看，旅游投资涉及计划、决策、资金筹措、工程招投标、土地购置、生产服务准备、企业经营管理、偿还贷款等多种工作，工作过程中还需要投资者与投资主管部门、投资公司、工程承包公司、设计单位、监理单位、金融机构、环保等主管部门以及服务对象旅游者等各种主体发生复杂的经济关系。综上所述，旅游投资具有显著的复杂性。

2. 旅游投资的长期性

旅游投资一般用于形成固定资产和服务能力，投资规模庞大，需要较长的建设周期，同时也需要较长的时间形成服务能力，并受到目标市场的认可。同时，作为满足高端需求的高端服务业，运营成本较高，利润率水平不高，这就决定了旅游投资的实施周期和回收周期都很长。

3. 旅游投资的连续性

旅游投资的实施是一个不可间断的过程。投资活动一旦开始，需要按照计划和实施的实际情况连续不断地投入资金和其他资源，保证能够按计划形成服务基础、服务环境和服务能力。如果不能按计划完成，大量的占用资金将失去时间价值，同时影响未来的盈利能力，无法完成投资的回收与预期盈利的获得。同时还应认识到，在整个投资周期中，资金和资源的投入不是平均的，有着不同时期和阶段的波动性，因此需要做好投资的计划安排。

4. 旅游投资的风险性

旅游投资所具有的综合性、复杂性、长期性与连续性反映出投资活动涉及面广、影响因素多、投资周期长。旅游投资的决策建立在通过已有数据对未来的预期的基础上，在较长的投资周期中各种影响因素的变化很可能使实际情况偏离预期。同时，旅游需求也具有脆弱性的特征，很容易受到各种因素的影响，而旅游投资行为一旦做出就很难再做调整。所以，旅游投资具有比其他投资更加明显的风险性。

第二节　旅游投资项目与项目可行性研究

一、旅游投资项目

项目是投资学的一个专门概念，来源于管理学中的项目管理的思想，其定义在国内外尚未有统一的意见，按照我国理论界对"项目"概念的界定，项目是作为系统的被管理对象的单次性任务，是单次性活动的一种组织管理模式，即项目是指在一定的约束条件下（主要是限定时间、限定资源），具有明确目标的一次性任务。

项目管理是基于被接受的管理原则的一套技术方法，这些技术或方法用于计划、评估、控制工作活动，以按时、按预算、依据规范达到理想的最终效果。当项目管理的思想被应用于旅游投资过程中的时候，一次投资活动就可以被认为是一个旅游投资项目。可以利用项目管理的思想与工具体系，明确旅游投资的目标，根据当前的资源限制进行方案设计，并进行可行性研究，进一步通过投资行为的实施来实现预定的目标。

二、可行性研究的必要性

可行性研究是一种项目管理的技术方法。所谓旅游投资可行性研究，是在旅游投资项目实施建设之前，由旅游开发商、旅游投资者、旅游经营者委托项目可行性研究机构和人员，以市场为前提、以项目管理技术为手段、以包括经济效益在内的综合效益为最终目标，对旅游投资项目是否可行进行全面分析、论证和评估，其内容包括旅游投资项目在技术上是否可行、开发上是否可能、经济上是否合理优化等。

可行性研究在旅游投资项目前期是十分必要的，主要原因如下：

1. 为旅游项目投资决策提供科学依据

旅游投资项目建设包括三个主要的阶段，即投资前阶段、投资建设阶段和经营阶段。可行性研究属于项目建设投资前阶段的主要工作内容。为了保证旅游投资项目的有效实施，达到投资的基本目标，并且在生产经营过程中实现投资利润的最大化，就必须对市场，包括竞争者市场进行研究分析，对投资项目的选址和区域特点进行分析，对生产经营过程的原材料、燃料、动力、设备、劳动力等资源的来源渠道和价格等进行分析，对旅游建设项目总成本进行估算，对生产经营成本与收益进行分析，从而为投资开发者提供决策的依据。

2. 为旅游项目评估提供重要依据

可行性研究是旅游项目建设中一项重要的前期工作，是旅游投资项目得以顺利进行的基础和必要环节。可行性研究的主要目的就是判断拟建的旅游投资项目能否使产权投资者获得预期的投资收益。要达到或完成这一目的，就必须用科学的研究方法，经过多方分析并提供可行性研究报告，以使上级主管部门或者投资者据其对该项目进行审查、评估和决策。

3. 为筹措资金提供重要的参考依据

旅游投资项目多属于资金密集型项目，往往需要注入大量的资金。对于旅游项目开发单位而言，除自筹资金和国家少量预算内资金外，大部分需要向金融市场融资，其中主要渠道是向银行贷款。作为商业银行，为保证或提高贷款质量，确保资金按期收回，要实行贷前调查，并对旅游投资项目的可行性进行审查。因此，可行性研究报告可为银行或资金借贷机构贷款决策提供参考依据。

三、可行性研究的基本原则

可行性研究作为对拟建的旅游投资项目提出建议，并论证其技术上和经济上是否可行的基础性工作，必须坚持以下基本原则：

1. 目的性原则

由于各个旅游投资项目的背景情况千差万别，所以可行性研究并没有千篇一律的模式。在实际工作过程中，研究人员对市场需求、项目规模、设计要求的确定，以及编制财务计划所使用的方法，都应根据项目的具体要求而定。

2. 客观性原则

可行性研究是投资者、开发者、经营者和相关部门决策时的重要参考依据，因而报告中的证据必须充分、论证过程必须全面，并明确提出研究的结论和事实，为决策者进行正确合理的选择提供客观准确的判断依据。

3. 科学性原则

在可行性研究中，应把定量分析和定性分析的方法相互结合，通过科学的方法和精确可靠的数据尽可能客观地得出定性结论，从而使旅游投资项目可行性研究更富科学性、准确性和可操作性。

4. 公正性原则

旅游投资项目可行性分析是旅游投资决策的重要依据，也是银行和其他投资者发放贷款的重要依据，因而必须坚持实事求是的态度和公正性原则。如果研究人员经过研究认为某一旅游投资项目无法取得预期的效益和目标，就应本着实事求是的态度，毫不迟疑地向投资者报告，而不应该牵强附会地做出一个并不可行的可行性报告，从而导致旅游投资项目实施后带来的巨大损失。

四、可行性研究的阶段与内容

1. 可行性研究的阶段

投资可行性研究是指对拟建的旅游投资项目进行技术论证和方案比较，为旅游投资决策提供依据。它是投资前期的重要工作，对项目最终的成功与否影响重大。从旅游投资项目的实际出发，可行性研究又可分为投资机会研究、初步可行性研究、详细可行性研究和投资项目综合评价四个阶段。

（1）投资机会研究

投资机会研究是指在一个确定的地区或部门内，在利用现有资源的基础上所进行的寻找最有利的投资机会的研究。主要包括对旅游资源的调查研究、投资环境研究以及客源市场研究。主要目的是为旅游投资项目提出建议，旅游项目建议书就是在投资机会研究的基础上形成的。投资机会研究比较粗略，主要是对旅游投资项目的可行性进行一些估计，并非进行详细的计算。但是，这种研究是必要的，因为每个项目都需要确定是否有必要进一步获取建设的详细资料。国外投资机会的研究对总投资额估算的误差一般要求在 30% 以内。机会研究的时间较短，一般是 1～3 个月，研究费用占总投资的 0.2%～1.0%。

（2）初步可行性研究

初步可行性研究是在投资机会研究的基础上，对拟议的旅游投资项目的可行性所进行的进一步研究。它主要是针对那些比较复杂的建设项目而进行的，因为这类项目仅凭投资机会研究还不能决定其取舍，必须进一步进行可行性分析。初步可行性研究要解决的主要问题是：进一步论证投资机会是否有可能；进一步研究拟议的旅游投资项目建设可行性中某些关键性问题，如旅游市场分析、项目建设选址等；分析是否有必要开展最终可行性研究。初步可行性研究只需进行概括的研究，包括诸如市场需求和旅游接待能力、资本投入、地理位置、项目设计以及财务收益等内容。在初步可行性研究的基础上，对项目的各种方案可以进行初次筛选。初步可行性研究对投资估算的误差一般要求在 20% 以内，所需时间为 3～4 个月，研究费用占总投资的 0.25%～1.25%。

（3）详细可行性研究

详细可行性研究又称最终可行性研究，即在上级主管部门批准立项后对旅游投资项目所进行的技术经济论证。其重点是对项目财务效益和经济效益进行评估，对初步可行性分析提出的方案进行比较，确定项目投资的对象，并编制一份可行性研究报告。投资项目越大，其内容就越复杂。详细可行性研究是确定旅游投资项目是否可行的最终依据，也是向有关管理部门和银行提供进一步审查和资金借贷的依据。详细可行性报告是投资者做出投资决策的主要依据，它必须全面研究并回答六个方面的问题，即说明六个 W。

1）Why—— 说明投资的目的，即为什么要投资建设这个项目。

2）What——说明投资的对象，包括准备选择什么样的设施、采取什么样的技术、有多大的接待服务能力、经济上的盈利性如何等。

3）Where——说明投资地点，如项目建在何处，当地的自然条件和社会经济条件如何，对项目地址要进行多方案比较，选取其中最优者。

4）When——说明何时开始投资、何时建成运营以及何时收回投资等。

5）Who——说明由谁来承担施工和作业管理。

6）Which——说明采取何种方法筹措资金，采取何种方法进行工程建设和作业管理。

总之，详细可行性研究的任务是拟定详细的建设方案，对项目进行深入的技术经济分析论证。最终可行性研究对投资估算的误差一般要求在10%以内；研究所需时间需要随项目的大小及复杂程度有所不同，少则几个月，多则几年；研究费用占总投资的比例也因项目大小不同而有所差异，大项目一般占总投资的 0.8%～1%，中小型项目占 1%～3%。

（4）投资项目综合评价

投资项目综合评价是指对可行性研究前三个阶段得出的结论进行全面、综合的评估和分析。它是项目可行性研究的最后一个步骤，也是最为关键的一步。这种评价不仅要对拟建项目本身的经济效益进行分析评估，而且还要从国家和地区的角度来考察和评价它的宏观经济效益，同时还要从全社会的角度来考察和评价它的社会效益、生态效益。也就是要从经济、社会发展的整体需要角度来考虑和评估投资项目的优势，使有限的资源得到优化配置。综合评价的结果如果是可行或满意的结论，才能进入投资决策。

在旅游投资项目建设中，常常涉及开发者、经营者、资金借贷者、资产投资者和政府机构等，每一方从各自的利益出发，都要对拟建的工程进行可行性研究。所以可行性研究往往又可分为投资前研究、经营研究、资金研究、资产投资研究和政府机构研究等内容。投资前研究是由开发者进行的，主要研究项目开发或建设的投入和支出是否合算，项目支出包括设计费、土地征购费和主体投资三大部分；经营研究是由经营部门进行的，主要是估计该旅游投资项目工程完工后的市场销售情况，以及预测未来经营中可能带来的经济效益；资金研究是由资金借贷者进行的，主要是研究该项工程建设所需要的投资资金的数量及资金的分配；资产投资研究是由资产投资者进行的，主要是预测该项工程建成后在资产投资收入和资产现金流动的基础上，投资利润与税收上的好处（如减免税等）；政府机构研究是由政府有关部门进行的，主要是评价该项旅游投资项目建成后对财政、经济、社会、环境及周围地区的影响。

2. 可行性研究的内容

为确保可行性研究的准确性和可操作性，必须对旅游投资项目进行全面的分析和研究。旅游投资项目可行性研究的内容根据项目类型、要求的不同而有所区别和侧重。投资项目为景点或酒店，就有地址选择的问题；投资项目为旅游设施和设备，研究内容就是购买成本、使用成本和可靠性与维修性等。通常可行性研究的规范性内容主要有以下几个方面，通过可行性研究报告的形式给出。

（1）总论

总论的主要内容包括：项目名称，主办单位及负责人，承担可行性研究的单位，研究工作的主要依据、工作范围和要求，项目提出的背景，投资建设的必要性和经济意义，可行性研究的主要结论，存在的问题与建议，项目的主要技术经济指标（一般会列表说明）等。

（2）旅游市场需求预测

需求是企业经营活动的起点，在对旅游投资项目进行可行性分析时，首先要进行市场需求调查。这部分内容主要是对拟建项目进行市场前景分析，具体内容包括：

1）当地旅游业发展前景分析。

2）旅游客源市场需求分析。调查分析的指标有主要客源地、旅游者人数、最低客源量、旅游者人数的季节变化、停留时间、旅游动机、客源地至旅游地的距离、文化或社会关系等。

3）旅游者的社会人口学特征调查分析。主要指标有年龄与性别结构、收入水平与消费结构、职业与受教育状况、闲暇时间、时尚与传统、满意程度及重游率等。

4）客源市场定位分析。

5）客源市场竞争状况分析、投资项目竞争能力与策略分析。

通过对旅游市场的调查，可以获得同类、相近或相关旅游产品被旅游者认知的程度、旅游吸引力的大小、定价标准等在内的市场信息资料，通过对比研究来预测国内外旅游者对其产品或服务的需求量。以此调查为基础，预测项目投入后未来发展的前景，从而确定旅游建设项目的规模和产品，以及应采用何种服务方式等。

（3）拟建项目建设的必要性

拟建项目建设的必要性是研究该项目的建设是否符合国家的产业政策，是否符合项目所在地的经济发展需要。其主要内容有：

1）国家产业政策的需要。

2）当地经济发展的需要。

3）旅游资源开发的需要。

4）环境建设的需要。

（4）项目地址选择和建设条件

旅游投资项目的选址很重要，事关项目的最终成败。因此，项目地址选择是可行性研究的重要内容之一。这部分研究的主要内容包括：

1）项目地址，指项目拟建的具体地理位置。

2）自然环境条件，主要调查项目拟建地点的气象、水文、地质、地形条件。

3）区域经济条件。

4）旅游资源条件。

5）基础设施条件，主要调查拟建地点现有供水、排水、供电、排污等能力、实际负荷及其发展规划情况，现有航空、铁路、公路、内河航道、港口码头等的运输能力、实际负荷及其规划情况。

6）旅游服务接待设施条件。

7）土地利用条件，主要调查项目用地范围、建设条件、地价、拆迁费用等。

（5）旅游投资项目总体设计方案

在可行性研究中，这部分是重点，项目总体构思要有创新性，对旅游者要有吸引力。具体内容包括以下几个部分：

1）投资项目的范围和性质。

2）项目总体构思。

3）项目规划设计。

4）项目基础设施。

5）游客环境容量。

（6）管理机构及定员

管理机构及定员是投资项目建成后，经营期间的组织管理体制和定员，以保证企业高效、有序地运转。其研究内容主要有旅游企业经济管理体制及机构设置，在项目进展的各个不同时期需要的各种级别的管理人员、工程技术人员、工人及其他人员的数量和水平以及来源，人员培训规划和费用的结算等。

（7）环保、消防、安全、卫生、节能

旅游投资项目在社会大系统中是一个子系统，项目建设要符合可持续发展战略，要考虑环保、节能等因素。因此，这部分研究的内容包括环境保护、消防及安全保护、环境卫生、节能等。

（8）项目实施计划

为了使投资项目按时建成运营，充分运用资金的时间价值，要制订项目实施计划。一方面尽可能缩短建设期，另一方面协调投资者之间、投资者与当地相关部门之间的关系，统筹安排。用表格的形式将下列内容进行实施进度安排：研究报告的编制、企业申请注册、项目地址勘测、规划、工程设计、施工及试营业所需要的时间和进度要求。

（9）项目投资额及资金筹措研究

该项主要研究为保证旅游投资项目顺利完成所必需的投资总额数目、外汇数额、投资结构、固定资产和流动资金的需要量、资金来源结构、资金筹措方式及资金成本等，从资金上保证旅游投资项目建设的顺利进行。

（10）综合效益评价研究

从社会效益、环境效益和经济效益三方面研究旅游投资项目建成后对周围环境和社会所带来的影响和作用，对其可能产生的不良影响要做出预测性分析，并采取相应措施，尽力减少和避免其不利影响，确保旅游投资项目在获得较佳经济效益的同时也能带来较好的社会效益和环境效益。

第三节　旅游投资项目的评价

旅游投资项目的评价是在对旅游项目可行性研究的基础上，由旅游项目的决策部门组织或授权银行、咨询公司或有关专家从国家、区域及企业的角度对拟建旅游项目的计划、设计、实施方案进行全面的技术经济论证和评价，从而确定项目未来发展的前景。

旅游投资项目评价作为分析、判断可行性研究报告中所提的方案的优劣，从中选出最佳方案，为旅游项目最终决策提供可靠而科学的依据，是旅游投资决策的核心和关键步骤。

一、旅游投资项目评价的程序

为了使项目评价能够起到参与投资决策的作用，投资者要在项目的"创意"阶段，就对潜在的投资项目进行评价，并抓住时机，在项目建议书、可行性研究和设计任务书的基础上做出评价。项目评价是一次独特的研究过程，要遵循科学的评价程序（见图6-1）。

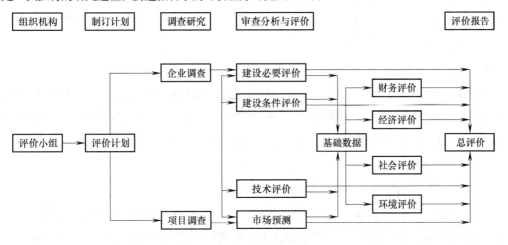

图6-1　旅游投资项目评价流程图

1）成立专门的评价小组，并注意财务经济、工艺技术分析和市场分析预测、工程建筑等人员配备的完整性。

2）制订评价计划。要明确评价的目的、内容、方法和进度。

3）开展调查研究。调查资料分为直接资料（实地调查资料）和间接资料（书面数字资料）两种。项目评价所需要的大部分数据在企业报送的可行性研究报告中已经具备，但是项目评价机构还需要站在公正的立场上，一方面对可行性研究报告进行真实性和准确性查证，另一方面要深入调查研究，扩充必要的数据资料，并加以整理归类。

4）进行分析评估。

5）编写评价报告。

二、旅游投资项目评价的内容

1. 项目建设必要性的评价

首先，从国民经济和社会发展等宏观角度对项目建设的必要性进行再论证，并分析是否符合国家规定的投资方向，是否符合国民经济和社会发展的需要。其次，从微观角度分析项目是否符合市场的需要，包括对市场调查和预测的数据、结论进行审核，并分析产品是否符合国内外旅游市场的需求，有无竞争能力，以判断产品在市场上的地位及其生命力。最后，对项目建设规模进行分析，研究项目建设规模是否经济、合理。

2. 项目建设条件评价

在项目建设必要性评价的基础上，还要对项目建设条件进行评价。主要内容应该包括两点：首先，对资源条件、公用设施等条件的评价，主要研究其可行性、经济性和合理性；其次，对建设选址条件、项目所在地的交通条件的评价。

3. 技术评价

技术评价是对拟建项目的设备选型、项目布局和土建工程等进行技术分析论证，以判断项目在技术上的可行性。其内容包括：①分析项目所采用的设备是否符合国家的技术政策，是否先进、适用和可靠；②引进设备是否符合国家有关规定，是否符合国情，有无盲目引进、重复引进现象；③对项目协作配合条件和配套项目是否同步建设。

4. 对环境保护的评价

对环境保护的评价已经越来越受到重视。其内容包括：①对环境造成的近期和远期影响，以及拟采取的防治措施；②确认和选择技术可行、经济和布局合理的方案；③审查现有的环境影响评价报告书是否齐全；④评价项目环境保护措施与治理方案是否一致，"三废"治理和防止噪声干扰等是否符合保护生态环境的要求。

5. 对项目投资额和资金来源的合理性和可靠性评价

评价主要内容包括：审查项目投资估算是否合理，有无高估冒算，造成决算、预算、概算的"三超"现象；有无降低批准规格而有意压低投资总额的现象；项目资金来源是否可靠，是否符合国家规定。

6. 对项目经济效益的评价

经济评价的依据主要是经审批的项目建议书、立项审批文件、可行性研究报告以及国家颁发的有关法律、技术经济文件和环境影响评价报告书等。对项目总投资的评价包括经济评价、方案的经济效益比选、不确定性分析与风险评价、综合结论。

1）经济评价。对项目可行性研究报告中提供的财务基本报表进行鉴定。对项目可行性研究报告中提供的技术经济指标进行鉴定，主要复核指标有投资回收期、净现值、内部投资收益率等。

2）方案的经济效益比选。根据本项目的特点与国内外同类项目的经济效益进行比较，应该对项目可行性研究中提供的可供选择方案以及选定的方案，进行经济效益的复核、对比、论证和鉴定。方案的经济效益比选应该与经济评价相结合进行。

3）不确定性分析与风险评价。对项目的影响因素进行分析，明确敏感性因素与不确定性因素，分析方案的风险水平及抵抗风险的能力。

4）综合结论。把经济评价和方案的经济效益比选结合起来，做一个简明扼要、观点明确的结论，特别注意不确定性分析与风险评价，为决策者提供科学的依据。

7. 对项目社会效益和社会影响的评价

社会效益和社会影响的评价主要是依据可行性研究报告评价旅游投资项目建成后对周围社会环境的正面作用与负面影响，并针对其可能产生的负面影响进行分析，明确能否减少和避免。

8. 总评价

所谓总评价是指将旅游投资项目的各个单项评价效果，由总审组加以汇总，依据国家各时期的方针、政策及技术经济参数，对建设项目的可行性及预期效益进行全面、综合的分析，做出客观、科学、公正的结论，并对有关问题提出建议。在总评价过程中，应该始终贯穿着综合协调、比较选择、补充完善和为决策者提供依据的原则。

三、旅游投资项目的评价方法

1. 旅游投资项目评价的相关概念

（1）资金的时间价值

资金的时间价值指在不考虑通货膨胀的情况下，资金所有者放弃现在使用资金的机会，将一定量的资金未投入生产流通而存入银行，经过一段时间后所获得的利息报酬。在进行投资决策时，必须考虑资金的时间价值，才能做出正确的投资决策。

1）单利计算法。这种方法指只按本金计算利息，每期利息并不在下期加入本金中增算利息，其公式为

$$I = P_v \times i \times n \qquad (6\text{-}1)$$

$$S_n = P_v + I = P_v(1 + i \times n) \qquad (6\text{-}2)$$

式中　S_n——终值，即本利和；

　　P_v——现值，即本金；

　　I——利息；

　　i——利率；

　　n——计息期数。

2）复利计算法。复利计算法是将每期利息并入下期本金中增算利息，逐期滚利，利上加利的计算方法。复利计算可以分为复利终值的计算和复利现值的计算。复利终值的计算是本金以每年一定利率来计算若干年后的本利和；复利现值的计算与复利终值的计算正好相反，它是把若干年后预期的终值，

按每年一定利率折算成现在的本金应该是多少。

复利终值计算公式为

$$S_n = P_Y \times (1+i)^n \tag{6-3}$$

复利现值计算公式为

$$P_Y = S_n \times \frac{1}{(1+i)^n} \tag{6-4}$$

【例6.1】某人希望5年后从银行提取1万元，如果银行利率为12%，现在应存入银行多少钱？

$$P_Y = 10\,000 \times \frac{1}{(1+12\%)^5} = 0.5674(\text{万元})$$

3）年金计算法。年金是指在一个特定的时期内，每隔一段相同的时间，收入或支出相等的款项。普通年金的终值是一定时期内每期期末收付款项的复利终值之和。公式为

$$S_a = R \times \frac{(1+i)^n - 1}{i} \tag{6-5}$$

式中 S_a——年金终值；

  R——每期的年金；

  i——利率；

  n——年金的计息期数。

此公式也称为等额支付终值公式，表示每年年末存入一定量资金，利率为i，n年后的本利和。此公式的逆运算被称之为等额支付偿债公式，即已知终值，求与之对应的等额年金。公式为

$$R = S_a \times \frac{i}{(1+i)^n - 1} \tag{6-6}$$

【例6.2】某人计划存10年期零存整取，每年年末向银行存入8 000元，若利率为8%，则10年后本利和多少？

$$S_a = 8\,000 \times \frac{(1+8\%)^{10} - 1}{8\%} = 116\,000(\text{元})$$

【例6.3】某企业4年之后需要500万元的扩建改造基金，每年年末存入一笔资金进行积累，银行的利率为12%，问每年年末至少需要多少资金积累？

$$R = 500 \times \frac{12\%}{(1+12\%)^4 - 1} = 104.62(\text{万元})$$

普通年金的现值是每期等额款项收付现值之和。计算公式为

$$P_{va} = R \times \frac{1-(1+i)^{-n}}{i} \tag{6-7}$$

式中　P_{va}——年金现值。

此公式也称为等额支付现值公式，表示 n 年内每年年末有等额现金流入（流出），在利率为 i 的条件下，其现值为多少。此公式的逆运算被称之为等额支付资金回收公式，公式为

$$R = P_{va} \times \frac{i}{1-(1+i)^{-n}} \tag{6-8}$$

【例6.4】某企业计划存入银行一笔资金，用来在接下来的 5 年的每年年末提出 500 元作为年底优秀员工奖金，利率为 6%，那现在应存多少钱？

$$P_{va} = 500 \times \frac{1-(1+6\%)^{-5}}{6\%} = 2\,083.33(\text{元})$$

【例6.5】某企业计划贷款 200 万元，银行 4 年内等额收回全部贷款，已知贷款利率为 10%，那么企业每年的净收益不应少于多少万元？

$$R = 200 \times \frac{10\%}{1-(1+10\%)^{-4}} = 63.09(\text{万元})$$

（2）机会成本

机会成本又称为择一成本，它是指在同时具有多个投资方案，将资金投入到其中一个方案时而放弃其他方案可能丧失的收益。例如，某企业有一笔资金，它既可以投资于餐厅的扩建也可以投入商场的扩建。如果不去投资商场的扩建而用于餐厅的扩建，那么投资于餐厅扩建的机会成本就是指放弃投资于商场扩建可能获得的利润。机会成本为投资决策提供了方案比较的重要依据。

（3）现金流量

现金流量是指任何一项旅游投资项目在未来一段时期内的现金流出和现金流入的数量。为了正确评价各个旅游投资项目经济效益的大小，必须对旅游投资项目的现金流量进行科学的分析与预测，并计算出净现金流量，作为旅游投资项目评价的依据。

1）现金流出量。为了评估旅游投资项目，首先要估算旅游投资费用的大小，即计算现金流出量。所谓现金流出量是指确定一项旅游投资项目所发生的投资数量，包括建筑物和附属设施的费用、家具与家电费用、经营设备费用、技术服务费用、开业前费用、流动资金等。

2）现金流入量。任何一项投资项目，都有可能在未来若干年内获得一定的收益。因此，现金流入量是指在旅游投资决策中，预计通过旅游投资所带来的未来收益。其包括旅游投资项目完成后所带来的营业收入、每年的固定资产折旧等。

3）净现金流量。净现金流量就是在旅游投资项目的考察期中，每年现金流入量与现金流出量的净差值。用净现金流量来评价和衡量旅游投资项目，可将每年的净现金流量值进行折现，通过净现值法、内部收益率法和投资回收期法进行评价。

2. 旅游投资的宏观评价

对旅游投资项目的宏观评价即分析旅游投资项目是否符合国家或地方政府的旅游政策发展目标、是否符合社会经济发展的要求。通常对旅游投资项目进行宏观评价时，主要采用一些代表性的数量指

标来反映投资项目实现某一特定目标的程度。常用的数量指标有以下几种:

（1）宏观经济指标

1）经济净现值（E_p）。经济净现值反映旅游投资项目对国民经济贡献的绝对指标，表示考察期内各期净收益采用社会折现率的现值之和。其公式为

$$E_P = \sum_{t=0}^{n} (P-C)_t (1+i_t)^{-t} \qquad (6-9)$$

式中　E_p——经济净现值;

　　　P——效益流入量;

　　　C——费用流出量;

　　　n——计算期;

　　　t——期数;

　　　i_t——社会折现率。

经济净现值计算结果大于等于 0，表示该旅游投资项目可行。

2）经济内部收益率（E_I）。经济内部收益率是反映旅游投资项目对国民经济贡献的相对指标，表示何种收益率可使考察期内各期净收益的现值之和为 0。其公式为

$$\sum_{t=0}^{n} (P-C)_t (1+E_I)^{-t} = 0 \qquad (6-10)$$

式中　E_I——经济内部收益率;

　　　P——效益流入量;

　　　C——费用流出量;

　　　n——计算期;

　　　t——期数。

经济内部收益率计算结果要与社会折现率比较。社会折现率表示从国家角度对资金机会成本和资金时间价值的估量，是社会对投资项目占用资金所要求达到的最低盈利标准。我国社会折现率目前定为 12%。当经济内部收益率等于或大于社会折现率，表明该项目可行。

（2）旅游投资外汇收入指标

1）经济外汇净现值（F_p）。经济外汇净现值是衡量旅游投资项目对国家外汇的净贡献。反映项目实施后对国家外汇收支的影响程度。其公式为

$$F_P = \sum_{t=0}^{n} (f_i - f_o)_t (1+i_t)^{-t} \qquad (6-11)$$

式中　F_p——经济外汇净现值;

　　　f_i——外汇流入量;

　　　f_o——外汇流出量;

　　　n——计算期;

t——期数；

i_t——社会折现率。

2）经济换汇成本（E_c）。经济换汇成本是分析评价旅游项目投资实施后对国际游客是否有吸引力，在国际上是否有吸引力的指标。其公式为

$$E_c = \frac{\sum_{t=0}^{n} D_t(1+i_t)^{-t}}{\sum_{t=0}^{n} (f_i' - f_o')_t (1+i_t)^{-t}} \tag{6-12}$$

式中 E_c——经济换汇成本；

D_t——旅游项目在第 t 年为"出口产品"投入的国内资源；

f_i'——旅游产品交易过程中的外汇流入；

f_o'——旅游产品交易过程中的外汇流出；

n——计算期；

t——期数；

i_t——社会折现率。

这里提到的"出口产品"指旅游项目经营后，国际游客购买该产品，如进行游览，相当于产品出口换取外汇。

经济换汇成本计算结果要与影子汇率相比较，当经济换汇成本小于或等于影子汇率时，说明该旅游投资项目可行。影子汇率是在国民经济评价中区别于官方汇率的外币与本币的真实价格。

（3）旅游就业指标

旅游业不仅是一个创汇产业，也是一个劳动密集型产业，可以吸纳大量社会劳动力就业。某一旅游投资项目能提供的直接就业能力，可以根据该项目直接聘用的员工人数，或者该项目向职工所付工资总额占总成本的比例来进行测算。直接就业率的公式为

$$E_T = \frac{W_T}{T_C} \times 100\% \tag{6-13}$$

式中 E_T——旅游投资项目的直接就业率；

W_T——旅游投资项目预计年工资总额；

T_C——旅游投资项目预计年总成本。

根据直接就业率和旅游投资项目每年的实际总成本，就可以计算出每年实际应支付的工资总额，然后与人均工资相除就可计算出每年实际提供的直接就业岗位数。

（4）社会文化影响指标

与上述指标不同，确定一项旅游投资项目对社会文化的作用难以用数量表示，它只能依靠主观判断。为了最大限度地减少主观判断的偏差，需组织专门的专家小组，对旅游投资项目可能给社会文化带来影响的各个方面进行评价，并对起积极作用的用正数表示，起消极作用的用负数表示，最

后通过计算加权平均数来判断和评价旅游投资项目的社会文化影响。通常，旅游项目对社会文化影响的领域有：对恢复、保护和合理利用名胜古迹的影响，对保护传统艺术和文化遗产的影响，对人们思想与职业道德的影响，对当地居民消费方式的影响，对传统社会结构与家庭的影响，对国内旅游的促进作用等。

（5）综合效益指标

对旅游投资项目的综合效益评价应该按照下列顺序进行排列：首先，应分别列出各投资项目综合效益的领域，分别计算各领域的数值；其次，应根据国家或地方政府旅游规划和旅游政策所强调的重点对各个领域的数值进行加权，以确定各领域的相对重要性；最后，计算在同一离散范围内每一领域加权数值同基点的偏差，并以此为基础来比较各个方案的优劣。在具体计算中，根据不同的旅游投资项目，可以采取不同的综合效益计算方法。

3. 旅游投资的微观经济评价

任何旅游投资都必须以盈利为目标，即旅游投资不仅要收回成本，而且必须以取得一定的利润为目标。因此，对旅游投资的经济评价就是按照利润最大化的标准来确定投资方案的优劣。通常，旅游投资的经济评价采用以下方法：

（1）投资回收期（T）

投资回收期是指旅游项目的净收益抵偿全部投资所需要的时间。它是评价项目在财务上投资回收能力的主要指标。动态投资回收期就是净现金流量累计现值等于 0 时的年份。当计算出来的投资回收期小于或等于投资者期望的回收期时，项目可以考虑接受。动态投资回收期的计算公式为

$$\sum_{t=0}^{T} F_t (1+i_c)^{-t} = 0 \qquad (6-14)$$

式中　T——投资回收期；

　　　F_t——第 t 期净现金流量；

　　　t——期数；

　　　i_c——社会折现率。

现实中动态投资回收期的实用公式为

$$T = 累计净现金流量折现值开始出现正数的年份数 - 1 + \frac{|上年累计净现金流量折现值|}{当年净现金流量折现值}$$

【例6.6】采用做表法求该项目（见表6-1）的投资回收期。

表6-1　某项目累计净现金流量折现值　　　　　　　　　　（单位：万元）

年份	0	1	2	3	4	5	6
现金流入			5 000	6 000	8 000	8 000	7 500
现金流出	6 000	4 000	2 000	2 500	3 000	3 500	3 500
净现金流量	−6 000	−4 000	3 000	3 500	5 000	4 500	4 000
净现金流量折现值	−6 000	−3 636	2 479	2 630	3 415	2 794	2 258
累计净现金流量折现值	−6 000	−9 636	−7 157	−4 527	−1 112	1 682	3 940

该项目的动态投资回收期为

$$T = 5 - 1 + \frac{|-1112|}{2\,794} = 4.4(\text{年})$$

（2）财务净现值（NPV）

财务净现值是指按旅游行业的基准收益率或设定的折现率，将项目计算期内各年的净现金流量折现到建设期初的现值之和。它是评价项目盈利能力的动态指标。当财务净现值大于或等于 0 时，表明该旅游项目可行。其公式为

$$\text{NPV} = \sum_{t=0}^{n} F_t (1+i_c)^{-t} \tag{6-15}$$

式中　F_t——第 t 期的净现金流量；

　　　n——计算期；

　　　i_c——基准收益率。

（3）财务内部收益率（IRR）

财务内部收益率是旅游项目在整个经济寿命期内，在抵偿了包括投资在内的全部成本后，每年的平均收益率。它是评价旅游项目盈利能力的主要动态指标。其公式为

$$\sum_{t=0}^{n} F_t (1+\text{IRR})^{-t} = 0 \tag{6-16}$$

式中　IRR——财务内部收益率；

　　　F_t——第 t 期的净现金流量；

　　　n——计算期。

计算得出的 IRR 要与旅游行业的基准收益率（i_c）相比较，当 IRR 大于或等于基准收益率时，则认为该项目的盈利能力已满足投资者的最低要求，投资项目可行。

第四节　旅游投资风险分析

一、投资风险的含义

投资风险是指一项旅游投资所取得的结果和原期望结果的差异性。对大多数投资活动来说，都存在一个风险问题，只是风险程度不同而已。如果一个投资方案只有一个确定的结果，也就是确定性投资，一般没有什么风险。但旅游企业投资决策所涉及的问题都具有长期性，这些关系到未来旅游产品的需求、价格和成本等因素都具有不确定性，某些因素的变化往往会直接引起投资效果的变化，甚至某些在投资决策时认为可行的方案，投入实施以后会由于某些因素的变化而变成不可行。所以任何一项投资决策都会出现风险，因而要对风险做出正确的评判，并力求使这种风险减小到最低程度。

二、投资风险的测定

衡量投资风险的大小，可以用风险率指标。风险率就是指标准离差率与风险价值系数的乘积。标准离差率是标准离差与期望利润之间的比率，风险价值系数一般由投资者主观决定。

期望利润指投资方案最可能实现的利润值。它是各个随机变量以其各自的概率进行加权平均所得到的平均数，计算公式为

$$E = \sum_{i=1}^{n} X_i P_i \qquad (6-17)$$

式中　E——期望利润；

　　　X_i——第 i 种结果的利润；

　　　P_i——第 i 种结果的概率；

　　　n——自然状态数；

　　　i——起始计算自然状态数。

三、投资风险的分析方法

旅游投资风险可分为系统风险和非系统风险。系统风险又称市场风险，诸如自然、政治、经济、文化、金融等，来自于宏观环境因素，具有很大的不确定性，是投资者无法回避的风险，但也要在项目投资之前尽可能地预先估计，以避免或者防范可能因此而造成的损失；非系统风险又称企业风险，诸如设计、施工、管理等，来自于对旅游投资项目产生影响的特定因素，是投资者可以预见和控制的风险。因此，需要旅游投资者在投资之前做好市场调研和预判，在投资过程中提高防范意识、加大识别力度，尽可能降低投资风险。采用投资风险分析方法是规避或降低投资风险的必要保障。

（1）盈亏平衡分析法

盈亏平衡分析法又称保本点分析法或本量利分析法，是根据产品的业务量（产量或销量）、成本、利润之间的相互制约关系的综合分析，用来预测利润、控制成本、判断经营状况的一种数学分析方法。项目的盈利与亏损的转折点，称盈亏平衡点。在这一点上，销售收入等于生产成本，项目刚好盈亏平衡。盈亏平衡分析就是要找出盈亏平衡点，从而根据市场上监测的情况，推测项目投资盈亏的可能性，以做出投资决策。

一般说来，企业收入=成本+利润，如果利润为零，则有收入=成本=固定成本+变动成本，而收入=销售量×价格，变动成本=单位变动成本×销售量，这样由销售量×价格=固定成本+单位变动成本×销售量，可以推导出盈亏平衡点的计算公式为

$$盈亏平衡点（销售量）=固定成本÷每计量单位的贡献差数 \qquad (6-18)$$

企业利润是销售收入扣除成本后的余额；销售收入是产品销售量与销售单价的乘积；产品成本包括工厂成本和销售费用在内的总成本，分为固定成本和变动成本。

盈亏平衡分析法是对拟建项目进行不确定分析的方法，一方面需要对项目的一些参数如销售量、售价、成本等做出决定，而另一方面某些经济数据还不易确定，如总投资、收益率等。因此，用盈亏

平衡分析法粗略地对高度敏感的产量、售价、成本、利润等因素进行分析，会有助于了解项目投资可能承担风险的程度。

（2）敏感性分析法

在众多不确定因素中，一些因素稍有变动就会引起项目投资经济效益的明显变动，也就是说投资经济效益对这些因素的变动反应敏感，这类因素被称为敏感性因素。而另有一些因素变动时，只引起项目投资经济效益的较小变动，也就是说投资经济效益对这些因素的变动反应不敏感，这类因素被称为不敏感因素。敏感性分析就是在诸多不确定因素中，确定哪些是敏感性因素，哪些是不敏感因素，并且确定投资经济效益对它们的敏感程度。敏感性分析既可以使项目决策人员对项目的风险程度有所了解，还有助于找出影响项目投资经济效益的主要因素，进一步提高这些主要因素数据的可信程度，进而提高项目经济分析工作的质量。同时，还可以通过敏感性分析得知这种不确定因素的误差允许达到什么程度时方案仍是可行的，并在多个可行方案中做比较，从中进行优选。

敏感性分析的步骤如下：

1）确定投资经济效益指标的分析对象。选择针对性更强、最能反映该项目特点的项目投资指标进行分析，如净现值、投资回收期、投资收益率、息税前利润等。

2）寻找敏感性因素。在选择的投资经济效益指标体系中，寻找那些对项目投资经济效益有重大影响，并在建设和使用期内可能发生较大变动的因素。不同的投资项目，其敏感性因素也不同。

3）根据敏感性因素的变动幅度，分别重新计算有关的投资经济效益指标。敏感性因素变动幅度的估计，需要凭借经验和调查研究，使主观估算尽可能与未来的实际偏离小些，通过计算出来的投资经济效益指标相对于敏感性因素的变动幅度判断该项目风险的大小，以及哪些是主要的不利因素。

（3）概率分析法

概率分析就是通过估计不确定因素出现的概率来分析投资项目某种经济效益出现的可能性，用以判断项目投资的风险程度。其主要任务就是用一定的概率方法计算出各个项目指标的期望值和标准偏差，借以提高项目各个指标的准确性，保证项目决策分析的可靠性。

概率分析的步骤如下：

1）列出可能出现的各种不确定因素，例如销售价格、销售量、投资和经营成本等，并分别计算各种可能结果下的经济效益。

2）设想各个不确定因素可能发生的情况，估算各种可能结果出现的概率。各不确定因素的各种可能发生情况出现的概率之和必须等于1。可以根据以往的统计数据或调查资料计算得出客观概率，也可以根据项目分析人员的经验判断得到主观概率。

3）计算目标值的期望值。根据以上资料，可根据方案的具体情况选择适当的方法，计算在该不确定因素影响下投资经济效益的期望值和标准偏差。综合期望值和标准偏差，确定获得一定的投资经济效益水平的可能性。

4）再认定另一个不确定因素，假设其他因素固定不变，估算此因素出现各种可能的概率，计算期望值和标准偏差。

5）分析相关因素对该投资项目的影响大小，进一步准确判断该投资项目的风险程度。

第五节　旅游投资决策

一、旅游投资决策

投资决策是为达到一定的目标，在资金投入方向上存在多个方案的比较中，选择和确定一个最优方案的过程。决策贯穿于人类社会经济活动的各个方面，大至国家方针政策的决策，小至个人生活、工作的决策。旅游业也不例外，没有旅游投资决策，就没有旅游项目的建设和旅游业的可持续发展。

1. 决策的要素

一个决策问题由以下五个要素构成：

（1）决策主体

决策主体也称决策者。在旅游投资项目决策中，经常作为决策主体的主要有：中央及地方政府的旅游投资决策部门，国内外旅游项目投资企业，国内外旅游项目投资银行或金融组织，参与旅游项目投资的个人。

（2）决策目标

决策目标是决策的依据，即决策问题所期望达到的结果。根据决策目标的数量，可分为单一目标决策问题和多目标决策问题。旅游投资项目决策一般为多目标决策问题，主要目标有：提高企业的经济效益和获得更多的外汇收入；可持续、有效地开发和利用旅游资源；带动地区经济发展和提供就业机会；发扬地区文化传统等。多目标决策问题是以达到两个以上目标为准则择优选择方案的问题，因此需要根据目标的重要程度对方案进行合理评价。

（3）行动方案

行动方案又称投资实施方案，即为实现决策目标，决策主体根据主、客观条件可以主动加以考虑和采取的可行方案。一个决策问题至少要有两个行动方案，否则决策者无法进行比较、择优，也就构不成决策问题。

（4）自然状态

自然状态是指每一个行动方案实施后可能遇到或出现的影响预期目标实现效果的客观情况。自然状态是不以决策者的主观意志为转移的客观情况，决策者无力加以改变，只能通过历史资料预测其未来发生的概率。自然状态发生的不确定性，使每一次决策都存在一定的风险。同时，决策者在进行备选方案的选择过程中，会受到自身思想、社会经验、性格气质等方面因素的影响。因此，自然状态发生的概率和决策者对方案的选择偏好，是决策的两个制约因素。

（5）损益值

损益值是指每一行动方案在每一客观情况下发生的经济后果。损益值一般是通过项目的财务分析估算出来的。

上述五个要素结合在一起，就构成了一个完整的决策问题。其中后三个是决策的基本要素，因为只有三者同时存在，才使决策活动区别于其他经营管理活动。

2. 旅游投资决策要考虑的因素

由于旅游投资项目的特点，旅游投资主要指固定资产投资。与流动资产投资相比，固定资产投资具有自己的特点：首先，固定资产投资的结果形成的是旅游专用设施和旅游基础设施，它决定了将来人们旅游活动的场所、规模和特色，并且决定了相应流动资产投资的数量和结构；其次，固定资产投资回收期长，而由其决定的将来人们旅游活动的场所、规模和特色又会影响流动资产的周转速度，从而影响着全部投资风险的大小。因此，旅游投资决策的关键是如何进行固定资产投资决策。

一般来讲，旅游投资在决策时，通常要考虑的因素有以下五点：

1）投资主体所期望的投资目标，也就是说，投资主体希望通过这一投资项目获得多少经济效益和社会效益。

2）决策者对承担风险大小的承受力，如可以选择较大的风险以获取较大的收益，也可以求稳为上，宁愿接受较小的收益。

3）该项目在当地是否最能发挥资源优势，是否具有特色，是否有市场竞争力。

4）当地是否具有建设该项目的社会、经济条件。

5）旅游企业是否具备建设项目的实力。

上述五个因素是决策过程需要回答的，也是决策过程中的基本思路。一个科学、正确的旅游投资项目决策，可以给旅游企业带来经济效益和社会效益；反之，就会给旅游企业带来损失，影响企业的形象。

3. 旅游投资决策的类型

从决策的性质上看，根据对各种自然状态的认识和掌握的程度不同，旅游投资决策分为三种类型：确定型、风险型和非确定型。

（1）确定型决策

确定型决策是指决策的条件与因素均处于固定情况下的决策。例如，旅游企业有一笔资金，可以用来购买国库券，也可用来购买其他公司的债券。如前者年利率为14%还本付息期5年，后者利率为11%还本付息期为3年，这两种利率都是固定的，旅游企业购买它们不存在任何风险。但是两者利率不同，还本付息期也不同，旅游企业就需要根据自身的情况和追求的目标从中选择最适合的方案，这就是确定型决策。

（2）风险型决策

风险型决策也称为统计型决策或随机型决策。它需要具备以下几个要素：一是决策者试图达到一个明确的决策目标；二是决策者具有可供选择的两个及两个以上的可行方案；三是有两个及两个以上的不确定决策条件及影响因素；四是不同方案在不同的条件和因素作用下的损益值可以计算出来；五是决策者可以对各种条件及因素作用的概率进行估计。具备上述要素的决策就是风险型决策，这类决策一旦失误就会给决策者或者投资者带来损失。例如，旅游企业有两个可供选择的投资方案，新建一座星级饭店或新建一座娱乐中心，主要用来接待境外旅游者。前者在世界经济繁荣时期成功的概率为 0.2，年效益 2 000 万元；正常时期的概率为 0.5，年效益 1 500 万元；衰退时期的概率为 0.3，年效益 500 万元。后者在各时期的成功概率与前者相同，年效益分别为 3 000 万元、1 500 万元和 0 元。在这种情况下的选择就属于风险型决策。一般可以运用期望值法、决策树法进行此类问题的决策。

（3）非确定型决策

非确定型决策是指决策的条件和因素完全处于不确定情况下的决策。由于决策条件和因素既不确定也无法估计，只能在做出方案相互比较后再进行决策。一般可以运用乐观决策法、悲观决策法和折中决策法进行此类问题的决策。

二、旅游投资决策的程序

旅游投资决策的程序是指投资项目决策过程中各工作环节应该遵循的符合其自身运动规律的先后顺序。旅游投资决策的程序不是人为确定的，而是人们在长期的投资决策实践中总结出来的符合规律性的程序。遵守科学的决策程序，项目投资才有可能出现好的效益。一般来讲，旅游投资决策的程序包括以下五个步骤：

1）确定旅游投资的目标。任何旅游投资都有明确的目标，这是进行旅游投资决策的重要前提条件。确定旅游投资目标，首先必须对投资条件和投资环境进行调查和分析，包括调查和分析旅游投资项目的资源条件、经营环境、旅游市场竞争环境和发展趋势，明确准备投资项目的优势和劣势、发展机遇和现实条件等；其次要对旅游投资项目进行初步的机会研究，明确旅游投资的预期目标和重点，并且根据旅游市场需求预测，进一步明确旅游投资的预期目标，确定旅游投资项目的评价和考核指标体系。

2）提出旅游投资项目建议书。按照对旅游投资条件和环境的调查和分析，在投资机会研究的基础上提出旅游投资项目建议书。项目建议书又称为预可行性研究，是在投资开发之前对拟投资项目的轮廓性设想，是由政府部门、全国性的专业公司、现有企事业单位或新组建的项目法人根据国民经济发展情况、相关产业政策、地区规划和发展方针，结合拥有的资源等向主管部门提出的建议性文件。其内容一般包括拟投资项目的名称、地点、时间、主要内容、投资主体和资金投入量，以及对拟投资项目的必要性和可行性的初步设想。

3）进行旅游投资项目可行性研究。旅游投资项目建议书经政府有关部门初步评估和批准后，即可以由旅游投资项目主管单位委托具有旅游投资规划和可行性研究资质的机构，进行旅游投资项目的规划和设计，并在此基础上进行投资项目的可行性研究，编制旅游投资项目可行性研究报告。同时，对涉及旅游投资项目的有关政策和规定进行咨询，并获得相应的批准手续等。

4）对旅游投资项目进行评审。由旅游投资项目审批决策部门组织和授权有关机构和专家，对项目主管单位提交的旅游投资项目规划设计和可行性研究报告进行评估论证和审查，评估、审查的主要内容包括：第一，全面审核可行性研究报告中反映的各项情况是否属实；第二，分析项目可行性研究报告中各项指标的计算是否正确，包括各种参数、基础数据等是否恰当；第三，从企业、国家和社会等方面综合分析和判断投资项目的经济效益和社会效果；第四，分析和判断项目可行性研究的可靠性、真实性和客观性，对项目做出取舍的最终投资决策；第五，写出项目评估报告。

5）旅游投资项目建设的审批。旅游投资项目审批决策部门根据评审意见，再对投资项目评估报告及必需的相关要件进行审核，明确投资项目可行并且相关要件都已齐备，即可批准投资项目进行建设。

三、旅游投资项目决策方法

1. 确定型决策的方法

确定型决策是指自然状态的发生为已知的情况下进行的决策。应用确定型决策需要具备三个条件：一是可供选择的行动方案有若干个；二是未来的经济事件的自然状态是完全确定的；三是每种方案的结果是唯一的，并可计量。满足这三个条件下，进行方案的对比，可直观地得出优化的决策结论。

【例6.7】加入旅游投资项目可以向三家不同的银行贷款，其利率各不相同，见表6-2。

表6-2　三家银行贷款利率

方案1	方案2	方案3
7.0%	6.5%	7.5%

在此例中，自然状态是已知的。如果其他条件相同，通过比较可以很容易判断出方案2利率最低，是最优方案。

2. 非确定型决策的方法

非确定型决策是指在对自然状态是否发生事先不能肯定，且对各自然状态可能发生的概率也无法加以准确预测的情况下进行的决策。在这种情况下的决策，由于信息不完全，所以带有很大的主观随意性，因此决策者对方案选择的偏好，对决策结果影响较大。常用的方法有三种：

（1）小中取大法

这种方法的特点是，当决策者面临客观条件不明时，唯恐决策错误造成重大的经济损失，所以在处理问题时就比较小心谨慎，总是从最坏的结果着想，从那些最坏的结果中选取其中最好的结果。具体方法是：决策者首先找出各个方案在各种自然状态下的最小损益值，然后再从这些最小值中选出其中最大的值，这个最小值中的最大值所对应的方案，就是决策者要选择的最优方案。

【例6.8】某旅游企业要投资开发某一旅游资源。因缺乏有关材料，企业对客源地需求量只能估计为较高、一般、较低、很低四种情况，对每种情况发生的概率无法预测。为了开发建设，企业提出了独资建设、与当地有关部门集资建设、与外商合资建设三个方案，并估算出每个方案三年的损益值，见表6-3。

表6-3　三种方案在各种自然状态下的损益值表　　　　　　　　（单位：万元）

方案＼状态	较高	一般	较低	很低
独资	800	350	−300	−700
集资	350	220	50	−100
合资	400	250	90	−50

三个方案的最小损益值分别为−700万元、−100万元、−50万元，决策者选择损益值为−50万元的与外商合作方案为最优方案。

（2）大中取大法

与小中取大法不同，大中取大决策法的特点是决策者在决策时，即使情况不明，但仍然不放弃任何一个可能获得最大利益的机会。具体选择过程是：先从每一个方案中选择一个最大的损益值，然后再从这些最大的损益值中选择一个最大值，这个最大值所对应的方案，就是决策者所认为的最优方案。

以此方法来考察【例6.8】，先从表6-3中选出各个方案的最大损益值，即800万元、350万元、400万元。根据大中取大的原则，决策者应选择损益值为800万元的独资建设方案。

（3）后悔值法

当事先难以肯定是否发生某一种自然状态时，必然是在这种自然状态发生的状况下，哪个方案的损益值最大即为最优方案。如果决策者在事先进行决策时没有选择这个方案为最优方案，而是选择其他的方案，事后他就会感到后悔。后悔值决策法就是以决策时避免将来后悔为原则进行方案择优的方法。后悔值是指在每一自然状态下，其最大损益值与采取其他方案的损益值之差。这一方法的具体做法是：先将各种自然状态下的最大损益值减去其他方案的损益值，得出各个方案在各种自然状态下的后悔值。然后找出每个方案的最大后悔值，再从这些最大后悔值中选择一个最小值，即可能出现后悔值是最小的，则这个最小的最大后悔值所对应的方案就被认为是最优方案。

以此方法来考察【例6.8】，先从表6-3中各种自然状态下最大的损益值，即800万元、350万元、90万元、-50万元。然后把每种状态下的最大损益值减去其他方案的损益值，求出后悔值，见表6-4。

表6-4　各方案在各种自然状态下的后悔值表　　　　　　　　（单位：万元）

状态 方案	较高	一般	较低	很低
独资	0	0	390	650
集资	450	130	40	50
合资	400	100	0	0

三个方案的最大后悔值分别是650万元、450万元、400万元，应选择后悔值为400万元所对应的方案，即与外商合资方案。

上述例子表明，在非确定型决策的条件下做出决策是一件困难的工作，决策方法的选择是一种带有决策者主观气质特色的现象，目前理论上还不能证明哪种方法是最合理的。所以，决策者在实际应用这些方法时，需要根据具体情况并结合自己的工作经验灵活判断。

3. 风险型决策的方法

风险型决策也称为随机型决策，是指决策者在对自然状态能否发生不能肯定，但可以预测各种自然状态可能发生的概率的情况下的决策。自然状态的发生概率为

$$\sum_{j=1}^{m} P(\theta_j) = 1 \quad (1 \geqslant P(\theta_j) \geqslant 0) \tag{6-19}$$

式中　θ_j——自然状态；

　$P(\theta_j)$——自然状态发生的概率；

　m——自然状态的数目。

采用风险型决策的情况下，根据决策问题的复杂程度可以用期望值法和决策树法进行决策。

（1）期望值法

用期望值法进行决策，首先以损益期望值表为基础，计算出每个方案的损益期望值。由概率论可知，期望值表示随机变量取值的"平均数"。因此，如果决策目标是收益最大，则选择期望值最大的投资方案作为最优方案；如果决策目标是成本最小，则选择期望值最小的投资方案作为最优方案。

【例6.9】某旅游企业拟投资开发一个新的旅游景区，经过可行性论证提出大面积开发建设和小面积开发建设两个方案。大面积开发需投资4 550万元，小面积开发需投资2 800万元。设两个方案的建设经营期均为6年。根据市场预测，客源地旅游需求量较高或较低的概率分别为0.7和0.3，年平均经营收益见表6-5。

表6-5　年平均经营收入和损益期望值计算表　　　　　（单位：万元）

自然状态 投资方案	需求量较高	需求量较低	损益期望值
大面积开发	1 500	−200	1 390
小面积开发	800	100	740

表中损益期望值计算如下：

大面积开发方案的期望值=1 500×0.7×6+（−200）×0.3×6=1 390（万元）

小面积开发方案的期望值=800×0.7×6+100×0.3×6=740（万元）

故应该选择大面积开发投资方案作为最优方案。

（2）决策树法

在风险型决策问题中，以损益表为基础的期望值法对解决较简单的决策问题具有简便、有效的优点。但是，对于比较复杂的决策问题则需要运用决策树法。决策树法不仅可以解决单级决策问题，而且可以解决损益表难以适应的多级决策问题，是风险型决策问题中常用的方法。

决策树法是把各种可供选择的投资方案和可能出现的自然状态、可能性的大小，以及产生的后果简明地绘制在线条类似于树干分支的图形上，以便于研究和分析，如图6-2所示。

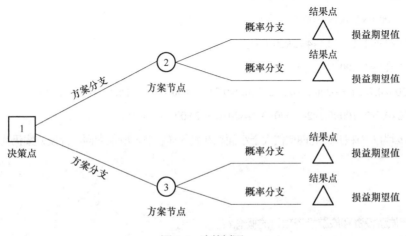

图6-2　决策树图

图中方形表示决策点，从它引出的分支称为方案分支，每条方案分支代表一个方案。圆形代表方案节点，其上方的数字表示该方案的损益期望值。从方案节点引出的分支称为概率分支，每条分支上注明相应自然状态发生的概率。三角形表示结果点，在其右侧注明每个投资方案在相应自然状态下的损益期望值。

决策树绘制时的顺序是从左向右，各节点的顺序号按从左向右、从上向下的次序标注。运用决策树方法进行决策时，从右向左逐步后推进行分析。首先，根据结果点的损益期望值和相应分支的概率，计算出期望值的大小；然后，根据投资方案的期望值的大小来选择最优方案。

【例6.10】假设将【例6.9】中的决策问题的经营建设期分为前2年和后4年两期考虑，根据该地区旅游市场调查预测，前2年旅游需求量较高的概率为0.7。如果前2年旅游需求量较高，则后4年旅游需求量较高的概率为0.9；如果前两年旅游需求量较低，则后4年的需求量肯定也低。试问在这种假设情况下，哪个投资方案投资效益好？

首先，做决策树图如图6-3所示。

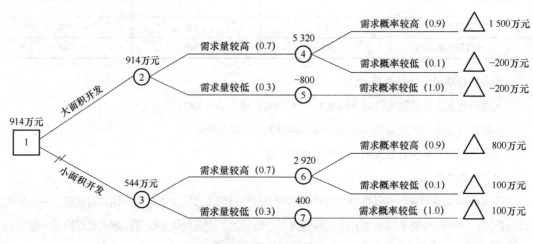

图6-3　例题决策树图

其次，计算各节点损益期望值，并标注在图中相应的节点上。

点④1 500×0.9×4+（−200）×0.1×4=5 320（万元）

点⑤（−200）×1.0×4=−800（万元）

点⑥800×0.9×4+100×0.1×4=2 920（万元）

点⑦100×1.0×4=400（万元）

点②1 500×0.7×2+（−200）×0.3×2+5 320×0.7+（−800）×0.3−4 550=914（万元）

点③800×0.7×2+100×0.3×2+2 920×0.7+400×0.3−2 800=544（万元）

最后，因为大面积开发的期望值大于小面积开发的净收益。所以大面积开发方案仍为最优方案。

基本训练

1. 如何理解旅游投资和旅游投资项目的概念？

2. 旅游投资有哪些分类方法和类别?

3. 如何进行旅游投资的可行性研究分析?

4. 旅游投资项目评价的流程有哪些步骤?

5. 如何分析旅游投资项目的风险?

6. 如何评价旅游投资项目的宏观效益与经济效益?

应用训练

1. 对模拟旅游项目进行可行性研究分析。

2. 对模拟旅游项目进行评价和决策。

案例分析

反思海南人造景区败笔

1. 热带海洋世界难见"海洋"

投资 4 亿多元、曾经名噪一时、号称"中国第一个以热带和海洋为主题"的大型主题公园、海口首个国家 4A 景区——海南热带海洋世界,开业 4 年多后,在 2011 年 6 月黯然关门休业至今。该公园位于海口市滨海西路,陆海面积共占地 838 亩(1 亩≈666.67 平方米),地处海口黄金海岸线。1997 年,北京天鸿集团看中了这片地段,向海口市政府提出投资开发建设的议题。当时,海口市没有一个真正有特色的主题公园,为此,海口市政府将热带海洋世界作为海南省重点建设项目,给予大力扶持。

准确的主题定位、良好的位置、政策的支持为何没有留住景区的辉煌?原海口市旅游规划发展科科长文德林谈起此事无奈地说,当时,该项目规划通过政府部门审批,整个项目分两期开发,项目的核心部分在第二期,包括建水族馆、海底世界、海洋博物馆。在建成第一期工程后,考虑到开发商的实际情况,政府同意其先开业,边营业边开发,滚动发展。从这就里下了隐患。开发商建成第一期后,就对外开业,接待游客,因为园内有特色的景点不多,加上第二期项目迟迟未建成使用,这一主题公园失去了其最突出的主题,游客逐渐减少,经营状况每况愈下。

有关专家分析说,海南是个海洋大省,好多资源都具备人造景点的基础,但要紧紧抓住海洋文化做文章。该项目最有看点的第二期工程迟迟没有竣工,而园内的景点还修了人工湖、观光塔等严重偏离了海洋主题的产品,游客看不到想看的东西,景区缺乏核心竞争力和吸引力,这样就逐渐失去了游客。游客也普遍反映,花几十元门票看不到什么有特色的景点,热带海洋世界公园见不到海洋生物,名不副实。

2. 东郊椰林不成"林"

东郊椰林风景区位于海南文昌东郊半岛上,东邻铜鼓岭旅游区,西连高隆湾旅游区。椰林面积 3 万多亩,素有"文昌椰子半海南,东郊椰子半文昌"之誉。独特的旅游资源,曾经使东郊椰林成为具有海滨椰林风光特色的名胜旅游区。2000年,东郊椰林还一举击败了其他景区,荣登"国家名片",与古巴的巴拉德罗海滨共同成为"海滨风光"邮票的主图。

同样是背靠着得天独厚的特色资源,又为何也没能走出衰败窘境呢?百莱玛度假村是在东郊椰林最早成立的旅游企业,总投资4000万元。该公司负责人告诉记者,刚开始没有几家景区酒店,这里的游人很多,生意非常好。不久很多商家都看到这里能赚钱,一拥而上。现在这里景区不像景区,村庄不像村庄,就这样败掉了。另外,据媒体报道,早在1992年1月,文昌市政府就委托天津城乡规划设计院海南分院对东郊椰林进行规划,将东郊椰林分为热作田园景区、红树林名胜景区、椰林自然风景区、文化景区四大功能区。但在开发建设时,却出现了无序招商引资,规划"束之高阁"。规划没有履行,低层次开发是造成东郊椰林衰败的原因之一。

海南省生态学专家指出,东郊椰林10km长的海岸拥有近海珊瑚资源,本来是很好的吸引物,由于政府的管理失灵,把本应统一开发的椰林海岸,分成小块出卖,倒卖土地成风,根本没有人是在认真做景区。此外,对于珊瑚礁的保护不到位,附近居民炸珊瑚烧石灰,对环境的破坏极大。没有了美丽的珊瑚和成片的椰林,最终东郊椰林失去了吸引力,走向了必然的没落。

3. 中华民族文化村没有"文化"

1994年4月,海南首家以民族风情为主题的民族风情园——海南中华民族文化村开业。该园位于五指山市,由通什国际康乐中心投资建造,计划投资1.2亿元,占地达600余亩,由23个民族村组成。但从它建成开始起就没有盈利,一路走亏。为何民俗文化产品也难逃一劫呢?

有专家认为,此景区的败笔在于简单地克隆,而缺少对文化内涵的挖掘和提升。自从深圳的锦绣中华民俗文化村红火起来后,很多开发商都不对消费人群、市场需求、地理位置等进行分析,而直接模仿,海南的这家就是很典型的例子。所以游客都选择了该园附近的一些真正的黎族村寨,而对这个人造的民族村不感兴趣。

黎族作为分布在海南的主要的少数民族,拥有灿烂的黎族文化遗产,黎族的茅草屋、方言、古代龙被艺术、织锦、饮食文化、黎族歌舞乐器等都可以做出很大的文章,可是开发商没有看到真正的商机,没有意识到土乡土色的本土文化产品才最具吸引力和生命力,而是把展示全国民族风情的景点放在五指山,市场定位不对,不符合实际情况,显得不伦不类。

据了解,五指山市政府将把该园改造成为休闲度假村,功能定位为市区文化公园,为游客与市民提供一个休闲游览游憩的去处。

4. 人造景点的发展之路

这些失败的案例并不意味着人造景区就没有发展的空间,在海南也有成功的典范。南山总裁助理蒋海燕向记者介绍,南山文化旅游区开发成功的经验就在于从规划、开发到管理都很到位,形成了自己一套独特的风格,很有序、很规范,并且在开发时充分利用了地理优势,借南海做足了观音、寿、佛的文化,当把文化与资源结合得好的时候就会形成特色、形成竞争力。

有关专家指出,人造景观不容易做成功与目前旅游大市场的需求也有很大关系,人们趋向于一种返璞归真的生态化旅游需求,当人造景点不能满足生态化的需求时就难以长久。所以,人造景点在开发时一定要注意对资源的研究和对文化的提升，对市场的把握要通透，要有广阔的视野，以独特的方式挖掘和提炼本地特色。

另外，有关专家认为，政府行为对人造景点的成败也有着重要的影响，宏观管理很重要。一方面要以优惠的政策扶持、扶助大企业；另一方面要督促检查，关注、关心企业的发展动态，目光要放长远，不要被短期效益所迷惑，适当地控制人造景点的数量。

资料来源： http://www.toptour.cn/detail/info56812.htm（有删改）

案例分析思考：

1. 海南几大人造景观失败的原因是什么?

2. 人造景观要成功，应解决哪些关键问题?

3. 该案例给旅游投资者有哪些启示?

Chapter 7

第七章

旅游消费

学习目标

知识目标：了解旅游消费的概念和特点，熟悉旅游消费结构的分类，了解旅游消费方式的发展趋势，熟悉旅游消费效果。

技能目标：能够从旅游消费和旅游产品生产两个方面对旅游消费效果进行衡量。

能力目标：能够根据消费者可支付能力的状况，做好旅游消费决策的能力。

导读案例

2017年中国游客出境游消费占全球1/5

联合国世界旅游组织近日发布《世界旅游组织旅游亮点 2018 年版》显示，2017 年国际旅游总收入为 1.34 万亿美元，比 2016 年增加约 940 亿美元。其中，中国游客出境游消费 2 580 亿美元，继续占世界首位，占总收入比例近 1/5。

报告显示，2017 年国际游客总数达到 13.23 亿人次，较 2016 年增加约 8 400 万人次，创下自 2010 年以来的最高纪录，保持连续八年不间断增长。同时，2017 年国际旅游收入整体增长5%。除了旅游目的地赚取的 1.3 万亿美元收入外，国际旅游中非居民进行的国际客运还创造出 2 400亿美元收益，而这也使得旅游出口总额增加至 1.6 万亿美元，相当于每天 40 亿美元，占世界出口总额的 7%。

在世界最大的旅游市场和目的地中，去年西班牙上升为仅次于法国的世界第二大国际旅游目的地；俄罗斯联邦再次进入世界旅游来源国前十名行列，排名第八；日本在连续六年保持两位数的增长后，其旅游收入也进入前十行列，排名第十。从区域整体来看，欧洲和非洲领先排行榜，这两个地区的入境人数分别增长了 8%和 9%。几乎所有来源市场的强劲出境需求，驱动了 2017 年全球旅游业的发展，其中发达国家和新兴国家颇为受益。

现阶段，我国已连续多年保持世界第一大出境旅游客源国和全球第四大旅游目的国地位。在出境游方面，2017 年我国出境旅游市场为 1.29 亿人次，比 2012 年增长 4 580 多万人次，年均增长达 9.17%。业内有分析指出，我国出境旅游呈现"消费升级、品质旅游"的特征与趋势。选择升级型、个性化的旅游产品，深度体验目的地的游客占比提升，出国目的也从观光购物转向享受海外优质生活环境和服务。

资料来源： http://www.baogaoku.com/zixun/jdlycy/4472260.html（有删改）

旅游活动作为一种生活方式，说到底是一种高级消费方式。它是在人们的衣、食、住、行等基本物质文化生活需要得到满足之后，还有多余的收入和闲暇时间而产生的新的消费需求。

第一节　旅游消费概述

一、旅游消费的概念与性质

旅游消费是指人们在旅行游览过程中，为了满足其自身发展和享受的需要，而进行的各种物质资料和精神资料消费的总和。旅游消费从其性质上可做如下界定：

1. 旅游消费属于个人消费的范畴

个人消费包括满足基本生存需要的消费和发展与享受需要的消费两个方面。基本生存需要的消费，是为了维持个人和家庭最低生活需要的生活资料的消费，是保证劳动力再生产所必需的最低限度的消费；发展与享受需要的消费，则是为了提高人们的文化素质，陶冶情操，发展劳动者的智力、体力的需要，从而达到劳动力内涵扩大再生产目的的消费。因此，旅游消费属于满足发展与享受需要的消费，是一种高层次的消费。

2. 旅游消费的内容具有综合性

从个人消费的内容来看，不外乎物质消费与精神消费两个方面，它除了包括以商品形式存在的消费品外，还包括消费性服务在内。旅游消费就包括了人们在旅游过程中所获得的满足其发展与享受的物质产品、精神产品和旅游服务三个方面的消费。

3. 旅游消费是一种超出生存需要的高级消费方式

随着科学技术的发展和社会生产力的提高，人们生活的不断改善，旅游已经日益成为人们生活中不可缺少的一个组成部分，旅游消费在人们总消费中占据的比重也越来越大。

二、旅游消费结构的分类

旅游消费结构是指旅游者在旅游过程中所消费的旅游产品和相关消费品的数量比例及其相互关系。它不仅反映了旅游消费方式的基本特征，还反映了由一定生产力水平所决定的旅游消费的质量和水平。

1. 按旅游消费主体的规模分类

依据旅游消费主体的规模，可将旅游消费结构分为个人（或家庭）消费、集团消费和社会消费。

所谓个人（或家庭）旅游消费，是指由个人或家庭的旅游需要而引发的对旅游产品的消费，它包括了人们在旅游过程中所购买的用于满足其基本需要，发展与享受需要的物质产品、精神产品和旅游服务方面的消费，是一种传统而广泛的旅游消费。集团旅游消费是指各种社会集团出于对商务旅游、会展旅游、奖励旅游等需要而进行的旅游消费，是一种市场潜力较大、消费水平较高的旅游消费主体。社会旅游消费是从整个社会（国家或地区）角度宏观考察旅游消费的总量规模及其结构，如世界旅游理事会将一个国家或地区的旅游消费划分为个人旅游消费支出、商务旅游消费支出、政府旅游消费支出、旅游出口等内容，然后从整个宏观旅游经济角度分析和考察旅游消费的状况。

2. 按旅游消费主体的特征分类

根据旅游者的年龄、性别、职业、收入、偏好、出游目的等不同旅游消费特征，可对旅游消费结构进行不同的分类。如我国按旅游者的年龄结构划分为14岁及以下、15~24岁、25~44岁、45~64岁、65岁及以上五个年龄段；按旅游者职业特征划分为专业技术人员、行政管理人员、商贸人员、服务人员、技工和工人、退休人员、家庭妇女、军人、学生、其他人员等；根据旅游者出游目的不同划分为观光度假、探亲访友、商务与会议、健康疗养、宗教朝拜、文体科技交流和其他等；根据旅游者的地域可以分为不同客源国旅游等。分析研究不同旅游主体的消费特征，有助于根据不同特征的市场需求开发相应的旅游产品。

3. 按旅游消费的需求层次分类

按照旅游消费的需求层次，可以将旅游消费结构划分为生存消费、享受消费与发展消费。生存消费是指旅游者在旅游活动中对住宿、餐饮、交通等基本需求的消费，这是旅游者在旅游活动中必不可少的消费。享受消费是指旅游者在旅游活动中对文化、娱乐等方面所进行的消费，是为了陶冶情操、提高愉悦性而进行的消费。发展消费是指旅游者在旅游活动中对求知、科考、学习等方面所进行的消费，这些消费有助于增长见识、提高个人素养。三个层次的消费相互交错，在具体的旅游活动中很难划清它们之间的界线；后两部分属于较高层次的消费，具有较大的弹性和较好的发展潜力。

4. 按旅游消费的内容分类

按旅游消费的内容，可以将旅游消费结构划分为基本旅游消费和非基本旅游消费。前者是指旅游者对旅游住宿、餐饮、交通和景区游览等方面的消费，是进行一次旅游活动所必需的消费，一般需求价格弹性较小；后者是指与旅游者个性消费特点相联系的、并非每次所必需的消费，如旅游购物、娱乐等，这类旅游消费一般具有较大需求价格弹性。

5. 按旅游消费的形态分类

按旅游消费的形态，可将旅游消费结构划分为物质消费和精神消费。前者是指旅游者在旅游过程中所消耗的有形物质产品，如客房、餐饮、旅游纪念品，它主要用于满足旅游者的生理和心理需要；后者是指旅游者对各种山水名胜、文物古迹、民俗风情等观赏和享受方面的精神产品及其服务性精神产品。两者的划分具有相对性：物质消费是旅游消费的基础，而一旦旅游者对物质消费感到满足后，也会在精神上感到愉快和满足；另一方面，旅游者精神方面的消费，必然以物质方面的消费为依托。

三、旅游消费的特点

生产决定消费，消费是生产的目的。旅游活动作为人类经济活动的重要组成部分，把消费过程和生产过程，尤其是再生产过程有机结合在一起。因此，旅游消费具有与一般物质产品和服务产品消费的不同特征。具体表现在以下几个方面：

1. 旅游消费的劳务性和同一性

旅游消费是一种以劳务为主的消费活动。旅游劳务消费主要包括交通服务、导游服务、住宿服务、餐饮服务、文化娱乐服务、购物服务等。这些旅游服务消费不仅在量上占绝对优势，而且贯穿于旅游者的整个旅游消费活动的始终。

旅游服务一般不体现在旅游产品的物质形态之中，而主要以劳务的形式存在，这就形成了旅游消费的同一性特点，即旅游产品只有在旅游者消费时，其价值和使用价值才能产生和实现。一旦旅游活动结束，则旅游服务的价值和使用价值就不复存在，从而形成旅游产品生产和消费在时间上和空间上的同一性特点。

2. 旅游消费的综合性

旅游消费不同于一般物质产品一时一地的消费，而是一个连续的动态过程，贯穿于整个旅游活动的始终。因此，综合性是旅游消费最显著的特征。

从旅游消费的内容看，旅游者为了实现其旅游目的，就必须凭借某种交通工具，解决温饱、住宿等问题，并满足游览、休闲、娱乐等需求，在旅途中还会购买一定的生活必需品和旅游纪念品等。因此，旅游消费是集食、宿、行、游、购、娱为一体的综合性消费活动。旅游消费对象——旅游产品，是由天然旅游资源、旅游设施、旅游服务等多种成分组成的综合体，其中既包括物质因素也包含精神成分，既有实物形态又有活劳动表现出的服务形态，既有劳动产品又有非劳动的自然创造物。因此，旅游消费是一种包含多种要素和多个层面的综合体。

3. 旅游消费的不可重复性

旅游产品与其他物质产品不同，它的使用价值对旅游产品的消费者来说在时间和空间上具有暂时性和不可逆性。旅游者只有在其购买该次旅游产品的时空范围内才具有对该旅游产品的使用权；一旦旅游活动结束，他对该旅游产品的使用权亦告结束，旅游消费活动亦随之停止。另外，旅游消费的不可重复性还表现在，旅游者在同一时间只能进行一次旅游消费，只能消费一个单位的旅游产品，而不像物质产品那样可以同时购买和消费多个或多种产品。由于旅游消费随旅游服务的时间、场合、服务人员及自身心情的变化而不同，因此，旅游者对旅游产品的消费具有不可重复性的特点。

4. 旅游消费的变动性

旅游消费具有较强的变动性，它随一消费个体的需要层次的变动而变动，同时在不同的个体之间也存在较大差异。

1）个人消费需求具有可变性。根据马斯洛需求层次理论，个人需求分为生理需求、安全需求、归属需求、尊重需求和自我实现五个层次，而人的需求的满足是从较低层次向较高层次发展。旅游消费是在人们的基本需求，即生理和安全需求得到满足之后，为实现更高层次需求而进行的高层次消费形式，它包括多个层次和多个方面的内容，因而具有较大的变动性。

2）旅游产品富有弹性。旅游产品是一种满足人们发展和享受需求的产品，相对用于满足生存需求的产品来说，这类产品的需求弹性大。不同的旅游者因其收入、年龄、性别、职业、文化、习俗、偏好及旅游产品价格、旅游目的地社会经济发展水平等方面的差别，对消费的旅游产品的品种、数量和质量存在着较大差异性。

3）旅游消费具有很强的季节性。由于很多旅游产品本身具有很强的季节性，加上人文习俗、法定节假日等方面的因素，使得旅游消费具有很强的季节性特征。如去成都龙泉驿欣赏桃花要在春天，而三亚却是冬天度假的好去处；师生可以在寒暑假观光，一般从业人员则可能集中在十一、春节等长假出行。

5. 旅游消费的互补性和替代性

旅游消费的互补性是指旅游者在进行旅游消费时，需要选择一组相关的旅游产品才能满足旅游者的需要，而不能只是消费某一旅游产品。也就是说，这组相关的旅游产品在功能上具有互补性。如旅游者观光游览时需要有交通运输的消费，休闲度假时必然产生对住宿、餐饮等方面的消费。

作为人类消费的一种，旅游消费还具有替代性。旅游消费的替代性是指旅游消费或其构成部分与其他相关消费在功能上具有相互替代的性质。有两层含义：一是旅游消费与非旅游消费之间的替代，如一定的收入既可以用来旅游也可以用来购买衣服，但购买衣服后就不能进行旅游；二是旅游消费内部的替代，即旅游者在选定某一旅游产品及其组成部分后，势必要舍弃其他旅游产品的消费，例如，某旅游者从甲地到乙地旅游，当他乘飞机前往时，就不可能再乘火车或轮船。

四、旅游消费的作用

旅游作为一种高级消费方式，对促进人们全面发展、提高劳动力素质、提高劳动生产率和促进经济发展等，都具有重要的作用，主要表现在以下几个方面：

1. 旅游消费是社会再生产过程中的重要环节

消费是促进国民经济循环的动力，在生产、交换、分配和消费这四个环节中，生产是起点，消费是终点。如果把社会再生产看作是一个周而复始、不断更新的过程，那么消费是第一个生产过程的终点，又是第二个生产过程的起点。通过消费，一方面使这些产品的价值和使用价值得到实现，另一方面对旅游所需的物质产品和精神产品的再生产提出了新的要求。

旅游消费的扩大不仅要求原有的旅游企业和部门进一步发展，而且要求相关部门和行业也要相应地发展，从而促进整个社会经济的繁荣。旅游消费的扩大，必然刺激社会生产更多符合旅游者需求的旅游产品，开发更多的有吸引力的旅游资源，增设新颖健康的旅游项目，从而进一步推动旅游业的发展。

2. 旅游消费是高质量劳动力再生产的创造因素

完成生产过程的两个重要因素是生产资料和劳动力。前者是生产条件的客观因素，后者则是保证物质资料再生产的必要条件，是生产过程中起决定作用的最活跃的主观因素。劳动力再生产是物质资料再生产的先决条件，现代化大生产需要社会提供与之相适应的高质量、高水平的劳动力。旅游消费是一种潜移默化的思想品德及文化素质教育，能使人们陶冶身心、增进健康、开阔视野、增长知识，有利于高质量劳动力的再生产。近几年，一些发达国家已逐步把旅游消费作为劳动力再生产的促进因素予以鼓励。旅游消费能使劳动者的体力和智能得到恢复和发展，激发劳动者的生产热情，使劳动者在各自工作岗位上全面地发挥自己的才能，提高劳动生产力。

3. 旅游消费是普及现代化生活设施的桥梁

旅游活动是一种娱乐性、享受性的消费活动，旅游服务的目的在于最大限度地满足旅游者精神享受的需要。因此，旅游服务所凭借的物质资料，如交通工具、住宿条件、旅游设施设备等，都必须具有现代化程度高、便捷、卫生、安全等特点。这些特点决定了在科技不断发展的情况下，某些民用新产品在其普及于人们日常生活之前，首先在旅游业的经营中被采用，例如空调在家庭普及之初，已在旅游业中被广泛使用。这表明，旅游消费在普及现代化生活设施，转变人们的消费观念中起到了桥梁的作用。

4. 旅游消费是旅游产品价值得以实现的手段

旅游产品只有在消费中才能得到最后的完成。这是因为：第一，旅游消费是旅游产品生产的目的和对象。生产取决于需要，而需要的形成和发展，又在很大程度上取决于消费的发展，从某种意义上说，消费需要和消费水平决定了生产的发展方向和发展速度。第二，旅游消费是旅游产品价值实现的最后行为。如果没有旅游消费，旅游产品就卖不出去，旅游产品的价值就不能实现，旅游经济的运行就难以顺利进行。第三，旅游消费又是对旅游产品的最终检查。如果旅游产品不符合消费需要，旅游产品就会滞销，旅游经济就不能顺利运转。因此，通过旅游消费还可以检验整个旅游经济结构是否合理，旅游经济效果是否理想，旅游业是否能健康、持续地发展。

第二节　旅游消费方式

一、旅游消费方式的概念和内容

旅游消费方式是指人们在旅游活动中消费物质资料、精神产品和劳务的方法和形式。它是随着社会生产力发展、人们生活水平不断提高而产生的一种高层次消费方式，是社会经济活动的重要组成部分。就其内容而言，旅游消费方式主要说明在一定的旅游环境条件下，旅游者为什么消费、有何能力消费、以什么形式消费、用什么方法消费旅游产品，以满足自己的旅游需要。具体而言，它包括以下几个方面：

1. 旅游消费意识

人们的旅游消费过程是在其旅游消费意识的支配和控制下进行的。而旅游消费意识则是由旅游者的消费心理和消费观念所构成。

2. 旅游消费习惯

旅游消费习惯是指人们在一定条件下经常发生的、带有倾向性的旅游消费行为。它具有民族性、地域性和相对稳定性的特点。一般来说，不同国家、不同地区和不同民族的旅游消费习惯，是在各自特定的经济、政治、地域和文化背景下形成的、具有相对稳定性的社会心理及其行为表现，是造成不同国家、不同地区旅游消费中文化形态和民族习俗差异的重要因素。

3. 旅游消费能力

旅游消费能力是指旅游者为满足自身旅游需求而消费旅游产品的能力。旅游消费能力包括物质消费能力和精神消费能力。

旅游消费能力是由一定的社会生产力水平所决定的。社会经济的发展和人们收入水平的提高会使人们的生活方式和消费方式发生改变，这是构成旅游消费能力的物质和经济基础。但这只是一种可能的旅游消费能力。另一方面，要将这种可能的旅游消费能力变为现实，还需要提高旅游服务的质量和水平。旅游服务质量差、服务水平低，则旅游消费能力的实现就可能受到阻碍，甚至无法实现；反之，旅游服务的质量和水平越高，将旅游消费能力变为现实的可能性越大。

4. 旅游消费水平

旅游消费水平主要是指旅游活动中，旅游者通过消费旅游产品而在物质和精神需要方面获得的满足程度。旅游消费方式与其他消费方式一样，总是要通过一定的旅游消费水平来体现，尤其是旅游产品和服务的质量更是如此。由于旅游消费所包含的旅游产品和服务的质量，既包括物质消费品及其服务的数量和质量，又包括精神消费品及其服务的数量和质量。因此，对旅游消费水平必须从物质消费与精神消费、旅游消费的数量与质量的统一中来认识和把握。

由于生产关系决定消费关系，因而旅游消费水平还反映不同的社会性质特征。因为不同个人、家庭和消费群体的旅游消费水平差别，必然要反映人们所处的不同的经济利益关系和他们在社会经济中的不同地位。这是在分析旅游消费时不可忽略的重要因素。

5. 旅游消费结构

1）旅游消费结构反映了各类旅游消费产品和服务在旅游总消费中的比例关系。在旅游总消费中，交通、住宿、餐饮、娱乐、游览、购物、通信、医疗等各项支出占总支出的比例是旅游消费结构的基本内容。

2）旅游消费结构还反映了旅游消费水平和质量。旅游者的旅游消费内容是否丰富、消费支出的大小、消费层次的高低、消费方式的差别等反映了不同消费者群体在旅游消费上的差别，也反映了各类旅游者在旅游消费中的比例关系，这种差别和关系实质是一定的社会生产力水平和生产关系的反映和体现。

3）旅游消费结构反映旅游消费方式的基本特征。旅游消费结构既反映了旅游消费在满足人们的生理需求的同时满足人们享受和发展需要的比例关系，又反映了旅游消费在满足个人消费、家庭消费的同时满足社会公共消费的比例关系，以及旅游消费既有商品性消费又有自给性消费的比例关系等。

二、影响旅游消费方式的因素

旅游消费作为人类高层次享受和发展需要的消费，受到很多因素的影响。除了政治、经济、人文和气候变化等因素外，旅游者的收入水平、年龄、性别、职业、偏好和受教育程度，以及旅游产品的价格、结构、质量等都会影响旅游消费方式的变化。

1. 旅游者的收入水平

旅游消费是一种具有一定经济能力的消费。旅游消费是满足人们高层次需要的消费，即使人们产生了旅游需要的意愿，但未必就会变成现实的旅游消费；只有当人们的可支配收入在支付生活费用后尚有一定数量的结余时，才能使潜在的或意愿的旅游需要变成现实的旅游消费。因此，旅游者的收入水平决定了他的旅游消费水平，也决定其旅游需要的满足程度，从而决定着旅游消费方式的变化。旅游者的收入水平越高，购买和消费旅游产品的经济基础就越好，旅游需要就越能得到满足，就越能促使旅游者的旅游消费从低层次向高层次发展。

2. 旅游产品价格

旅游产品价格是影响旅游消费结构和消费方式的重要因素。不同的价格水平，旅游者购买的旅游产品和服务的数量和质量是不同的。价格变化对旅游产品需求数量的影响还可以分为收入效应和替代效应。当旅游产品的价格上涨而其他条件不变时，人们就会减少在该产品上的支出，并从旅游消费转向其他价格相对变得便宜的替代商品的消费；反之，当旅游产品价格下跌，或者旅游价格不变而旅游产品的内容增加，人们就会增加在该产品上的支出，并把用于其他商品的消费转向旅游消费。可见，旅游产品价格也会影响旅游消费结构和消费方式的变化。

3. 旅游者的构成

旅游者的构成也是影响旅游消费方式的重要因素。旅游者的构成是指旅游者的不同年龄、性别、文化、职业乃至民族、习俗、偏好等结构特征。如青年人对饮食要求多而不精，而对游览娱乐性的开支则较大；老年人对住宿、饮食、交通的要求比较高；妇女的旅游消费中购物消费占很大比重；政府官员、商务人员、参加会议的旅游者则要求现代化的旅游设施设备、高质量的饮食和服务。此外，不同旅游者的文化、习惯等也会影响旅游者的消费偏好和购买习惯，从而对旅游产品的内容和质量有不同的要求，进而影响旅游消费结构和消费方式的变化。

4. 旅游产品结构

生产决定消费，现有消费只能来自于现有的产品。因此，旅游产品结构不仅影响旅游者的消费水平和消费数量，而且从宏观上影响旅游消费方式的发展和合理化。在国民经济中，向旅游业提供服务的各相关产业部门的结构如果搭配不合理，没有形成一个相互协调、平衡发展的产业网，就会导致其各个构成要素发展不平衡乃至旅游产品结构失调，从而不仅不能满足旅游者需要，也会对旅游消费方式的发展产生负面影响。

5. 旅游产品质量

旅游者消费的不仅是一定数量的旅游产品，而且需要一定质量的旅游产品。如果旅游产品的数量符合旅游需求的总量，但若其质量差、使用价值小，则仍然不能满足旅游者的消费需要。因此，必须重视旅游产品的质量。重视旅游产品的质量应做到以下三个方面：一是向旅游者提供的旅游产品要达到适销、适量和适价，即符合物美价廉的要求；二是要提高旅游服务效率，对每一项服务都要求做到熟练和敏捷，为旅游者节约时间，提供方便；三是在旅游服务过程中要礼貌、热情、主动和周到。

只有提高了旅游产品的质量，做到产品质量与价格相符，才能使旅游者获得物质上与精神上的充分满足，才能提高他们的消费水平，进而促使旅游消费方式和旅游消费结构日趋完善。

三、旅游消费方式的发展趋势

旅游消费方式的发展同一定的社会生产力水平相联系，它与旅游业自身的发展水平有关，也与整个社会以及其他同旅游消费相关的经济部门的发展水平相联系，同时也反映了旅游消费的经济性、文化性、精神享受性等特点。随着现代科学技术的发展、经济的发展、社会的进步以及旅游业的快速发展，旅游消费方式呈现出以下发展趋势：

1. 旅游消费水平逐步上升

旅游消费是人们文化生活的组成部分，是一种包含着较多精神内容的、高层次的生活方式，其消费水平随社会经济发展水平的变化而变化。随着经济的发展和人们收入水平的提高，我国旅游业迅速发展，旅游消费水平逐步提高。如今，旅游活动已成为国民社会生活的重要组成部分，人民生活水平的提高使人们有更多的资金投入到旅游消费活动中，人们用于发展和享受性的旅游消费支出所占比例越来越大。

2. 旅游消费呈现体验化趋势

传统旅游方式以"观"为主，走马观花，游客主要关注的是在旅途中"看"到了什么。但现代旅游内涵已经与过去大为不同，游客更注重旅途过程中的"感受"，即文化的深入浸润与全面体验，同时对旅游途中的便捷性、获取旅游信息的多元化要求也更高。当人均GDP达到1 000美元，恩格尔系数达到40%时，经历了漫长的农业社会以及工业社会的累积发展，人类社会开始步入体验经济时代。此时，人们开始享受生活，同时现代休假制度也催生了以休闲体验为主的旅游方式。旅游开始摆脱单纯的感官需要，迈向精神和心理需求的满足，而"体验化"正是这一新兴旅游方式的重要表现。随着体验经济时代的到来，旅游消费已经不仅仅是传统的"门票"消费，人们更愿意为文化氛围、为周到的服务、为旅途感受付费，而这些内容，共同构成了游客的"旅游体验"消费。

3. 旅游消费结构不断优化

旅游消费结构优化是指旅游消费的内容、方法和形式实现多元化，并符合人们不断变化的旅游需要。这就要求，旅游消费内容和旅游活动方式的具体选择，必须既有利于旅游者消除疲劳、增进健康，又有利于旅游者增长知识、修身养性、促进智力的发展。从目前旅游消费结构变化的趋势看，观光旅游份额逐步下降，商务、购物旅游活动比重上升；自然风光旅游产品份额减少，内涵丰富的文化旅游产品份额直线上升；度假旅游逐步兴起并走向成熟。因此，我们应当跟踪和把握好旅游消费结构变化的趋势，通过对旅游消费结构的不断优化，使旅游者通过各种旅游活动达到开阔视野、培养和发展自己的各种良好兴趣和能力、提高自身精神文化素质的发展目的。

4. 旅游消费环境良性发展

精神消费及其满足是旅游消费的重要内容。良好的旅游消费环境可以提高旅游者的精神满足程度，因而它不仅是高品位、高质量旅游产品的重要组成部分，也是顺利实现旅游消费的必要条件。人们旅游的主要动机是追求清新、舒适、宁静、安全的自然环境和社会环境。因此，旅游消费首先必须有利于生态环境的保护，特别是某些特定的旅游活动，如狩猎、钓鱼、森林旅游等，必须以不损害自然界的生态平衡为前提，严禁滥捕、滥采和滥猎。同时，合理的旅游消费还应该通过旅游活动的开展，增强人们对自然资源和历史文物的保护意识，激发旅游者主动地维护和改善生态环境，促进旅游经营者积极筹集资金治理环境污染，保证旅游消费环境的良性发展。最后，旅游消费还需要一个良好的社会环境，需要旅游者、旅游经营者以及政府一起行动，创建一个良好的旅游消费的社会环境。

5. 旅游消费市场供求平衡

一般而言，旅游需求具有较大的变动性，而旅游供给则具有相对稳定性。因此，应努力使旅游消费能够保证旅游"淡旺季"和旅游"冷热"地区的旅游消费市场的相对平衡发展，使各个旅游时期和各个旅游地区保持一定的旅游消费规模，以提高旅游设施和设备的利用率，充分发挥旅游消费对餐饮、旅馆、交通运输、邮电通信、金融、商业及娱乐业等行业的带动和促进作用。就现有旅游供给能力看，要针对旅游高峰时期游客较多的状况，尽量保证在旅游"旺季"和旅游"热点"地区，旅游消费的水平和结构与旅游地的接待能力相适应，切实解决旅游"旺季"和旅游"热点"地区的"吃饭难""住宿难""乘车难"等问题，不断提高旅游消费的良好效果和综合经济效益。从长期考虑，应根据旅游需求适时适量开发旅游产品、提高旅游产品质量、优化旅游产品结构，以满足旅游者的旅游消费需要，提高旅游消费的水平和结构，促进旅游消费方式的改善。

第三节　旅游消费水平

一、旅游消费水平的概念及其衡量指标

旅游消费水平是指旅游者在旅游活动中消费旅游产品和服务的数量以及对旅游需要的满足程度和水平。旅游消费水平具有狭义和广义之分：狭义的旅游消费水平是指旅游者在旅游产品上的人均支出量；广义的旅游消费水平不仅包括人均旅游消费的支出量，还包括对旅游产品消费的质量和层次，即反映旅游者对旅游需要满足的程度和水平。当旅游者消费某种旅游产品的时候，尽管所消费的旅游产品数量相同，但如果旅游产品质量差别较大，则意味着旅游者获得的满足程度差别较大，其所反映的旅游消费水平的差别也相应越大。

由于旅游消费内容复杂、涉及面广，因而衡量旅游消费水平应当采用综合性指标，使之既能体现旅游活动中旅游者对旅游产品的消费数量，又能反映旅游者的消费质量。为了全面反映旅游消费水平的数量和质量，旅游消费水平的指标体系应该包括旅游消费的数量指标、旅游消费的价值指标和旅游消费的质量指标等。

1. 旅游消费的数量指标

旅游消费作为一种特殊的消费形式，它既包括实物形态的物质产品消费，又包括非物质形态的精神与服务产品的消费，再加上旅游产品构成要素的多样性，因此出于统计和分析的需要，对旅游产品消费的数量指标通常是以旅游者人数、旅游者人天数和旅游者停留天数等表示。

（1）旅游者人数

旅游者人数是指一定时期内旅游目的地国家或地区接待的旅游者总人数。一般来说，在人均旅游消费支出一定的情况下，旅游者人数越多，则旅游消费总量越大。因此，旅游者人数反映了按旅游人数计算的对旅游产品购买和消费的总规模和水平，是旅游消费数量基本统计指标之一。在数值上，它等于旅游者人天数除以旅游者平均停留天数。

（2）旅游者人天数

旅游者人天数是指一定时期内旅游目的地国家或地区接待旅游者的总天数，反映了按旅游天数计算的对旅游产品购买和消费的总规模和水平，它既体现旅游消费的人数，又体现了旅游消费的天数，是旅游消费数量基本统计指标之一。

（3）旅游者停留天数

旅游者停留天数是指一定时期内旅游者在某旅游目的地国家或地区停留的时间。一般来说，旅游者在旅游目的地停留的时间越长，则其对旅游产品的消费越多，旅游消费水平越高；反之亦是。由于旅游者停留时间长短不一，为了方便统计和计算，实际计算时一般采用旅游者平均停留天数指标。

此外，虽然旅游者在旅游过程中也有物质产品的消费，如餐饮食品、旅游商品等，但由于对这些物质产品的消费种类繁多、千差万别，很难一一进行分类统计，因而通常统计和计算人均旅游消费支出。

2. 旅游消费的价值指标

旅游消费的价值指标是用旅游者的消费支出来综合反映旅游者在旅游目的地国家或地区消费旅游产品的规模和水平。在一定时期内，旅游者在旅游目的地的消费支出越多，则旅游目的地国家或地区的收入就越多。因此，可以通过分析旅游者在旅游目的地的消费支出来衡量旅游目的地的旅游消费水平。通常用来反映旅游消费的价值指标主要有旅游消费总额、人均旅游消费支出额和旅游消费率等。

1）旅游消费总额是指一定时期内，旅游者在旅游目的地国家或地区进行旅游活动过程中所支出的货币总额。它从价值形态上反映了旅游者对旅游目的地旅游产品消费的总量。由于旅游业是一个综合性产业，涉及交通、住宿、餐饮、娱乐、购物、游览等多方面的行业和企业，因而对旅游消费总额的计算是采用抽样调查和常规统计相结合，即通过抽样调查得到人均旅游消费支出，再与常规统计的旅游者人数相乘而得。同时，由于消费者的支出就是生产者的收入，因而旅游消费总额从旅游目的地的角度看就是其旅游收入。

2）人均旅游消费支出额是指一定时期内，所有旅游者在某个旅游目的地国家或地区的平均旅游消费支出的货币金额。它反映了旅游者整体在某旅游目的地的平均消费水平，也是旅游经营者开拓旅游市场和开发旅游产品的重要依据。人均旅游消费支出一般是通过抽样调查得到，但是在知道旅游消费总额的情况下，也可以根据旅游消费总额和旅游者人数来计算。

3）旅游消费率是指一定时期内，某个旅游客源地国家或地区旅游者消费支出同该国家或地区个人消费支出总额的比例，它从价值角度反映了一个国家或地区在一定时期内旅游者的旅游消费强度和水平。掌握旅游客源国的旅游消费率，对于旅游目的地国家或地区开拓旅游客源市场具有十分重要的意义。

3．旅游消费的质量指标

旅游消费的质量指标是旅游产品内容、旅游服务标准、旅游环境状况等相结合的质量的规定性。它反映了旅游者对旅游消费对象、消费内容、服务水准和消费环境的感受和评价。一般来说，旅游消费的质量指标可以从生产和消费两方面来分析。

从生产方面看，旅游消费质量主要表现为旅游经营者按照一定的标准和要求，向旅游者提供相应质量的旅游产品和服务。这些标准和要求通常由国家和行业协会制定和颁布。如不同的星级旅游饭店具有不同的服务内容和标准，不同等级的旅游景区景点具有不同的内容要求和服务标准，不同的交通运输工具具有不同的服务特点和标准等。正是有了这些规范的服务内容和标准，旅游者才可能按照不同的旅游产品标准选择不同的旅游消费水平，并要求提供相应的旅游消费质量。

从消费方面看，旅游消费质量主要表现为旅游者对旅游产品消费的心理感受和评价。因为旅游产品是一种以服务性为主的产品，旅游消费是旅游者对旅游服务的精神消费过程，不同的旅游者对旅游服务质量往往会有不同的感受和评价；同时，旅游者在不同的时期对旅游服务质量也会有不同的要求。因而旅游经营者一方面要按照一定的标准和要求，向旅游者提供相应质量的旅游产品和服务；另一方面要根据旅游者的消费反馈不断调整和提高旅游服务质量。

二、旅游消费水平的测定

旅游消费水平的测定一般是通过分析旅游消费价值指标和质量指标，对旅游消费的规模、水平和质量进行综合性分析和评价。对旅游消费水平的测定，从内容上既有对旅游消费数量方面的测定，又有对旅游消费质量方面的衡量；从方法上既有定性分析方法又有定量分析方法；从技术上既有基本统计方法又有抽样调查方法等。在实践中，对旅游消费总水平和人均旅游消费水平通常采用统计分析，以测定旅游消费的数量和规模；对旅游者的旅游消费质量则进行问卷调查，以衡量旅游者对旅游消费质量的评价和满意程度。

（1）对旅游消费总水平的测定

对旅游消费总水平的测定既可以通过统计客源地国家或地区旅游消费总支出来得到，也可以通过统计旅游经营者在旅游目的地获得的旅游总收入来得到。两者的结果一样但因方法和途径有别，因而其作用也不同：前者可以了解客源市场在旅游目的地的旅游消费状况和变化，为旅游目的地预测、开拓客源市场提供有力的依据；后者则可以掌握和测定旅游者在旅游目的地的旅游消费总水平和发展趋势，为旅游目的地规划旅游发展、开发旅游产品和提升旅游供给能力提供科学的依据。

总之，旅游消费总水平既可以用来反映和衡量旅游目的地旅游消费总水平的数量和规模，又可以用来反映和衡量旅游客源地旅游消费总水平的数量和规模，因而测定旅游消费总水平具有重要意义。下面以一个具体的例子来说明。从表7-1 2008—2016年我国旅游收入统计来看，国际旅游收入从2008年的408亿美元增加到2016年的1 200亿美元，年均增长率为14.44%；国内旅游收入从2008年的8 749亿元增加到2016年的39 400亿元，年均增长率达到20.70%。说明2008年以来我国旅游消费总水平一直保持较快的增长态势，年均增长率远超过 GDP 的年均增长速度，旅游业已成为整个国民经济的新增长点。

表 7-1　2008—2016 年我国旅游收入统计

年份	国际旅游收入（亿美元）	国内旅游收入（亿元）
2008	408	8 749
2009	396.75	10 183.69
2010	458.14	12 579.77
2011	470	19 300
2012	485	22 706
2013	516.64	26 276.12
2014	1 053.8	30 311.87
2015	1 136.5	34 195.1
2016	1 200	39 400
年均增长率	14.44%	20.70%

资料来源：《中国旅游统计年鉴》

（2）对人均旅游消费水平的测定

人均旅游消费水平是指在一定时期内，平均每个旅游者在某旅游目的地国家或地区用于旅游消费的支出，它从价值形态角度反映了人均旅游消费的数量和水平。通过对人均旅游消费水平的统计分析，可以掌握和测定旅游者在旅游目的地的平均旅游消费水平及其变化特点，为旅游目的地开发旅游产品、优化旅游产品结构以及进行旅游发展规划提供依据。

测定人均旅游消费水平可以通过测定客源国家或地区人均用于旅游消费的支出得到，也可以通过测定旅游者在旅游目的地国家或地区的实际人均消费支出得到。在实践中，一般是通过对旅游者在旅游目的地国家或地区的人均旅游消费进行统计分析，来综合反映和衡量人均旅游消费水平情况。从表 7-2 国内旅游消费情况的统计和分析看，国内旅游者的人均旅游消费水平总体上呈上升趋势。特别是从 2008 年开始，农村居民的旅游消费稳定增长，对提高我国整体旅游消费水平具有重要意义。

表 7-2　1997—2017 年国内旅游消费情况

年份	总消费（亿元）			人均消费（元）		
	城镇居民	农村居民	总计	城镇居民	农村居民	平均消费
1997	1 551.83	560.87	2 112.70	599.8	145.7	328.1
1998	1 551.13	876.05	2 427.18	607.0	197.0	345.0
1999	1 748.23	1 083.69	2 831.92	614.8	249.5	394.0
2000	2 235.26	940.28	3 175.54	678.6	226.6	426.6
2001	2 651.68	870.69	3 522.37	708.3	212.7	449.5
2002	2 848.09	1 030.27	3 878.36	739.7	209.1	441.8
2003	2 404.10	1 038.20	3 442.30	684.9	200.0	395.7
2004	3 359.0	1 351.7	4 710.7	731.8	210.2	427.5
2005	3 656.7	1 629.7	5 286.4	737.1	227.6	436.1
2006	4 414.7	1 815.0	6 229.7	766.4	221.9	446.9
2007	5 550.4	2 220.2	7 770.6	906.9	222.5	482.6

（续）

年份	总消费（亿元）			人均消费（元）		
	城镇居民	农村居民	总计	城镇居民	农村居民	平均消费
2008	5 971.7	2 777.6	8 749.3	849.4	275.3	511.0
2009	7 233.8	2 949.9	10 183.7	801.1	295.3	535.4
2010	9 403.8	3 176.0	12 579.8	883.0	306.0	598.2
2011	14 808.6	4 496.8	19 305.4	877.8	471.4	731.0
2012	17 678.0	5 028.2	22 706.2	914.5	491.0	767.9
2014	24 219.8	6 092.1	30 311.9	975.4	540.2	839.7
2015	27 610.9	6 584.2	34 195.1	985.5	554.2	857.0
2016	32 241.9	7 147.9	39 389.8	1 009.1	576.4	888.2
2017	37 700.0	8 000.0	45 700.0	1 025.0	604.0	914.0

资料来源： 1997—2010 年国家统计局年度数据，2011—2016 年中国旅游统计年鉴，2017 年为网络数据

（3）对旅游消费质量的测定

旅游者的旅游消费质量是一种心理感受和主观评价，是旅游者心理现象的反映，而对心理现象的评价通常无法采用定量方法，只能采用定性方法进行。因此，对旅游者的旅游消费质量分析一般都是采用旅游者问卷调查法得到的。

旅游者问卷调查法，一般是使用事先设计好的调查问卷，对到某一旅游目的地旅游的旅游者进行抽样调查，然后对其结果进行统计和分析，从而测定旅游者对旅游目的地旅游消费的满意程度。

三、提高旅游消费水平的途径

影响旅游消费水平的因素有很多，社会生产力发展水平、政治形势、可支配收入、旅游消费方式、旅游消费意识、旅游消费结构、旅游产品质量等，都会对旅游消费水平产生直接和间接的影响。因此，必须重视对有关影响因素的分析，解决面临的紧迫问题，以采取合理有效的措施提高旅游消费水平。从旅游目的地角度看，可以从以下几个方面来提高旅游消费水平：

1. 加强旅游产品的开发

提高旅游消费水平的首要任务是吸引更多的旅游者，而吸引旅游者的关键是必须开发符合旅游者需要的、具有吸引力的旅游产品。例如，观光旅游者喜欢旖旎的自然风光和多彩的民族风情，文化旅游者喜欢悠久的历史文化和独特的文物古迹，度假旅游者注重优美的生态环境和丰富的娱乐活动。因此，针对旅游者需要加强旅游产品的开发，吸引大量的旅游者并满足各类旅游者的需求，是不断增加旅游者数量和扩大客源市场的关键。

要根据旅游消费发展趋势进行旅游产品开发，突出旅游产品的特色，发展适销对路的旅游精品，完善和配套旅游基础设施，提高旅游服务质量和水平，以此提高旅游目的地在国内外旅游市场上的知名度和影响力，增强在国内外旅游市场上的竞争力，招徕更多的国际国内旅游者。同时，通过提供丰富多样的旅游产品吸引旅游者，还能够延长其停留时间，增加旅游消费支出，从而增加旅游目的地的旅游消费总水平。

2. 开拓高素质客源，提高旅游者人均消费水平

提高旅游消费水平的另一途径是提高旅游者人均消费水平。在旅游者人数一定时，旅游者人均消费水平越高，旅游消费总体水平越高。因此，努力开拓高素质客源，招徕更多的高素质旅游者，不断提高旅游者人均消费水平，对提高旅游消费水平具有重要作用。这里的高素质旅游者是指需要层次高、消费水平高、消费素养高的旅游者。

（1）需要层次高

需要层次高是指人们对旅游产品的内容和服务质量的要求高，不仅要求旅游活动的内容更加丰富多彩、类型多样，而且要求旅游服务质量能够更加优质化和个性化，能够充分满足每位旅游者的需要。这类旅游者更为重视发展和享受性的旅游消费。随着人们收入水平和生活质量的日益提高，尤其是随着带薪假日的增多，这类客源市场在不断扩大。

（2）消费水平高

消费水平高是指旅游者的人均消费水平高，尤其是需求层次高的旅游者通常都具有高消费的经济能力和条件。为了满足旅游者高消费的要求，必须进一步开发丰富多样的旅游产品，不断提高旅游设施质量和服务水平，丰富旅游活动的内容和形式，提供更为方便、快捷的旅游交通和通信条件，使旅游者能够在有限的旅游时间内产生更多的旅游消费支出。

（3）消费素养高

消费素养高是指旅游者的文化素养和综合素质较高。高素养的旅游者具有更强的社会观念和环保意识以及文明的旅游行为。因此，开拓高素质旅游者市场，不仅有利于提高人均旅游消费水平，也有利于加强对旅游目的地生态环境和历史文化遗产的保护，减少大量旅游者进入所带来的负面效应，而且有利于节约整个社会经济和环境保护成本，不断提高旅游业的经济和社会效益。

3. 提高旅游服务质量，增强旅游者的满意度

旅游产品是一种以服务为主的综合性产品，因此提高旅游服务质量是增强旅游者消费满意度的重要因素。由于旅游产品的构成一般包括食、住、行、游、购、娱多种要素，因而要求旅游目的地必须不断改善整个旅游业的服务质量，才能不断提高旅游者在旅游目的地的旅游消费水平。

1）提高民航、铁路、水运、城市交通等旅游交通服务的质量和水平，为旅游者提供方便、快捷、安全的旅游通达条件。

2）提高旅游住宿和餐饮服务的质量和水平，满足旅游者的个性化需求，使旅游者在旅游目的地住得温馨、吃得舒心，真正具有"家外之家"的体验和感受。

3）不断丰富旅游产品的内容，满足不同层次旅游者的多样性旅游需求，使每个旅游者在旅游活动中能够欢心游览、舒心度假、开心娱乐，充分享受旅游的愉悦和激情。

4）积极开发各种旅游商品，尤其是加强对购物旅游资源的开发力度，加强旅游商品的市场营销和销售服务，使旅游者放心消费，从而激发旅游者进行更多的购物消费。这不仅是满足旅游者的旅游消费的要求，而且是提高旅游消费水平的重要内容。

5）提高邮电通信、金融汇兑、医疗保健、安全救援等旅游相关方面的服务质量和水平，为旅游者

营造良好的旅游消费环境，增强旅游者对旅游目的地的满意度，塑造旅游目的地良好的旅游形象，从而促进旅游消费水平的提高。

6）提高服务效率，真正为旅游者提供方便，节省旅游者的时间。

4. 提高旅游产品的技术含量，增强其竞争力

技术含量的高低对旅游产品质量有着决定性作用。要重视现代科学技术的应用，提高旅游产品的竞争力，这是满足和吸引旅游者消费的重要手段。

提升旅游景区景点开发、旅游商品开发、旅游交通运输、旅行社和旅游饭店服务及旅游教育等现代科技的应用能力和水平，努力提高旅游业的科技含量，以现代科技推动旅游业的发展。加快以互联网为主的旅游信息化的建设和发展，积极推进旅游网络促销、旅游电子商务、旅游远程教育的步伐，充分利用旅游信息网来加大对旅游市场的开拓力度，提高招徕旅游者的能力和水平。加强对旅游从业人员应用现代科技能力的培养，培养一批能够充分应用现代科技、通晓国际事务、精通国际经营、外语水平高、综合素质好的旅游人才，进一步提高旅游目的地的旅游服务和经营管理水平，不断提高旅游目的地在旅游市场的竞争力。

第四节 旅游消费效果

一、旅游消费效果的含义

在旅游消费中，要消耗一定量的物质产品与劳务，即旅游消费的"投入"；而通过旅游消费使人们的体力和智力得到恢复和发展，精神得到满足，即旅游消费的"产出"。在旅游者的消费过程中，投入与产出、消耗与成果、消费支出与达到消费目的之间的对比关系，就是旅游消费效果。通常，可从不同的角度对旅游消费效果进行划分。

1. 按旅游消费的研究对象划分

按旅游消费的研究对象分为宏观旅游消费效果和微观旅游消费效果。宏观旅游消费效果是把所有旅游消费作为一个整体，从社会角度研究旅游产品的价值和使用价值，分析旅游消费的状况、旅游者的满足程度、旅游消费对社会生产力及再生产的积极影响，以及对社会经济发展所起的促进作用等。微观旅游消费效果是指旅游者通过旅游消费，在物质上和精神上得到的反映，如旅游消费能否达到旅游者预期效果，旅游者能否获得最大满足等。

2. 按消费的投入产出关系划分

从一定的消费收入与所取得的成果之间关系的密切程度划分，可将旅游消费效果分为直接旅游消费效果和间接旅游消费效果。直接旅游消费效果指的是一定的旅游消费投入直接取得的旅游消费成果，如旅游者花钱乘车实现了空间位移等。间接旅游消费效果是指其旅游消费效果并不直接显示出来，而是潜在的反映，如旅游陶冶情操，提高人们的素质，则需要通过人们的工作生活实践，才能具体体现出来。

总之，旅游消费效果是一个包含丰富内容的范畴，只有从不同角度、不同方面进行比较分析，才能得出关于旅游消费活动的综合性效果。

二、对旅游消费效果的评价

旅游消费的目的是满足人们发展与享受的高层次需求，旅游消费的最大满足不仅包含物质消费的最大满足，更重要的则是旅游者精神需要的最大满足。精神需要的满足是凭借物质资料，通过人与人的相互交往而实现的。因此，在旅游消费中，除了物质产品外，人对人的直接服务和关怀、人们之间的相互尊重和友谊，对旅游者消费的满足程度都起着决定性的作用。由于旅游消费的特点，决定了评价旅游消费效果的复杂性，它不仅以是否满足了旅游者的几个限制因素为标准，而且要符合以下三个基本原则：

1. 旅游产品价值和使用价值的一致性

在市场经济条件下，旅游产品（物质产品与精神产品）作为消费资料进入消费领域，以商品形式满足人们的消费需要，在使用价值上必须使旅游者能够得到物质与精神的享受，在价值量上要符合社会必要劳动时间。对国际旅游者来说，旅游产品的价值量则要符合国际社会必要劳动时间，旅游产品的价格要能正确反映旅游产品的价值。也就是说，旅游产品的数量与质量不仅应等同于国际上同等价格的旅游产品，而且要使旅游者得到与其支付的货币相应的物质产品和精神产品，只有这样才能实现旅游者消费的最大满足。

2. 微观旅游消费效果与宏观旅游消费效果的一致性

根据研究角度的不同，旅游消费效果可分为宏观与微观两个方面。宏观旅游消费效果是以微观旅游消费效果为基础，微观旅游消费效果以宏观旅游消费效果为根据，但两者之间的矛盾也是客观存在的。微观旅游消费效果反映出个人的主观评价，这是由于旅游者的个性特征（年龄、性别、风俗、习惯、文化程度、性格爱好和宗教信仰等）不同所决定的，因而要满足不同旅游者的消费要求，就要做好市场的调研和预测，分析研究旅游者的心理倾向，因人而异地做好安排。对个别旅游者盲目追求庸俗低级的精神刺激，则要妥善引导，以丰富多彩的旅游内容和健康的服务项目来充实旅游者的精神世界。通过旅游消费，给旅游者以新颖、舒适、优美、健康的感受，激发人们热爱生活、追求理想、奋发向上、努力学习的情感。这样，不仅提高了旅游者的个人消费效果，吸引旅游者延长旅游日程和提高重返率，从而使旅游消费资料得以充分利用；而且通过旅游消费促进了人们精神修养和文化素质的提高，从而进一步提高了宏观旅游消费效果。

3. 旅游消费效果与生产、社会效果的统一

旅游消费的对象往往就是生产成果，生产的经济成果直接影响消费效果，考察消费效果也要兼顾生产消费资料的经济效果。如有些地区开发的旅游产品，其消费效果可能是很好的，但旅游产品所产生的经济效果却很差。片面强调消费效果，完全抛开生产的经济效果，也是不科学的。

旅游消费活动不仅是满足人们物质和精神需要的经济行为，同时也是一种社会行为。因此，评价旅游消费效果还要注意其社会效果。例如，旅游活动中某些博彩性项目，虽然其消费产生的经济效果可能是好的，但这种消费不利于人们的身心健康，甚至造成有害的社会影响，因而应坚决予以摒弃。

三、对旅游消费效果的衡量

对旅游消费效果的衡量，既可以从旅游消费（需求）方面衡量，又可以从旅游产品生产（供给）方面衡量。

1. 旅游者的旅游消费效果

这里主要是分析微观旅游消费效果。从微观层次看，旅游消费效果作为一个主观的心理评价，可用旅游者通过旅游消费获得的满足或效用来说明。旅游消费效用是指旅游者在消费旅游产品时所得到的满足程度，是对旅游消费的心理感受和主观评价。经济学关注的是，满足程度或效用如何度量，以及如何才能获得最大效用。根据序数效用理论（依据基数效用理论可以推导出同样的结果），一个理性的旅游者会在他既有的收入约束下对其所面临的旅游消费产品组合进行选择，以便获得最大效用。假定旅游者在旅游活动中仅消费两种旅游产品 x（价格为 P_x）和 y（价格为 P_y），x、y 可以任意组合，每一个数量组合都会带给旅游者一定的效用，并且每一个组合都对应于 x–y 坐标平面上的某一点，而所有效用水平相同的点的轨迹就形成一条无差异曲线（无差异曲线有无数条，它布满了整个 x–y 坐标平面）。此外，旅游者一定的收入（设为 I）用于购买 x 和 y 两种产品，则旅游者所能够买的产品组合构成一条向右下方倾斜的直线，通常称之为旅游者的预算线。现在。我们就可以用无差异曲线和旅游者的预算线来分析旅游者的最大化效用。

第一步，设效用函数为 $U=f(x, y)$，而与某一无差异曲线相对应的效用函数为：

$$U=f(x, y) = U_0 \tag{7-1}$$

第二步，设预算线为：

$$I = P_x \cdot x + P_y \cdot y \tag{7-2}$$

式中　I——旅游者用于旅游消费的预算支出；

P_x，P_y——旅游产品 x 和 y 的价格；

x，y——旅游者对两种旅游产品的购买量。

第三步，分析旅游者的消费均衡。根据消费者效用最大化均衡条件有：

$$\text{MRS}_{xy} = -\frac{\Delta y}{\Delta x} = \frac{P_x}{P_y} \tag{7-3}$$

式中，MRS_{xy} 表示旅游产品 x 对 y 的边际替代率，即旅游者在保持其总效用水平不变的前提下，为增加一单位的 x 而必须放弃的 y 的数量。因此，MRS_{xy} 实际上也是无差异曲线斜率的绝对值，即 $\text{MRS}_{xy} = \left| -\frac{\Delta y}{\Delta x} \right|$。

该等式的含义是，旅游者在一定的收入约束下，他所选择的旅游产品组合应当使两种产品的边际替代率等于两种产品的价格之比。这样，他便能获得最大效用。

这一推导过程可以用一个简单的图形来说明，如图 7-1 所示。

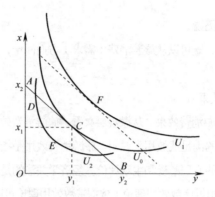

图7-1　旅游者最大效用均衡图

图中，U_0、U_1、U_2分别代表某旅游者的三条效用水平不同的无差异曲线，其中，$U_2 < U_0 < U_1$。旅游者的全部收入I所能够买的x产品的量为A所代表的量x_2，而他全部收入I所能够买的y产品的量为B所代表的量y_2，线段AB就是该旅游者的预算线，因而他所能购买的产品组合只能是OAB这一面积范围内的产品组合。

那么，该旅游者在何处获得最大效用呢？答案是在线段AB和无差异曲线U_0的切点C处获得最大效用。因为在线段AB之内（如E点），旅游者尚有多余的收入，因而增加对旅游产品的消费可以提高效用；而在AB之外（如F点），旅游者目前的收入水平又不能达到；同时，在线段AB之上的点也不一定满足条件（如D点处于线段AB之上，但这一收入水平完全可以用来购买效用水平处于U_2和U_0之间的任何产品组合）；因而只有C点的产品组合才是旅游者在现有旅游消费支出水平下能获得最大效用的旅游产品组合。

同样地，我们也可以根据这一均衡条件分析旅游者为了获得一定的效用需要多大的预算支出。这对于我们更好地理解和把握旅游者的消费行为，合理设计和开发各具特色的旅游产品满足旅游者的需要，进而促进旅游经济的发展具有重要意义。

2. 旅游目的地旅游消费效果

在宏观层次上，可以把所有旅游消费作为一个整体，通过分析旅游者在旅游目的地的消费支出来衡量旅游目的地的旅游消费效果。这些旅游消费支出指标主要有：旅游消费总额、人均旅游消费额、旅游消费率、旅游消费构成。

◆阅读资料7-1◆

中国旅游研究院近日发布的《中国入境旅游发展年度报告2018》（以下简称《报告》）指出，2017年中国入境旅游稳步进入回升通道。入境旅游市场是衡量国家旅游业发展水平的关键因素，在我国旅游业发展中的地位十分重要。2017年我国入境旅游人数为1.39亿人次，同比增长0.8%，其中外国人入境市场同比增长3.6%，"一带一路"沿线国家活跃度明显上升。

《报告》显示，2017年中国入境旅游市场规模与消费均平稳增长，整体进入恢复增长的新通道和总体回升的新阶段。2017年中国接待入境游客13 948.24万人次，同比增长0.8%，规模总量创下历史新高。其中，外国人入境旅游市场的规模和增速分别为 2 916.53 万人次和 3.6%，规模总量同样创下历史新高。内地（大陆）接待港澳台游客 11 031.71 万人次，规模总量也达到历史新高。2017年中国入境旅游外汇收入 1 234.17 亿美元，同比增长 2.9%，继续保持平稳增长的良好态势。其中，外国游客消费 695.47 亿美元，同比增长 4.1%，保持平稳增长的良好态势。

从入境客源市场的结构特征来看，港澳台客源市场主力地位依然稳固，"一带一路"沿线国家活跃度上升，入境客源市场结构已显露出优化趋势。2017 年港澳台仍然是内地（大陆）入境旅游市场的主力，占全部市场份额的 79.09%。外国客源市场结构出现小幅调整，在外国人入境旅游市场中，排名前十的旅游客源国分别是：缅甸、越南、韩国、日本、俄罗斯、美国、蒙古国、马来西亚、菲律宾、印度。

从入境旅游市场需求方面来看，主要的旅行目的是游览观光以及休闲度假，入境旅游服务部分的短板依然存在。对国内 8 个入境旅游典型城市的调研结果显示，入境游客中首次到访中国的游客居大多数。网站论坛和亲友介绍是最主要的信息来源；旅游交通/天气等生活信息、旅游景区接待情况、旅游产品和服务介绍、特色文化娱乐活动等是入境游客最为关注的出行决策参考要素；文物古迹、山水风光、文化艺术、美食烹调是入境游客最为喜爱的旅游项目；入境游客的消费水平依然偏低，超过 80% 的入境游客消费集中在 1 001～5 000 美元。

资料来源： http://cq.qq.com/a/20180628/010703.htm（有删改）

基本训练

1. 旅游消费具有哪些特点？
2. 怎样理解旅游消费的作用？
3. 旅游消费方式由哪些要素所构成？
4. 应该从哪些角度对旅游消费结构进行分类？
5. 提高旅游消费水平的途径有哪些？
6. 如何进行旅游消费效果的评价？

应用训练

1. 请读者调研所在地的旅游消费构成情况。
2. 根据所在地的旅游消费构成情况，分析当地旅游产品的特点。

案例分析

2012 年双节旅游消费逆势井喷情况评析

高速公路拥堵、景区游客爆棚、酒店爆满，黄金周汹涌的客流虽对基础设施造成"难以招架"的压力，但其展示出的巨大消费需求却在"疲弱"的经济背景下格外显眼。专家认为，2012 年双节旅游消费逆势井喷显示出我国消费仍有巨大潜力，同时也反映出旅游休闲等第三产业的发展迫切需要常态化。

1. "黄金周经济"独领风骚

回顾 2012 年以来的经济数据，亮点并不多，甚至在走"下坡路"，第二季度全国 GDP（国内生产总值）增速跌至 7.6%，连续 6 个季度放缓。

然而，双节期间爆发出来的巨大需求却让人眼前一亮：高峰日鼓浪屿上岛游客突破 12 万人次，泰山游客接待量达到 81 000 多人次，故宫单日接待量达 18.2 万人次……

中国旅游研究院曾预计，双节 8 天长假，全国旅游接待人次约为 3.62 亿，旅游收入约为 1 800 亿元。而全国假日办的数据显示，被纳入监测的 119 个直报景区连续多天接待游客人次同比增长超过 20%，收入则超过 30%。"我们夫妻两人在青岛玩了五六天，差不多花了 5 000 元。平时没有时间出来玩，这次出来感觉还不错。"从郑州到青岛旅游的金江说。

山东社会科学院经济研究所所长张卫国说，民众出行消费需求井喷反映出我国旅游消费仍有巨大潜力，8 天超长假期、高速公路小客车免费通行、部分景区降价等都刺激了民众的旅游需求。

2. 期待"假日经济"常态化

巨大的客流和需求集中释放，给交通运输和景区带来明显压力，高速公路成停车场、火车票一票难求、景区停止售票等现象不仅稀释了民众的"幸福感"，也对如何提高管理水平和满足拉动经济的"需求"提出了挑战。

据统计，"十一"长假期间，铁路运输日均发送乘客数量超过"春运"。节假日第一天，全国高速公路更是出现 16 省 24 条高速公路发生较大程度拥堵的现象。

景区的接待能力也受到考验：在泰山，游客排队坐索道大约要用两个半小时，景区曾多次暂停出售进山票；华山大量游客滞留山顶；甘肃敦煌鸣沙山景区骆驼连续工作劳累致死……有的景区的游客人数甚至达到最佳接待量的 10 倍。

对此，一些专家认为，需求的集中释放是造成基础设施难以承受的最根本原因，旅游等消费需求释放常态化有利于拉动经济的长期健康发展，如果过于集中，难免会造成供需矛盾。

山东大学经济学院副院长李铁岗说，在收入达到一定水平之后，人们对旅游等精神文化方面的需求必然爆发，如果能通过很好地管理来满足这些需求，将有效推动经济增长；如果配套的基础设施及管理水平跟不上，则会压抑甚至破坏这些需求。

山东大学管理学院旅游管理系主任王德刚认为，目前需求释放过于集中的重要原因在于我国的带薪休假制度不能很好地落实，导致旅游需求只能在"十一"等长假满足，"明知道会比较拥挤，但民众没有办法选择其他时间。"

3. 应创造条件"迎合"消费需求

不少专家认为，通过拉动以"假日经济"为代表的休闲娱乐消费等第三产业发展或成为我国经济增长和转型的重要载体和着力点。

此次高速公路小客车免费通行对刺激民众出行和自驾游起到了明显的效果。据山东大学物流管理研究所所长彭志忠测算，全国高速公路免费会减收200亿元，国家会因此减少30亿元的税收，但可拉动2 000亿元的旅游收入。

节前山东省部分景区开始降价，降价或免费政策明显提高了景点人气。据沂水茶博园负责人介绍，景区票价由32元降至26元后，客流增加了近10倍。

张卫国说，黄金周爆发出来的旺盛需求为拉动内需提供了借鉴，这说明创造良好的出行和旅游环境对推动旅游等消费增长作用明显。

一些专家认为，政府部门及相关景区应积极创造有吸引力的产品以"迎合"不断增长的旅游休闲需求，拉长景区产业链，创造综合效益。例如，杭州西湖景区的免费政策"名利双收"，2002年西湖免费前，杭州旅游总收入是294亿元，而2011年这个数字增长到了1 191亿元。

此外，加强软件建设也同样重要，如景区管理方面。王德刚表示，目前须尽快建立起重要景区的订票和客流预警信息发布体系，让民众能够及时和提前预知景点客流状况，以便合理选择旅游目的地。

资料来源： http://www.docin.com/p-539600976.html（有删改）

案例分析思考： 分析出现旅游消费井喷的原因及未来发展的处理对策。

Chapter 8

第八章

旅游收入与分配

学习目标

知识目标：了解旅游收入的概念及分类，了解旅游收入指标及其影响因素，理解旅游收入分配层次，掌握旅游收入的乘数效应。

技能目标：能够针对旅游收入漏损的原因进行分析，找到控制旅游收入漏损的对策。

能力目标：具备能够通过对影响旅游收入因素的分析，提出提高旅游收入途径的能力。

导读案例

2018年国庆假期各省份旅游收入排行榜出炉　11省超300亿

2018年国庆假期刚刚结束，记者对"十一"长假期间全国各省、自治区、直辖市旅游收入情况进行了统计，在已经公布数字的28个省、自治区、直辖市中，山东省以535.5亿元列旅游总收入排行榜第一名，陕西省成为接待游客总数最多的省份，达7 002.33万人次。根据排行榜中的数据显示，11省旅游总收入超过300亿元，分别为山东省、河南省、湖北省、广东省、陕西省、湖南省、山西省、江西省、安徽省、贵州省和河北省。

经中国旅游研究院（文化和旅游部数据中心）测算，全国共接待国内游客7.26亿人次，同比增长9.43%；实现国内旅游收入5 990.8亿元，同比增长9.04%。2018年国庆假期文旅融合产品广受欢迎，各地推出大量文化旅游活动和线路产品，游客以观看升国旗、参观博物馆和红色景区等不同形式庆祝中华人民共和国69周年华诞。2018年国庆假期紧邻我国首个"中国农民丰收节"，全国各地又举办各类庆祝丰收的乡村文化旅游活动，吸引大量游客前往乡村看美景、品美食、赏民俗。都市休闲、红色旅游、乡村旅游、自驾游和观光游览等旅游消费活动备受游客喜爱。

资料来源： http://travel.people.com.cn/n1/2018/1009/c352255-30330322.html（有删改）

旅游收入是旅游经济活动的重要内容，它一方面反映了旅游者的旅游需求通过旅游经营者的旅游供给而不断得到满足；另一方面又体现着旅游产业部门和企业在生产经营活动的价值运行与价值实现过程中，自身不断得到发展。旅游收入与分配是旅游经济运行的前提，对其进行考察分析是十分重要的。

第一节 旅游收入的概念及分类

一、旅游收入的概念

旅游收入是旅游目的地国家或地区在一定时期内（通常以年、季、月为计算单位）从向旅游者销售旅游产品、提供服务中所得到的货币收入的总和。旅游收入直接反映了某一旅游目的地国家或地区旅游经济的运行状况，既是评价该国或地区旅游经济活动效果的综合性指标，同时也是衡量该国或地区旅游业发达与否的重要标志。

旅游收入是旅游企业存在和发展的前提。通常而言，在其他条件不变的前提下，旅游收入变化和旅游利润的增减是同方向的：旅游收入增加，旅游利润也增加，反之亦然。

近年来，随着改革开放的不断深入，我国旅游业迅猛发展，旅游收入逐年上升。2004—2018 年我国旅游收入及年增长率见表 8-1。

表 8-1 2004—2018 年我国旅游总收入及年增长率

年 份	旅游收入（亿元）	比上年增长（%）
2004	6 840	40.3%
2005	7 650	12.0%
2006	8 935	16.3%
2007	10 957	22.6%
2008	11 600	5.8%
2009	14 000	7.0%
2010	15 700	21.7%
2011	22 500	20.1%
2012	25 900	15.2%
2013	29 500	14.0%
2014	37 300	—
2015	41 300	11.0%
2016	46 900	13.6%
2017	54 000	15.1%
2018	59 700	10.5%

资料来源： 根据《中国旅游统计年鉴》和国家商务部网站数据整理（2014 统计口径发生变化与 2013 年无法比较）

伴随我国国内旅游的逐年升温,国际旅游也在飞速发展,我国国际旅游(外汇)收入从 1993 年至 2012 年增长了 9 倍多,年均增长率为 49%,国际旅游(外汇)收入在世界的排名由第二十一位提升到第四位,2015 年跃居世界第二,仅次于美国,显示了我国国际旅游发展的强劲势头。我国国际旅游(外汇)收入及世界排名见表 8-2。

表 8-2 1993—2018 年中国国际旅游(外汇)收入及世界排名

年　份	国际旅游(外汇)收入(亿美元)	世界排名
1993	46.83	15
1994	73.23	10
1995	87.33	10
1996	102	9
1997	120.74	8
1998	126.02	7
1999	140.99	7
2000	162.24	7
2001	177.92	5
2002	203.9	5
2003	174.06	6
2004	257.39	5
2005	292.96	6
2006	339.49	5
2007	419.19	5
2008	408	5
2009	396.75	5
2010	458.14	4
2011	484.64	4
2012	500.28	4
2013	516.64	4
2014	1 053.8	—
2015	1 136.5	2
2016	1 200	2
2017	1 234	2
2018	1 271	—

资料来源: 根据世界旅游组织和国家商务部网站数据整理(2014 年国际旅游收入统计口径有所调整无法比较,2018 数据未出)

二、旅游收入的分类

旅游收入综合反映了旅游业的生产经营成果。为了更明确地认识旅游收入的内涵,可以从不同的角度来分析旅游收入的构成。例如,可将旅游收入分为国内旅游收入和国际旅游收入、基本旅游收入和非基本旅游收入、商品性旅游收入和劳务性旅游收入、年度收入和季度收入等。

1. 国内旅游收入和国际旅游收入

旅游收入是旅游者在旅游目的地国家或地区的旅游消费支出，由于一般将旅游者分为国际旅游者和国内旅游者，因而按照旅游收入的来源，可以将旅游收入划分为国际旅游收入和国内旅游收入。

国内旅游收入是指旅游目的地国家或地区因经营国内旅游业务而取得的本国货币收入。国际旅游收入是旅游目的地国家或地区因经营境外旅游者来本国或本地区旅游的业务而取得的外国货币收入，通常也称为旅游外汇收入。

2. 基本旅游收入和非基本旅游收入

按旅游需求弹性，可将旅游收入划分为基本旅游收入和非基本旅游收入两大类。

基本旅游收入是指旅游目的地国家或地区向旅游者提供交通、食宿和景点等必需的基本旅游设施和旅游服务所获得的货币收入的总和。它是旅游者在旅游过程中所必须支出的费用。对旅游者而言，和基本旅游收入实现相关联的产品和服务是缺乏弹性的，是一种固定性的旅游消费支出。因而基本旅游收入与旅游者人数、旅游者停留时间、旅游者的消费水平成正比关系，即旅游者人数越多、人均基本旅游消费支出越高、人均逗留时间越长，则该旅游目的地国家或地区获得的基本旅游收入就越多。

非基本旅游收入又称边缘旅游收入，是指旅游目的地国家或地区的旅游相关部门和企业，通过向旅游者提供医疗保健、邮电通信、娱乐购物、金融保险等非必需或非基本产品及服务所获得的货币收入的总称。由于旅游者的收入水平以及偏好不同，旅游者对这类消费支出具有较强的选择性和灵活性。因而通过此类旅游产品而形成的非基本旅游收入就具有不稳定性的特点，与旅游者人次、逗留时间等因素也没有必然的比例关系。但是，一般来说，非基本旅游收入在旅游收入总量中比重的大小，可以反映出该旅游目的地国家或地区的旅游业发展的程度。旅游业越发达，旅游经济运行机制越完善，非基本旅游收入比例就越高。

3. 商品性旅游收入和劳务性旅游收入

旅游产品是一种综合性产品，它包括食、住、行、游、购、娱多种要素，而按照相应的旅游消费内容的构成，可以将旅游收入划分为商品性旅游收入和劳务性旅游收入。

商品性旅游收入是指向旅游者提供具有实物形态的旅游产品而得到的收入，包括销售旅游商品（如销售工艺美术品、旅游纪念品、书刊等）和提供餐饮等所获得的收入。劳务性旅游收入是指向旅游者提供劳务服务所获得的收入，如旅游者支付的旅行社业务费用、住宿费用、交通费用、文化娱乐费用等。

4. 年度收入和季度收入

按时间长短可将旅游收入划分为年度收入和季度收入。这种分类方法的优点是：时间概念强，便于及时掌握经营状况，以便了解旅游者的需求动向，制订相应的经营方案，扩大旅游收入；便于比较不同时期的旅游收入增减变化情况，有利于发现影响旅游收入变化的各种因素，寻求增加旅游收入的新途径；便于旅游经营者开展经济活动分析，根据供求变化，协调各类经济活动。

第二节 旅游收入指标及其影响因素

一、旅游收入指标

旅游收入指标是反映旅游经济现象数量方面的指标，说明旅游经济现象的实质，反映旅游经济现象的水平、规模、速度和比例关系。旅游收入指标是用货币单位计算和表示的价值指标，是补偿劳动消耗、实现旅游业再生产的先决条件，也是旅游目的地国家或地区的旅游企业和有关部门掌握和分析旅游经济活动的重要工具。在旅游业工作中，经常使用的旅游收入指标主要有以下几类：

1. 旅游收入总量指标

旅游收入总量指标是指在一定时期内，旅游目的地国家或地区的旅游经营部门和企业，向国内外旅游者出售旅游产品和其他服务所获得的货币收入的总额。这一经济指标综合反映了该国家或地区旅游经济的总体规模状况和旅游业的总体经营成果。

2. 人均旅游收入指标

人均旅游收入指标是指旅游目的地国家或地区在一定时间内，平均从每一位旅游者消费中所获得的收入，也是旅游者在旅游目的地国家或地区旅游活动过程中的平均货币支出额，它反映了旅游者的平均消费水平和旅游目的地国家或地区平均提供旅游产品和其他劳务的价值量。人均旅游收入指标是某一时期内旅游收入总量与旅游者人数的比值。

3. 旅游外汇收入指标

旅游外汇收入指标是指在一定时期内旅游目的地国家或地区向国际旅游者提供旅游产品和其他劳务所获得的外国货币收入的总额，也是国际旅游者入境后的全部消费总额。旅游外汇收入指标是衡量一国国际旅游业发展水平的重要标志之一，又是反映该国旅游创汇能力的一项综合性指标。在国际旅游业中，它常被用于同外贸商品出口收入和其他非贸易外汇收入进行比较，以说明一国国际旅游业在全部外汇收入中的地位和对弥补国家外贸逆差所做的贡献。

4. 人均旅游外汇收入指标

人均旅游外汇收入指标是指在一定时期内，旅游目的地国家或地区平均每接待一位国际旅游者所取得的旅游外汇收入额，同时它也是每一位国际旅游者在旅游目的地国家或地区境内的人均外币支出额。这一指标是一定时期内该国家或地区旅游外汇收入总额与该国家或地区接待的国际旅游者人数的比值。该指标主要用于分析和比较不同时期接待国际旅游者的外汇收入情况。人均旅游外汇收入指标数值的高低与入境旅游者的构成、支付能力、在境内停留时间以及旅游目的地国家或地区的旅游接待能力有密切的关系。

5. 旅游换汇率指标

旅游换汇率指标是指旅游目的地国家或地区向国际旅游者提供单位本国或本地区货币的旅游产品所能换取外国货币数量的比例。通常，旅游换汇率与该国家或地区同期的外汇汇率是一致的。在不同的时期，外汇比价不同，旅游换汇的数值也就不同。在国际经济交往中，旅游外汇收入属于非贸易外汇，换汇成本低于贸易外汇，即以一定数量货币表示的出售给国际旅游者的旅游产品，要比同量货币表示的一般出口商品能换取到较多的外汇收入。旅游换汇率指标反映了旅游外汇收入对一个国家或地区国际收支平衡作用的大小，其越来越引起各个国家和地区，特别是发展中国家和地区的高度重视。

6. 旅游创汇率指标

旅游创汇率指标是指旅游目的地国家或地区在一定时期内经营国际旅游业务所取得的非基本旅游收入与基本旅游收入量的比率。国际旅游者来到旅游目的地国家或地区购买基本旅游产品，同时引起对非基本旅游产品的购买，使旅游目的地国家或地区增加了外汇的收入。旅游创汇率与非基本旅游收入成正比，与基本旅游收入成反比。非基本旅游收入越多，旅游创汇率就越高。这一指标数值的高低，既反映了旅游目的地国家或地区产业结构、经济体系的完善程度，也反映了该国家或地区旅游业的发达程度和创汇的能力与潜力。因此，要不断扩大旅游者对非基本旅游商品的消费支出，就要不断挖掘潜力，发挥本国或本地区的旅游资源特色优势，推出各种有特色的旅游产品和服务，吸引旅游者，扩大旅游者的消费，才能不断提高非基本旅游收入在旅游总收入中的比重，进而提高旅游创汇率。

7. 旅游外汇净收入率指标

旅游外汇净收入率指标是指旅游目的地国家或地区在一定的时期内经营国际旅游业务所取得的全部外汇收入扣除了旅游业经营中必要的外汇支出后的差额，并与全部旅游外汇收入的比值。在旅游业发展过程中，既要通过销售旅游产品获取外汇，也要从所获取的外汇收入中，支出一部分用于购买旅游业发展所必需的国内短缺物资以及其他支出。这些外汇支出包括以下几个方面的内容：从境外进口必要的旅游设施、设备、原材料等，境外旅游宣传和统一驻外机构费用支出等，偿付外商投资利息、利润分红和境外管理人员费用，以及为适应国际旅游者的需求，从境外进口各种日用消费品的支出等。上述这些方面的支出都会造成旅游外汇收入中的一部分再流向境外。因此，在最大限度地满足旅游者需要的前提下、在旅游外汇总收入既定的条件下，用于经营旅游业务所支出的外汇越少，旅游外汇净收入率就越高。这一指标既反映了旅游目的地国家或地区增收节支、尽量减少外汇流失的情况，又是衡量该国家或地区社会经济发展总体水平和完善程度的重要标志之一。

通过上述指标，结合一定时期内接待旅游者的数量、构成、消费水平等指标，可以为旅游经营者掌握旅游发展的规模、速度、结构和水平，制订旅游发展规划，以及选择最佳旅游市场提供依据和信息，从而不断提高旅游业的经营管理水平和旅游企业的经济效益。

二、影响旅游收入的因素

旅游业是一个关联性、依赖性较强的行业，由于受各种社会经济现象和经济关系等多种因素不同程度的影响，某一旅游目的地国家或地区在一定时期内的旅游收入和旅游外汇收入量都会出现不同程度的高低变化。可以说，旅游收入量是多种影响因素的函数。具体来讲，影响旅游收入的因素主要有以下几个方面：

1. 接待旅游者人数

旅游目的地国家或地区接待旅游者人数的多少，是影响旅游目的地国家或地区旅游收入高低的基本因素。在正常情况下，旅游收入与旅游者人数成正比例关系变化。虽然旅游者的个人消费水平由于其收入水平和支付能力的不同会产生较大差异，但旅游者人数增加，会使旅游收入的绝对数增加；旅游者人数减少，旅游收入也随之减少。

2. 旅游者支付能力与平均消费水平

在旅游者人数既定的条件下，旅游者的支付能力和人均消费水平是旅游目的地国家或地区旅游收入增减变化的另一决定因素。旅游者的平均消费水平和支付能力与旅游目的地国家或地区的旅游收入呈正比例关系变化。旅游者的支付能力强、平均消费水平高，旅游目的地国家或地区的旅游收入就必然增加；反之，旅游者的支付能力和平均消费水平低，则旅游目的地国家或地区的旅游收入就减少。旅游者的支付能力和平均消费水平的高低与旅游者的年龄、社会阶层、家庭状况、职业、个人可自由支配的收入以及消费偏好等因素有着密切的联系。

3. 旅游产品质量和旅游资源的吸引力

旅游产品的质量和旅游资源的吸引力及开发程度是影响旅游收入的重要因素之一。旅游目的地国家或地区旅游资源的丰富程度、开发程度、旅游产品特色，是吸引旅游者的重要方面；而旅游产品的质量和品位高低，又是吸引旅游者进行购买的重要原因。所以，要充分利用旅游目的地国家或地区的旅游资源及其吸引物，不断对旅游产品进行深层次的开发，调整产品结构，提高产品质量，从而提高旅游者的消费支出，增加旅游收入。

4. 旅游者在旅游目的地的停留时间

在旅游者人数、旅游消费水平既定的条件下，旅游者在旅游目的地停留时间的长短对旅游收入的增减有着直接的影响。旅游者人均停留时间与旅游收入之间存在着正比例变化的关系，旅游者在旅游目的地停留的时间越长，其所支出就越大，旅游目的地的旅游收入就会随之增长。反之，旅游者在旅游目的地停留时间越短，旅游支出越少，则旅游目的地的旅游收入就越少。旅游者停留时间的长短与旅游者个人的闲暇时间、旅游目的地对旅游活动的组织安排、所提供的旅游产品的吸引力以及其他消费品和服务的多样性与丰富程度等因素有着密切的联系。

5. 旅游目的地的旅游价格

旅游价格是影响旅游收入高低的一个最直接的因素，两者之间存在着密切的依存关系，旅游收入等于旅游产品价格与出售的旅游产品数量的乘积。根据旅游需求规律，在其他条件不变的情况下，不论旅游产品的价格是上涨还是下降，旅游需求量都会出现相应的减少和增加。为了测量旅游需求量随旅游产品价格的变化而相应变化的程度，就必须正确计算旅游需求价格弹性系数，并根据旅游产品需求价格弹性大小，正确计算旅游收入。

6. 外汇汇率

外汇汇率是各个国家或地区不同种类货币之间的相互比价。外汇汇率对旅游目的地国家或地区旅游收入的变化产生一定的影响。如果旅游目的地国家或地区相对旅游客源地国家或地区的货币贬值，即汇率降低，在旅游目的地国家或地区的价格未提高的条件下，会刺激该旅游客源地国家或地区的旅游需求，导致旅游目的地国家或地区的入境旅游人数增加，从而使旅游外汇总收入增加。反之，如果旅游目的地国家或地区相对旅游客源地国家或地区的货币升值，则汇率提高，那么，将会抑制旅游客源地国家或地区的旅游需求，导致旅游目的地国家或地区入境旅游者人数减少，从而使该国或地区旅游外汇总收入降低。由此可见，由于汇率的变化，同量的旅游外汇收入在不同时期会因旅游目的地国家或地区的汇率变化而出现差异，有时差异会较大。因此，在衡量旅游目的地国家或地区的旅游收入时，应注意分析因汇率因素变动而形成的差异，这样，才能使旅游目的地国家或地区在不同时期内所取得的旅游收入更具真实性和可比性。

7. 旅游统计因素

旅游收入有些来自直接旅游部门，也有些来自间接旅游部门，由于受诸多因素的影响，致使旅游统计部门所统计出来的旅游收入并不能真实地反映旅游目的地国家或地区所取得的旅游收入。主要表现在：一是旅游部门之间、旅游部门与非旅游部门之间对旅游的收入常常会出现遗漏或重复统计的现象；二是旅游者在旅游活动中所支出的有些费用，如小费就无法统计到旅游目的地国家或地区的旅游收入中，致使该旅游目的地国家或地区的旅游收入统计出现遗漏；三是在探亲旅游过程中，某些旅游者以馈赠礼品、土特产品等方式来换取亲朋好友所提供的免费食宿，这种交换方式所产生的旅游收入也是无法进行统计的；四是由于"地下旅游经济活动"的存在，即旅游者与旅游从业人员以私下交易方式，将购买旅游服务和产品的钱直接交给餐厅服务员、导游、出租汽车司机等，致使旅游收入减少和政府税收减少等，也增加了旅游统计中的漏统现象。

三、提高旅游收入的途径

旅游收入是旅游目的地国家或地区在一定时期内旅游经营成果的一个表现，旅游收入的增长和提高对旅游目的国家或地区以及旅游企业来说是至关重要的。为此，应通过以下途径来提高旅游收入：

1. 通过各种方式开展旅游促销

利用线上和线下等方式，充分利用各种条件和机会，开展各类促销活动，增强游客体验，宣传旅游目的地国家或地区的旅游形象，争取增加旅游目的地国家或地区的旅游接待者人次。

2. 研究开发旅游系列产品

深入挖掘旅游资源的文化内涵，研究开发各类旅游资源和高质量、高品位的旅游系列产品，使资源优势转化为经济优势，以优质的旅游产品，去赢得旅游者的喜爱，增加旅游产品的价值含量，提高旅游者人数。

3. 丰富旅游活动内容

改变那些内容单一、千篇一律、无独特性的旅游活动，用丰富的旅游活动内容、精彩的节目、精心组织的旅游线路来留下旅游者，延长旅游者在旅游目的地的停留时间，增加旅游者的消费支出。

4. 千方百计满足旅游者的需求

研究旅游者的消费行为，针对旅游者需求，充分利用各种经济手段，如价格、汇率等因素，来充分满足旅游者的消费需求，增强旅游者的满意度，提高旅游目的地国家或地区的旅游收入。

5. 探索旅游统计的有效方法

旅游收入是旅游经济活动的重要内容，旅游统计必须准确地反映旅游经济活动的数量变化。因此，要针对旅游统计工作中许多不规范因素影响的情况，对旅游收入的统计工作进行研究，寻找最佳的统计方法和途径。如通过抽样调查了解旅游者的消费支出状况，来修正按法定程序统计的各种数据，为旅游部门或企业总结和预测旅游业发展状况以及制定有关经营发展战略提供准确的情况和资料。

第三节　旅游收入分配

旅游收入作为国民收入的一部分，其分配形式也和国民收入的分配形式一致，通常是经过初次分配和再分配两个过程来实现的。

一、旅游收入的初次分配

旅游收入的初次分配是在直接经营旅游业务的旅游部门和企业内部进行的。这些部门和企业主要包括旅游景点、饭店、交通企业、娱乐场所、商店等。旅游收入的初次分配并不是将所有的营业收入投入分配，而是首先从中扣除在生产经营中消耗的生产资料的价值部分，如固定资产的折旧和原材料的消耗等，余下的则一部分作为税收上缴国家，另一部分则留在企业，作为企业的留存收益，用于扩大再生产和集体福利的需要。其过程如下：

1）营业收入扣除生产经营中消耗的生产资料的价值，得到旅游净收入。

这里不是一个分配过程，而是一个补偿过程。旅游企业在生产经营中，必定会消耗各种物质资料，而为了维持再生产，旅游企业必须将所获得的营业收入投入购买生产经营所需的原材料和辅助材料、进行旅游新产品的开发、购置各种消耗的固定资产等，从而使这些物质资产在价值上得到补偿，实物形态上得到替换。

2）旅游净收入按照劳动力、资本和公共投入等因素，相应地以职工工资、企业留存收益和政府税收的形式进行分配。

旅游企业为维持正常运转，必须雇佣大量的员工，员工以自己投入的劳动力为依据所获得的报酬（含工资、奖金和福利）即是职工工资。这是职工个人和家庭生活需要，同时也是实现劳动力简单再生产和扩大再生产的需要。

国家为旅游业投入了各种公共设施（如公路、桥梁）和服务（如警察、消防）的保障，因而旅游业在获得旅游收入的同时，必须将一部分收入以税收的形式上缴国家。如旅游生产企业在经营中必需上缴增值税，而以旅游服务为主的企业则必须上缴营业税，同时还有在此基础上的城建税和教育费附加，如果旅游企业是盈利的且符合相应条件，还需要缴纳企业所得税等。国家将这部分税收作为财政收入统筹使用，用于公共设施和服务的改善，从而保证旅游业的健康、正常发展。

旅游净收入在经过职工工资和税收分配后剩下的部分，即是企业的净利润。企业的净利润一般可以分为三部分：企业公积金、企业公益金以及应该分配给投资者的利润。企业公积金主要用于企业自身的发展和加强防御风险的能力，而企业公益金则应用于职工集体福利，应该分配给投资者的利润则是以投资者投入资本的多少为依据进行分配的。

由于旅行社在旅游业中的特殊作用，作为旅游业的"枢纽"部门，它直接开发旅游产品、开展宣传和促销活动、招徕和接待旅游者。对于旅游者而言，通常只需交纳一定金额的费用给旅行社，便基本能满足旅途中的吃、住、游等需求。旅行社获得的这笔收入首先表现为它的旅游总收入，但是这其中相当大的一部分，是要支付给酒店、运输企业、旅游景点等部门和企业的成本，同时也是那些部门和企业的旅游收入。而这些部门和企业只有从旅行社获得收入后，方能在部门和企业内部进行初次分配。因而，旅行社在旅游收入的分配过程中，起着特殊的枢纽作用，它的经营活动，既是旅游收入的来源，又决定了旅游收入的分配。

综上所述，旅游业有其特殊的初次分配方式：首先，是通过旅行社进行的旅游业内部各部门和企业的旅游收入的分配；然后，各部门和企业再就自身的收入在本部门或企业内部进行分配。

二、旅游收入的再分配

旅游收入的再分配是指在旅游收入初次分配的基础上，按照价值规律和经济利益原则，在旅游企业及旅游行业外部进一步分配的过程，从而实现旅游收入的最终用途。同其他经济活动一样，旅游经济活动也是一个社会生产的不断重复和扩大的过程，因而旅游收入的再分配是旅游经济活动的重要一环。它既是使旅游业能够不断扩大生产、满足其自我发展和自我完善必需的物质条件的需要，也是满足旅游从业人员的各种物质和文化需求，使劳动者家庭得到满足，劳动力不断再生产的需要。同时，通过旅游收入的再分配，使全社会的相关部门获得了应有的派生收入，旅游业的经营成果影响到旅游业外部，从而体现了旅游业对旅游目的地国家或地区整个社会、经济的促进作用。

1. 旅游企业收入的再分配

旅游企业为了维持自身的再生产以及扩大再生产的需要，必然需要补偿在生产经营中消耗掉的原材料以及房屋、设备等。这些物质资料旅游业一般是很难仅仅在企业内部能获得补偿的，通常应向相关的企业购买各种产品和劳务，从而使旅游收入转换为相关行业部门的收入。同时，企业留存的收益中主要有公积金和公益金以及暂时未分配给投资者的利润。在企业经营良好的情况下，公积金主要用于旅游企业扩大再生产的追加投资，而暂时未分配给投资者的利润也是投资者为了企业的发展而暂时不予分配留存在企业内部的，同样也是用于旅游企业扩大再生产的追加投资，如扩大经营场地等。而公益金则主要用于职工集体福利，以满足职工医疗、住房、教育、娱乐等方面的需要。旅游企业的这些支出流向相关的部门或企业，从而形成旅游企业收入的再分配。

2. 职工工资的再分配

这部分收入中的大部分被用于购买职工所需要的生活消费品和劳务产品，以满足他们个人和家庭的物质文化生活需要，保证劳动力的再生产。这部分支出构成了社会经济中相关的生活资料和劳务部门的营业收入。职工的个人收入扣除消费剩下的部分，则一般会选择存入银行，或者购买国债、保险和股票等，从而形成其他部门的收入或债务，成为国家和经济中其他企业建设和发展资金的重要来源。职工工资通过以上的途径，形成了职工工资收入的再分配。

3. 政府和旅游相关收入的再分配

旅游收入中上缴国家的各类税金构成了国家和地方政府的财政预算收入，同时，政府通过各种支出来实现旅游收入的再分配。政府的财政支出主要用于国防、教育、公共事业和社会福利投资，其中一部分作为旅游基础建设和旅游项目开发最终又回到旅游业中来，从而推动旅游业的发展。

4. 旅游收入的另外一些分配途径

旅游收入中还有一部分流入其他部门，例如，支付贷款利息构成金融部门的收入，支付保险金构成保险部门的收入，支付房租而形成房地产部门的收入等。

第四节 旅游收入的乘数效应

一、乘数效应的概念

乘数（Multiplier）又可译作倍数，是现代经济学中用于分析经济活动中某一变量的增减所引起的经济总量变化的连锁反应程度。在经济运行过程中，常会出现这样的现象，一种经济量的变化，可以导致其他经济量相应的变化。这种变化不是一次发生，而是一次又一次连续发生并发展的。如一笔原始花费进入某一经济领域系统后，会流通再流通，经过多次循环，使原来那笔货币基数发挥若干倍的作用，这种多次变化所产生的最终总效应，就称为乘数效应。

经济活动中之所以会产生乘数效应，是因为各个经济部门在经济活动中是互相关联的。某一经济部门的一笔投资不仅会增加本部门的收入，而且会在国民经济的各个部门中引起连带反应，从而增加其他部门的收入，最终使国民收入总量成倍地增加。由此可见，某一行业的发展必然会促进一系列同该行业相关的间接部门的生产，从而带动整个国民经济的协调发展。

二、旅游收入乘数效应

1. 旅游收入乘数效应的含义

旅游收入乘数效应是用来衡量旅游收入在国民经济领域中，通过初次分配和再分配的循环周转，给旅游目的地国家或地区的社会经济发展带来的增值效益和连带促进作用的程度。自 21 世纪 60 年代以来，旅游业在全世界各地发展迅速，并成为许多国家重要的经济部门之一，对其他经济部门和整个社会经济产生了较大的促进和带动作用。因此，旅游经济学家把乘数效应概念引入到旅游经济活动的分析之中，从而产生了旅游收入乘数效应的概念。

旅游业是"无烟工业"，但它必须靠"有烟工业"——物质生产部门的支持，才能得以存在和发展。旅游者的交通，要依靠运输设备制造业，而这些制造业又要依赖黑色金属和有色金属等工业的发展；旅游者的住宿，要依靠建筑业来建造饭店；旅游者的膳食，要依靠农业部门提供丰富多样的农副产品；旅游者的购物，也要依靠轻工业和手工业提供各种旅游商品。由此可见，旅游业的发展必然会促进一系列同旅游相关部门的生产，从而带动整个国民经济的发展。旅游业的发展，对与旅游业间接有关的部门产生了影响，增加了有关部门的收入，因而可在经济整体上用旅游收入乘数来衡量旅游业的地位和作用。

通常，旅游者的一笔消费支出进入旅游经济运行系统后，经过多个环节，使原来的货币基数发挥若干倍的作用，在国民经济各部门中引起连锁反应，从而增加其他部门的收入，最终使国民总收入成倍增加。例如，旅游者在饭店里食宿，饭店职工从旅游者花费中获得工资，工资的一部分用于饭店职工的生活支出，其生活支出又注入本地经济；而餐厅对食品饮料的进货，又会使农民的收入增加，农民收入的增加，又会促进社会消费品销售量的增加。这种通过旅游者的花费对某一地区的旅游业的货币注入而反映出来的国民收入的变化和经济影响，就是旅游收入乘数效应。

2. 旅游收入乘数的计算

旅游收入乘数效应可通过计算旅游收入乘数来判定，通常用 K 表示旅游收入乘数，根据一定的投入增量和收入增量，即可计算旅游收入乘数，计算公式如下：

$$K = \frac{\Delta Y}{\Delta I} \tag{8-1}$$

式中　K——旅游收入乘数；

　　　ΔY——收入增量；

　　　ΔI——投入增量。

旅游收入乘数表明了旅游目的地对旅游行业的投入所导致的本地区综合经济效益最终量的增加。但应该指出，乘数效应的形成必须以一定的边际消费倾向为前提。因为，无论是国际旅游者还是国内旅游者在某旅游目的地的消费都是对旅游行业的投入，当这笔资金流入旅游目的地国家或地区的经济运行中，就会对生产资料和生活资料生产部门以及其他服务性企事业单位产生直接或间接的影响，进而通过社会经济活动的连锁反应，导致社会经济效益的增加。如果把这笔资金的一部分储蓄起来或用于购买进口物资，使资金离开经济运行过程或流失到国外，就会减少对本地区经济发展的注入和作用，也就是说，边际储蓄倾向和边际进口物资倾向越大，对本地区的经济发展的乘数效应就越小。根据以上乘数原理，计算旅游收入乘数的公式可进一步表述为：

$$K = \frac{1}{1-\text{MPC}} = \frac{1}{\text{MPS}} = \frac{1}{\text{MPS}+\text{MPM}} \tag{8-2}$$

式中　MPC——边际消费倾向；

　　　MPS——边际储蓄倾向；

　　　MPM——边际进口物资倾向。

上述公式表明：旅游收入乘数与边际消费倾向成正比，与边际储蓄倾向成反比。边际消费倾向越大，乘数效应就越大；边际消费倾向越小，乘数效应就越小。边际储蓄倾向越大，乘数效应就越小；边际储蓄倾向越小，乘数效应就越大。

例如，某旅游目的地旅游边际消费倾向为 70%，即表示在这个地区的旅游收入中，70%的资金在本地区的经济运行系统中运转，而余下 30%的资金用于储蓄或购买进口物资，或是离开了本地区的经济运行。则：

$$K = \frac{1}{1-\text{MPC}} = \frac{1}{1-0.7} \approx 3.3$$

或

$$K = \frac{1}{\text{MPS}} = \frac{1}{0.3} \approx 3.3$$

即旅游收入经过初次分配和再分配获得了约 3.3 倍于原始收入量的经济效果。如果把 80%的资金投入经济运行中，仅有10%的资金用于储蓄，10%资金用于购买进口物资。则：

$$K = \frac{1}{1-\mathrm{MPC}} = \frac{1}{1-0.8} = 5$$

或

$$K = \frac{1}{\mathrm{MPS}+\mathrm{MPM}} = \frac{1}{0.1+0.1} = 5$$

三、旅游收入乘数的种类

旅游收入的乘数效应，使一个国家或地区增加一笔旅游投入相应地会引起该地区经济的增长，使国民收入总量增加，并反映出国民收入的变化和经济影响。这种影响作用，主要通过以下几种常用的乘数模式，从不同侧面对国民经济产生相应的经济影响。

1. 营业收入乘数

营业收入乘数是指增加单位旅游营业收入额与由此导致其他产品营业总收入增加额之间的比率关系。该乘数表明某一地区旅游业的发展对整个地区营业总收入的作用和影响。

2. 就业乘数

就业乘数是指增加单位旅游收入所创造的直接与间接就业人数之间的比率关系。该乘数表明某一地区通过一定量的旅游收入对本地区就业产生的连锁反应，并导致对最终就业岗位和就业机会所产生的作用和影响。

3. 居民收入乘数

居民收入乘数是指增加单位旅游收入与由此导致的该地区居民总收入增加之间的比率关系。该乘数表明了这一地区旅游业的发展给整个地区的居民收入增加带来的作用和影响。

4. 政府收入乘数

政府收入乘数是指增加单位旅游收入对旅游目的地国家或地区政府净收入所带来的影响。该乘数用来测定旅游目的地国家或地区政府通过税金从旅游经济活动中得到的效益，即旅游收入对政府税金增加所产生的作用和影响。

5. 消费乘数

消费乘数是指每增加单位旅游收入所带来的对生产资料和生活资料消费的影响。该乘数用来测定旅游目的地国家或地区旅游收入增加量对社会再生产过程的促进作用，即对社会消费扩大的作用和影响。

6. 进口额乘数

进口额乘数是指每增加一个单位旅游收入而最终导致旅游目的地国家或地区总进口额增加的比率关系。该乘数表明旅游目的地国家或地区随着旅游经济活动的发展，旅游部门和企业以及向这些部门、企业提供产品和服务的其他相关单位，向境外进口设施、设备、生活消费品的增加量与旅游收入增量的关系。

四、旅游收入的漏损

1. 旅游收入漏损的产生原因

旅游收入的漏损是指旅游目的地国家或地区的旅游部门和企业，由于购买进口商品和劳务，如在境外进行旅游宣传，支付境外贷款利息等原因而导致的外汇收入的减少。对于任何一个国家或地区来说，旅游外汇的收入和支出通常是同步发生的。在经营国际旅游业务的时候，必然要将旅游外汇收入的一部分用于正常的经营支出，此外也有一些其他的原因会导致外汇收入的外流，这样就出现了旅游收入的漏损。

旅游收入的漏损表现为旅游外汇的流失。从国民经济和旅游经济运行的角度看，旅游外汇的流失主要有以下几个原因：

1）由于本国经济体系和生产结构不完善，对经营国际旅游所需的物资数量、质量、品种和功能都不能给予保证，必须支付外汇从境外进口某些设施、设备、原料、物料和消费品，才能保证旅游业所需的物资和设备等。

2）在大量引进外资进行旅游基本建设和旅游项目开发的同时，每年又必须拿出大量的外汇用于还本付息、支付投资者红利等。

3）为提高经营管理水平，在引进管理技术和管理人才的同时，又必须以相当数量的外汇支付外方的管理费用和外籍管理人员的工资、福利等，以及经营国际旅游业务时，支付海外旅游代理商的佣金等。

4）为了开拓国际旅游市场，争取更多的国际旅游客源，需要直接在境外进行旅游宣传促销，就要用外汇支付海外促销费用。除此之外，还要用外汇支付海外常住旅游机构的活动费用和人员的工资等。

5）本国公民出境旅游也会使一定数量的外汇流向境外。

6）外汇管理不力，会使黑市交易猖獗，造成国家外汇实现量减少，或者由于企业间盲目削价竞争而导致旅游部门和企业外汇收入的减少，都会使国家旅游外汇收入隐性流失。

2. 旅游收入漏损的控制

为保证一个国家旅游收入的稳定和增长，有必要对旅游外汇的流失进行严格的控制。目前世界上许多国家，特别是把旅游业作为国民经济重要支柱产业的国家，都制定了一系列的政策，采取相应的措施，对旅游外汇的流失问题进行控制和改善，以减少和避免旅游收入的漏损。主要的措施有以下几个方面：

1）积极发展本国经济，调整本国生产结构和产品结构，不断提高本国产品的质量，努力改进和提高生产技术，生产出满足旅游经营活动所需要的各种产品，尽量减少进口产品的数量。

2）加强对引进外资、外来项目的审批工作。对引进项目的收益、成本、风险及先进性、急需性、可行性要认真进行分析与评估，避免盲目引进，使国家和旅游企业外债负担过重。

3）努力培养通晓国际管理方法、掌握现代管理技术、具有现代市场经营理念的旅游管理专门人才，逐步减少对外方管理人员的引进，从而减少相应的外汇支出。

4）采取合理的价格，引导本国居民多参与国内旅游，用国内旅游来代替国际旅游，适当控制出境旅游的数量。在外汇缺乏或外汇收支逆差的情况下，也可采取相应政策来限制本国公民出境旅游，以减少旅游外汇收支逆差。

5）制定完善的经济法规和外汇管理制度、方法，对违反国家政策法规规定、扰乱金融秩序和市场环境的不法行为给予严厉的法律和经济制裁，以建立良好的外汇市场秩序，控制外汇的流失。

基本训练

1. 为什么要对旅游收入进行分类?
2. 如何衡量旅游收入? 影响旅游收入的因素有哪些?
3. 何谓旅游收入的初次分配?
4. 何谓旅游收入的再分配?

应用训练

1. 运用本章所学习的知识, 分析旅游收入乘数效应对国民经济有何重要意义。
2. 运用本章所学习的知识, 分析减少和避免旅游收入漏损的途径。

案例分析

袁家村一年 10 多亿全国第一, 这些农民做对了什么?

陕西省咸阳市礼泉县袁家村近年来可谓风光无限, 荣获 "中国十大美丽乡村" "中国传统村落" "中国魅力乡村" 等荣誉称号, 成为当之无愧的乡村旅游第一品牌, 被称为 "陕西丽江"。袁家村日接待游客一度超过著名景点 "兵马俑", 一年 10 多亿的收入, 这村农民是怎么做到的?

当陕西各地旅游还在靠吃祖宗的老本的时候, 袁家村另辟蹊径, 挖掘关中地域文化, 发展民俗旅游, 成为第一个 "吃关中螃蟹" 的村, 享受了优先发展的红利。袁家村的主要客户群体是城市里的高消费人群以及怀念农村风情的人们, 为他们提供舒适、放松的旅游环境。这里家家主营的是家常便饭、野菜、粗粮, 有很多原始的可以体验的东西, 给人们带来无穷的欢乐, 能够使人们消除疲惫的身心, 给都市人提供一个体验风土民情的好去处。袁家村不仅保留了真实的古民居, 就连各种小吃都属于非物质文化遗产。

通常旅游景点采用资本投资、公司化统一管理的模式, 即通过投资征地, 把农民从景点搬迁出去, 然后统一规划建设景区, 通过收门票、景点内住宿、餐饮娱乐等项目招商或直营的方式运营。这种模式需要大量的管理维护人员, 而且员工的积极性不高, 从而导致效率低下, 服务质量差。而袁家村采用的是自称 "全民皆兵" 的模式, 即农户自己经营老字号、农家饭, 农民还住在原地, 这样既好地保留了农村原生态的生活场景, 又调动了村民的积极性, 避免了很多景点开发后变味、不接地气的问题。通常景点的工作人员和景点管理公司之间是雇佣关系, 很难调动基层工作人员的积极性, 景点的运营和管理成本很高。袁家村的运营和管理成本非常低, 低到不可想象。管理上村委会牵头, 村委会下面有管理公司, 公司下面是协会。农家乐有农家乐协会, 小吃街有小吃街协会, 酒吧街有酒吧街协会, 这些协会里的成员都是商户们自己推选出来的, 这些成员都给协会义务服务, 等于是村民经营户自己管理自己, 村干部都是义务服务的。村干部自己家里也经营农家乐, 收入有保障, 整个村子经营好了, 村民、干部都受益。大家是一个利益共同体, 自己管理自己, 所以管理成本极低。

袁家村的管理模式表面上看似松散、粗放, 实际上背后是精细化、接地气的管理方式。袁家村郭战武书记以小吃街打比方，一条街上有 100 个商户，就要有 100 种小吃，锅盔、豆腐脑、炸麻花……村民各自认领，如遇几家同时报名便比赛，留味道最好的那一家。这样就避免了同质化恶性竞争。

另外，由于各户经营的项目不同，所以民俗街上有的门店生意好，一年可能有上百万的收入，有的生意不好的一年几万块钱。村里经过估算，一家店如果两个人经营，保证每个人每个月有 5 000 块左右的收入，一年得挣 10 万块，才算挣钱了，才能持续经营。然后，村管理公司看谁家不挣钱，比如说卖蒸馍的店，蒸馍本身利润低不挣钱，但是一条街上必须得有一个卖蒸馍的，那怎么办，村里就给补贴，补到这家店能挣十万元。当然这种模式也不是大锅饭，村管理公司每个月都要统计销量后五名，帮助这些商户调整经营和管理，实在调整不过来的就考虑换人。

在目前国内很多古村落面临着空心化、衰败化的情况下，400 多口人的袁家村，家家住上了小洋楼，人均住房面积达 52m²，家家生活得很滋润，人们根本就不考虑去大城市。以前的袁家村也建过水泥厂，如今这个村的领导者朝着环保、生态、绿色的方向发展，带领全体村民大力开发无烟工业——旅游业，创建民俗、民风体验一条街，集中展示关中农村自明清以来的农村生活的演变。

再加上近几年《白鹿原》《那年花开月正圆》等关中地域风情小说和影视作品火爆，也无疑给袁家村这样体现关中文化的旅游景点做了市场推广。

袁家村的旅游业是从关中民俗起步的，现在在继续发展民俗旅游的同时，开始逐步向乡村度假转型。乡村度假是一个产业，不仅包括旅游，还涉及农业、农副产品、文化产业，将来要形成一个可持续的产业链，"袁家村"三个字就是最值钱的品牌。

当然，袁家村任性发展的背后是村企业的强力支持。1993 年，袁家村就成立了农工贸为一体的集团型企业——袁家农工商联合总公司，下辖 12 个子公司。这些都为袁家村后来调整发展战略，按照自己的规划一步一步打造产业链奠定了基础。

令人吃惊的是袁家村发展旅游业没有依靠政府也没有依靠外界力量，全凭村支书郭战武带领村干部边摸索边干，不仅关中民俗的定位是他们自己定的，就连景区规划这样"高大上"的活也是他们自己干的，不得不佩服农民的智慧。真是高手在民间！

所以，袁家村的成功不是偶然，因为袁家村汇集了像村支书郭战武这样有见识、有胆略、有想法、有行动、有能力的农村贤才。只有这些扎根农村的农民企业家、干部才能带领农民发展当地产业，脱贫致富；才能改变农村面貌，改善农民生活，缩小城乡差距。

资料来源： http://sh.qihoo.com/pc/97d6f2fa791df0a26?cota=3&refer_scene=so_1&sign=360_e39369d1（有删改）

案例分析思考： 结合案例，试分析袁家村成功的因素有哪些，成功经验能否复制。

Chapter 9

第九章

旅游经济结构

学习目标

知识目标：了解旅游经济结构的特征，掌握旅游经济结构的内容，认识旅游经济结构优化的重要意义，掌握旅游经济结构优化的目标和内容。

技能目标：能够依据某一具体的旅游经济结构内容，做好旅游经济结构的优化。

能力目标：具备分析某一特定区域旅游经济结构优化的能力。

导读案例

改革开放以来，中国旅游业经历了起步、成长、拓展和综合发展四个阶段。我国实现了从旅游短缺型国家到旅游大国的历史性跨越，奠定了以国民大众旅游消费为主体、国内与国际旅游协调发展的市场格局。

根据《"十三五"旅游业发展规划》，"十二五"期间，旅游业全面融入国家战略体系，成为国民经济战略性支柱产业，2015 年旅游业对国民经济的综合贡献度达到 10.8%；国内旅游、入境旅游、出境旅游全面繁荣发展，中国已成为世界第一大出境旅游客源国和世界第四大入境旅游接待国。旅游业成为社会投资热点和综合性大产业。2019 年世界旅游及旅行理事会（WTTC）发布的《世界国内旅游经济影响力报告》（以下简称报告）显示，中国目前是全球国内旅游业发展最快的市场，2017 年，中国国内旅游消费达到 8 409 亿美元，已由 2008 年的第四名上升至第一位，超过美国的 8 208 亿美元，已经成为世界上最大的国内旅游市场。2019 年中国国内旅游人数将达到 60.6 亿人次，国内旅游收入可望实现 5.6 万亿元。报告表示，特别是在过去的十年中，中国大力发展航空和铁路运输业，二三线城市低成本、便捷的交通，直接加速了国内旅游业的发展，这也为不少发展中国家探索国内旅游业提供了很好的示范作用。在旅游消费人数方面，预计中国将继续引领国内旅游业。

　　资料来源： http://www.chyxx.com/industry/201804/634265.html（有删改）

　　　　　　　　https://baijiahao.baidu.com/s?id=1631201636383507192&wfr=spider&for=pc：（有删改）

　　旅游经济结构合理与否决定着旅游消费者是否乐意为此消费，而是否乐意消费影响着旅游经济效益的提高，影响着旅游经济的运行和发展，最终决定着旅游经济总量增长的规模和水平。

第一节　旅游经济结构的特征

一、旅游经济结构的概念

　　结构是指构成一系统（事物）的各组成部分之间量的比例关系及其相互联系、相互作用和相互制约的运作机制。经济结构则指经济系统各组成部分之间的量的比例关系、构成状况以及相互联系、相互作用的运作形式。具体地说，经济结构就是指组成国民经济系统的各种产业、各个地区、各种经济成分等要素之间的相互关系，包括所有制结构、产业结构、分配结构、交换结构、消费结构、就业结构、技术结构和地区结构等。在本书中，我们考察旅游经济结构时，既要从生产力的角度来考察，又要从生产关系的角度来考察。只有这样，我们才能全面地把握旅游业的经济结构，并在此基础上推进旅游业的经济结构合理化。按照经济系统包含的范畴的大小，一般将经济结构划分为狭义的经济结构和广义的经济结构。

　　1. 狭义的经济结构

　　狭义的经济结构一般单指生产关系结构或者生产力结构。马克思指出："人们在自己生活的社会生产中发生的一定的、必然的、不以他们的意志为转移的关系，即同他们的物质生产力的一定发展阶段相适应的生产关系。这些生产关系的总和构成社会的经济结构。"在这里，马克思将经济结构定义为同生产力相适应的生产关系的总和，它具体包括所有制结构、产权结构、社会阶层结构等。而生产力意义上的经济结构则指的是产业结构、生产要素结构等，它反映社会生产力发展到一定阶段时的各种社会经济比例及构成。

　　2. 广义的经济结构

　　广义的经济结构则把生产力与生产关系结合为一个大系统，来考察这一系统的各组成部分之间的比例关系。

　　本章取广义的经济结构概念。据此定义，旅游经济结构的内容一般包含旅游产业结构、旅游组织结构、旅游市场结构、旅游产品结构、旅游区域结构、旅游消费结构、旅游投资结构等。

二、旅游经济结构的典型特征

　　旅游经济结构指的是旅游业内部各组成部分之间的比例关系、构成状况以及其相互联系、相互作用的运作形式。旅游业同其他产业一起构成了整个国民经济大系统，是社会经济系统的一个子系统。同社会经济大系统及其他子系统相比，旅游业的经济结构有其自身的特征，主要表现在以下几个方面：

1. 整体性

整体性是系统的基本属性，也就是我们通常所说的"整体大于部分之和"。旅游业是一个综合性的产业，是社会经济大系统中的一个子系统，它由食、住、行、游、购、娱六要素构成，每一要素缺一不可并体现旅游经济的某一方面。由于各组成要素的性质和特点各不相同，使得六大要素之间不能相互替代，每一要素也无法代替作为整体的旅游经济结构。因此，旅游经济结构不是六大要素简单地加总，而是六大要素按照一定的比例关系，在相互联系、相互作用的基础上共同构成的一个整体，这一整体发挥的功能大于各组成要素的功能之和。

2. 功能性

功能决定着结构，一定的结构总是为一定的功能服务的，为了达到预定的功能，就必须有相应的结构；反过来，结构又对功能能否顺利实现产生影响。旅游经济结构也是如此，传统的旅游经济结构是同当时以观光功能为主的旅游相适应的。随着社会经济的发展，人们的旅游需求有了新的变化，从观光型旅游向休闲度假、康体娱乐型旅游发展，这就要求旅游经济结构要相应地做出调整，以满足人们新的旅游需求。因此，就旅游经济结构而言，它具有功能性的特征，是为满足人们特定的旅游需求而构建的；同时，判别一定时期旅游经济结构是否合理，也主要是看该结构能否同当时人们的旅游需求相适应，并随着人们旅游需求的发展变化而自我调整，从而促进旅游业的快速发展和旅游生产力的不断提高。

3. 动态性

我们知道，人们的旅游需求会随着社会经济的发展而变化发展，这就使得旅游经济结构为了适应人们的这一变化而不断调整。另一方面，组成旅游经济结构的六大要素虽然联系紧密，但又是相互独立、各自发展的，这也会导致旅游经济结构处于不断的变化中。这一变化既有总量规模上的变化，又有各组成部分相互间比例的变化。值得注意的是，这种变化不是随意的，它总是趋向于使旅游业的综合发展水平和经济效益不断提高。

4. 关联性

一方面，旅游经济结构是由食、住、行、游、购、娱六大要素紧密结合所构成的一个有机整体，各要素之间关联性极强，任何一要素的发展滞后都会影响作为整体的旅游经济结构的功能的有效发挥，这是旅游经济结构同其他经济结构差别最大的地方；另一方面，从旅游产业的角度看，组成这一产业的各行业如饭店业、旅行社业、交通运输业、旅游景区景点等的相互关联性也非常强，其中任何一个行业的发展都必须以其他行业的发展为条件。因此，对旅游产业的发展而言，合理确定各构成要素、各组成行业的比例关系，使其协调发展至关重要。

第二节　旅游经济结构的内容

旅游经济结构既包括旅游生产力结构，又包括旅游生产关系结构。从生产力的角度看，旅游经济结构包括旅游产业结构、旅游市场结构、旅游产品结构、旅游区域结构、旅游投资结构等；从生产关系的角度看，旅游经济结构包括旅游经济所有制结构、旅游企业规模结构、旅游管理体制结构等。

一、旅游产业结构

1. 旅游产业结构的构成

产业结构通常是指产业间的关系结构，主要反映一个国家或地区产业之间或产业内部各行业之间的比例关系及其变化的趋势。一般来讲，旅游业主要包括旅游交通、旅游饭店和旅行社，它们被誉为旅游业的三大支柱。但是从旅游业的六大要素看，旅游产业还应包括旅游娱乐业、旅游商品业、旅游景点开发与管理等。从更广泛的角度看，旅游产业还应该包括旅游教育培训部门、旅游研究和设计规划部门等。只有从大旅游观的角度来认识旅游产业结构，才能提高对旅游经济重要性的认识，从而确立旅游业在国民经济中应有的地位。

因此，旅游产业结构就是旅游业中以旅行社、旅游饭店、旅游交通、旅游景观、旅游娱乐和旅游购物为核心的旅游业内部各大行业间的经济技术联系与比例关系。

旅游产业结构的构成可以用图 9-1 来表示。

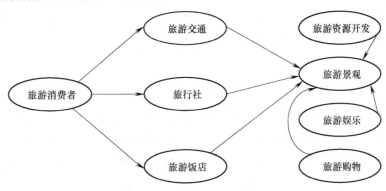

图 9-1 旅游产业结构示意图

（1）旅行社

旅行社是依法成立，专门从事招徕、接待国内外旅游者，组织旅游活动，收取一定费用，实行自负盈亏，独立核算的旅游企业。旅行社作为旅游业的"龙头"，不仅是旅游产品的设计、组合者，同时也是旅游产品的营销者，在旅游经济活动中发挥着极为重要的作用。因此，旅行社发展的规模、经营水平及其在旅游产业结构中的比重，直接对旅游经济发展产生重要影响。

（2）旅游饭店

旅游饭店是为旅游者提供食宿的基地，也是一个国家或地区发展旅游业必不可少的物质基础。旅游饭店的数量、饭店客房数和床位数标志着旅游接待能力的大小；而旅游饭店管理水平的高低、服务质量好坏、卫生状况及环境的优劣，则反映了旅游业的综合服务水平。

（3）旅游交通

旅游业的发展离不开交通运输业的发展，没有发达的交通运输业就没有发达的旅游业。旅游交通运输业不仅要满足旅游业发展的要求，还应促进社会交通运输的发展。特别是旅游交通运输应满足旅游者安全、舒适、快捷等方面的要求，这就要求在交通工具、运输方式、服务特点、运输线路安排上要尽可能地形成旅游交通运输业的特色。

（4）旅游景观

旅游景观是指对各种自然资源与人文资源进行开发而形成的旅游吸引物，包括各类旅游景区景点和各种旅游活动等。具有吸引力的旅游资源是旅游景观业的核心，也是形成旅游产品的重要内容。因此，对于旅游景观业，应通过统一的规划与开发，加强统一的宏观调控与管理，使其同其他部门协调发展，从而形成合理的旅游产业结构，促进旅游经济的发展。

（5）旅游娱乐

旅游是以休闲为主的观光、度假及娱乐活动，因而丰富的旅游娱乐不仅是旅游活动的重要组成部分，也是增强旅游目的地吸引力、提高旅游经济效益的重要手段与工具。因此，结合旅游的实际情况，开展丰富多彩的旅游娱乐至关重要。

（6）旅游购物

旅游购物是旅游活动的重要内容之一，也是在旅游接待规模既定的情况下，提高旅游经济综合效益的重要手段。随着现代旅游经济的发展，各种旅游工艺品、纪念品、日用消费品的生产和销售正不断发展，形成商业、轻工、旅游相结合的产销系统和大量的旅游商品网点，不仅促进了旅游经济的发展，也带动了地方旅游相关产业的发展。

总之，从旅游经济综合性角度研究旅游产业结构，应从以下三个方面进行考虑：一是应着重分析旅游业内部各部门结构的发展规模、水平及相互之间的联系和比例关系，考察旅游产业结构的综合能力及协调性等；二是从市场结构出发，研究旅游产业结构的合理化，分析影响旅游产业结构合理化的各种因素，以及可能采取的对策及措施；三是从旅游经济发展的角度，研究和探讨旅游产业结构高级化的趋势和可能性，探讨旅游产业结构高级化的途径、对策及措施等。

2. 影响旅游产业结构的因素

要实现旅游产业结构的合理化，首先必须分析影响旅游经济结构及其变化的因素。影响旅游产业结构的因素主要有以下几个方面：

（1）需求因素

需求是决定产业结构并影响其变化的主要因素。不能满足需求的生产、不适应消费结构的产业结构都不能使社会生产形成良性循环。旅游业是以满足人们的需求为主要目标的，因而国内外旅游需求的变化、旅游需求的发展方向和水平，不仅决定着旅游经济的发展方向和水平，也决定和影响着旅游产业结构的变化及发展。

需求因素对旅游产业结构的决定和影响主要反映在消费需求和投资需求两大方面。从消费需求方面看，旅游者的消费需求直接影响旅游产业结构的变化。因为，旅游者对某种旅游产品的需求增加，必然引起该产品供给的增长，从而影响到旅游产业部门内部结构的变化，促使旅游生产经营者尽力形成适应旅游消费需求的产业结构。

从投资需求方面看，投资结构的变化是直接影响旅游产业结构变化的重要因素。投资结构作为一种流量结构，在旅游消费需求的拉动下，对旅游产业的资本存量结构产生影响，从而影响到旅游产业结构的变化和发展。

（2）资源因素

旅游资源对旅游产业结构的影响是至关重要的。传统的观点认为，旅游资源主要是自然旅游资源和人文旅游资源。而现代的观点认为，旅游资源还应包括人才、信息、智力、资金等。通常，一个国家生产力越不发达，则本国的自然资源对产业结构的决定及影响作用就越大。因此，许多发展中国家的旅游产业结构，在很大程度上取决于该国的旅游资源状况，尤其是自然旅游资源和人文旅游资源的状况和结构。而许多发达国家，则不仅能有效地利用本国资源，而且能采取种种方法去利用其他国家的旅游资源，提高本国旅游产品的吸引力。

分析资源因素对旅游产业结构的决定和影响作用，应从以下几个方面入手：

1）分析一国所拥有的自然旅游资源和人文旅游资源的状况。分析这些旅游资源的规模、品位及特点，以开发具有特色的旅游产品。

2）分析资金和劳动力的状况。不仅分析资金和劳动力拥有的数量对旅游产业结构的影响，还要分析劳动力质量对旅游产业结构的影响，提高对资金、劳动力资源要素的投入。

3）分析智力和信息资源的状况。旅游是一种满足人们身心需求的高层次活动，因而智力资源的开发不仅能更广泛地利用自然与人文旅游资源，还能创造出新的资源，组合成颇具吸引力的旅游产品。智力资源开发得越好，则旅游产品的形象就越好，吸引力就越大。而要有效地开发智力资源，就离不开充分的信息资源。特别是在瞬息万变的国际旅游市场中，及时、准确地掌握市场及相关信息，不仅对形成合理的旅游产业结构具有重要的影响作用，而且对旅游经济的良性循环发展也是非常重要的。

（3）科技因素

科技进步是旅游产业结构演进的主要推动力，主要表现在以下两个方面：

1）科技进步直接决定和影响着旅游产业结构的变动及发展。例如，技术进步改变了对旅游资源开发和利用的具体方式和效果；促进了交通工具和通信手段的现代化，为旅游活动的有效进行提供了先进的工具和手段；加快了旅游设施的建设，改善了旅游服务的质量，丰富了旅游活动的内容；提高了旅游产出的经济效益，从而直接对旅游产业结构发生影响作用。

2）技术进步刺激着需求结构的变化。技术进步对旅游消费需求和投资需求结构会产生影响，会增强对旅游产业结构的拉动力，促使旅游经济在科学技术进步的基础上实现质的飞跃。此外，科学技术的进步还表现在对旅游业的经营、管理和组织等方面的"软"技术的积极作用。特别是在我国建立社会主义市场经济的过程中，在各种旅游"硬"技术逐渐完善的条件下，经营、管理和组织等"软"技术将在旅游产业结构的合理化中发挥十分重要的作用。

（4）政策和体制因素

政策和体制不仅影响着旅游产业结构的变化，而且直接为旅游产业结构的合理化创造条件。从政策角度讲，国家对旅游产业的重视和制定的相应政策、法规，不仅对旅游经济的发展具有促进和制约作用，同时也对旅游产业结构的变动及发展具有影响和调控作用。特别是目前国家按照经济发展与产业结构演进规律所制定的加快发展第三产业的改革和大力发展旅游业的政策，都将促进旅游产业结构的合理化。

从体制角度看，我国旅游经济体制是最早适应市场经济要求、与国际旅游市场接轨的，许多经营方式和管理模式已大量借鉴了国际惯例并适应现代市场经济的要求。但也要看到，传统经济体制的弊病及其影响也对旅游经济发展和旅游产业结构的变化产生着影响。因此，加快旅游经济体制的改革，实现旅游产业结构的合理化，对旅游经济持续、稳定地发展具有十分重要的作用。

二、旅游市场结构

旅游市场结构指的是旅游产品在供给和需求之间的数量规模和比例关系，反映的是旅游目的地和旅游客源市场之间所形成的比例关系。因此，研究旅游市场结构，重点是分析旅游需求结构、旅游供给结构以及旅游供求协调结构等方面。

1. 旅游需求结构

旅游需求指的是旅游者在一定时期愿意且能够购买的旅游产品的总和。旅游需求主要受旅游产品价格和旅游者的收入、闲暇时间、爱好、职业、年龄、修养等的影响。因此，考察旅游需求结构，应着重研究旅游需求在国际旅游市场和国内旅游市场的构成及分布状况，以及不同性别、年龄、阶层和职业的旅游者构成及其对旅游产品的需求状况和不同季节、不同旅游方式（如团队、散客）的需求结构状况等，从而为旅游经营者开发和生产多种类型的旅游产品，以及更好地满足旅游者的需求提供依据。

2. 旅游供给结构

旅游供给是旅游经营者在一定时期愿意且能够向旅游者提供的各种旅游产品的总和，包括各种旅游住宿、旅游交通、旅游餐饮、旅游景观、旅游购物、旅游娱乐等在内的综合性服务。因此从旅游供给结构看，应着重研究旅游资源的类别和性质，以开发出具有特色的旅游景观；应研究各种旅游设施的规模、水平和比例，以形成有效的综合接待能力；应研究各种旅游服务的质量及内容，不断提高服务水平，以便更好地满足旅游者的需求。

3. 旅游供求协调结构

旅游需求与供给都有一定的时空变化，因此旅游供给与需求一旦在数量、规模和比例上相互适应，就实现了旅游市场结构的协调，从而促进旅游经济的发展。但旅游需求具有变动性，受多方面的影响。从旅游供给看，旅游资源分布不均衡、旅游活动的季节性很强，这就使得旅游供给和需求在数量、规模、层次以及时间和空间比例上的协调很困难。因此，为了提高旅游经济效益，避免旅游资源浪费或供给不足，就必须根据实际情况对旅游市场结构出现的不协调现象进行适当的调整，以满足旅游经济发展对旅游市场结构的要求。

具体来说，研究旅游市场的供求协调，就是要研究在不同的市场结构下市场供求变化及竞争的特点，为形成供求适应的市场结构、探寻宏观管理的政策及微观经营的对策提供科学的依据。

三、旅游产品结构

1. 旅游产品结构的概念

旅游产品是指为旅游者开展旅游活动而提供的各种物质产品和服务的总和。它是由各种旅游资源要素所组成的，包括各种旅游景观、旅游交通、旅游娱乐、旅游餐饮、旅游住宿及旅游购物等。这些不同的旅游产品及要素之间的各种组合比例关系就构成旅游产品结构。对旅游产品结构应从不同的方面来掌握。

（1）旅游产品消费结构

旅游产品消费结构是指旅游者在旅游过程中所消费的各种旅游产品及相关消费资料的比例关系，以及旅游者的各种消费层次及水平的比例关系。旅游产品的消费类型主要包括食、住、行、游、购、娱诸方面；消费层次及水平则主要包括高档消费、中档消费、低档消费或舒适型消费、经济型消费等。研究旅游产品消费结构对促进旅游产品结构的调整、开发适销对路的旅游产品具有十分重要的意义。

（2）旅游产品要素结构

旅游产品是一种综合性产品，包含食、住、行、游、购、娱六大要素。因此，要从要素结构入手，研究旅游景观、旅游设施、旅游服务及旅游购物品等各自的规模、数量、水平及结构状况，从而把握住各种要素的特点及供给能力，为开发旅游产品奠定基础。研究旅游产品要素结构，还要研究各旅游要素的组合状况，即以旅游景观为基础的各种自然风景和人文风情资源的有机组合、各种旅游设施和旅游服务的配备比例，从而组合成综合性的旅游产品，满足旅游者的需求。

（3）旅游产品组合结构

旅游产品组合结构是指按照一定的旅游需求和旅游供给条件，把各种单项旅游产品有机组合起来，形成一定区域内旅游活动的消费行为层次结构。因此，从旅游产品组合结构着手，研究各种旅游线路的设计与旅游产品的有机组合，把各个区域旅游产品和一些专项旅游（如会议、探险、考察、体育等）有机结合起来，向旅游者提供具有吸引力的综合性旅游产品，就成为研究旅游产品组合结构的重要内容。

2. 研究旅游产品结构需要注意的问题

旅游产品结构不是一个静止的结构，而是在不断发生运动和变化。各种旅游产品之间在规模、数量、类型、层次等各种指标的比例方面应形成一种协调的组合关系，各种旅游产品之间要保持合理的数量比例关系，同种旅游产品不同消费层次类型之间要保持合理的数量比例关系，形成合理的旅游产品体系。研究旅游产品结构还要注意以下三个方面的问题：

（1）必须对各种旅游产品的开发给以重视

旅游产品的结构是由各单项旅游产品组合而成的，任何单项旅游产品的缺少、不足或过多都对产品整体结构的优化产生影响。因而必须对各种旅游产品的开发给以重视，不能因收益回报少而忽视对某些旅游产品的开发，也不能因某种旅游产品的收益大而一哄而上。有些旅游产品特别是旅游景区景点，一旦经过开发引导，就成为旅游产品结构中不可缺少的重要的一环，若开发不足，势必降低旅游产品的吸引力。因此，必须加快旅游产品的开发，完善旅游产品结构，形成完整的旅游产品体系。

（2）协调旅游重点产品与一般产品的关系

旅游资源是旅游活动产生的原动力，因此，它在旅游产品结构中占有举足轻重的地位。旅游资源的开发及其内部结构的优化是整个旅游产品结构化的重要组成部分。在旅游资源开发中既要重视对具有特色及吸引力强的旅游资源的开发建设，使之形成重点产品，又要注意开发丰富多彩的一般旅游产品来增加环境容量，吸引旅游者，实现既增加经济效益，又促进生态环境保护的目的。

（3）建立正常的旅游产品更新换代机制

旅游产品具有不同的生命周期。要促使旅游产品有序地升级换代，必须根据产品生命周期各阶段的特点建立相应的产品淘汰、优化和创新机制。对于进入衰退期的旅游产品将被淘汰，要实行产品升级换代制；对于进入成熟期的产品，需要进一步优化；对于处于投入期和成长期的产品，则需要创造各种发展机会和条件，扩大市场份额。只有建立正常的旅游产品更新换代机制，旅游产品结构与旅游市场需求结构才趋于一致，产品价值才能获得最佳效果。

四、旅游区域结构

一个国家或地区的经济发展及产业布局总是离不开一定的地域空间。只有对各个产业和企业在地域空间上进行合理的配置和布局，才能实现生产力的合理组织，最终实现经济的效率目标与空间平等目标的和谐统一。因此，所谓旅游区域结构是指在一定的范围内旅游业各要素的空间组合关系，即从地域角度所反映的旅游市场和旅游区的形成、数量、规模及相互联系和比例关系，又称旅游业的生产力布局。

1. 合理布局旅游生产力的意义

研究区域旅游结构，合理布局旅游生产力，不仅对促进各地旅游经济的协调发展具有十分重要的意义，而且对制定合理的区域旅游经济发展政策也具有重要的意义。主要表现在以下几个方面：

1）合理布局旅游生产力有利于充分、有效地利用各区域的旅游资源、经济资源和劳动力资源，发挥资源优势和比较优势，调动各区域的积极性，促进区域旅游经济的发展，增强旅游业的发展后劲。

2）合理布局旅游生产力有利于以有限的资金投入，促进旅游经济的最佳地域组合，促进旅游区域的联合与协作，从而提高旅游经济的综合效益，带动少数民族地区和经济不发达地区的社会、经济和文化的发展，促进空间经济均衡发展和平等化。

3）合理布局旅游生产力有利于保护环境和生态平衡，保障城乡居民生活环境和生活质量，保护旅游业赖以生存和发展的自然物质基础，保证旅游经济与生态环境有机协调起来，以旅游开发促进环境保护，以环境保护促进旅游发展，真正形成旅游经济发展与环境保护的良性循环，实现旅游经济的可持续发展。

4）合理布局旅游生产力还有利于在建设社会主义市场经济体制中，充分发挥政府宏观调控的主体作用，通过制定旅游区域经济政策，为不同地区、不同阶段的旅游经济发展提供政策依据及指导，使不同地区从旅游市场出发，结合自身的资源优势，制定旅游业发展规划，促进旅游经济的发展。

2. 旅游区域结构的类型

旅游区域结构一般包括各旅游要素的区域结构和旅游经济区域结构。旅游要素区域结构包括旅行社区域结构、旅游饭店区域结构、旅游交通区域结构、旅游商品区域结构、旅游资源区域结构、旅游市场区域结构、旅游流区域结构、旅游投资区域结构等。它反映的是旅游要素的空间分布与布局、功能分区，以及要素与地区间的空间联系状态等。

旅行社区域结构是指旅行社在不同地区的配置情况，包括不同数量、规模、性质的旅行社在不同地区的布局特点，以及区域内各旅行社的协作发展关系。

旅游饭店区域结构是指根据旅游资源的分布及旅游市场需求特点而形成的旅游饭店地区分布格局。其中，旅游资源聚集地的分布接待点对旅游饭店区域结构具有决定性的影响作用，因为大多数旅游者总是投宿到距旅游景观较近的旅游饭店。

旅游交通区域结构同时受旅游资源与旅游客源分布的影响。一般在旅游景观附近的分布密度较大，从而决定了旅游交通的运力、规模及水平。

旅游商品区域结构不仅和旅游资源的分布相关联，而且同各地区其他产品生产，特别是名特土产品相关，从而形成不同地区旅游商品的分布特色。

旅游资源区域结构是以旅游资源的自然属性为主得出的旅游资源空间分布状况及特色，它是以自然资源本身的性质、特点、数量、质量为依据进行划分的，是综合旅游经济区域结构的基础。

旅游市场和旅游流区域的结构反映了旅游者的分布及其变化特征。它对旅游供给因素特别是旅行社、旅游饭店、旅游交通的合理布局具有很大的引导作用。

旅游投资区域结构是指资金在各旅游区域的流动及分布关系。它取决于不同地区经济的发展速度、资源特征、经济政策等区域特点。旅游投资必须以有限的资金取得较高的综合经济效益，因而提高资金利用效率对旅游投资区域结构具有重要的意义。

把上述各种因素结合起来，就形成了旅游经济区域结构。它是建立在以特定区域为范围的旅游区、旅游圈和旅游带结构，是构成旅游目的地的重要内容。

3. 旅游区域结构研究的内容

现代旅游业的发展总是在一定地域空间上实现的，因此旅游区域结构的状况及变化，是进一步分析和认识旅游经济发展的重要依据。从旅游经济角度看，旅游区域结构应着重研究以下几个方面的内容：

1）要研究旅游区域的市场结构，即对国际和国内不同区域的旅游市场需求和供给进行研究。研究不同区域市场的需求特点、需求规模及水平，以便有针对性地提供合适的旅游产品。

2）要研究旅游区域的特点与构成，通过运用区划理论分析各旅游区域的特色与发展方向，明确各旅游区域开发重点与旅游形象塑造，探讨旅游区域的总体构成及相互之间的联系和互补关系，形成既有层次又浑然一体的旅游总体形象。

3）要研究旅游产业布局，通过对旅游区域的研究，确定旅游产业布局的原则，分析旅游区域布局的影响因素，探寻旅游业合理布局的内容和方法，促进旅游产业布局的合理化。

五、旅游投资结构

旅游投资结构是指投资额在不同旅游建设项目之间、不同旅游目的地之间的比例关系。其对于旅游市场结构、旅游产品结构、旅游产业结构、旅游区域结构等都会产生不同程度的影响。旅游建设项目从不同角度可分为不同的类型。按建设内容可分为旅游基础设施项目、景区项目、旅游饭店项目、旅游教育项目、旅游交通项目、旅游购物开发项目、旅游环境保护项目等；按项目规模可分为大型、中型、小型项目；按建设项目的性质可分为新建项目、改建项目、续建项目、扩建项目；按地区分布可分为旅游业发达地区、欠发达地区、不发达地区；按旅游投资来源可分为国家投资、地方政府投资和旅游企业投资等。

各个投资的目的、方式、途径各不相同，不同投资来源的旅游投资结构也不同。一般而言，旅游投资源于国家投资、利用外资、银行贷款、社会融资和自筹资金五个方面。国家投资一般是指纳入各级政府财政预算的旅游投资，其主要用于旅游基础设施的建设。利用外资是指利用外国政府、外国银行、国际金融组织、各种国际基金组织的资金和外商直接投资等，其既可用于旅游基础设施的建设，又可用于经营性投资。银行贷款是指有偿向银行借用的资金，大多数用于流动资金，但也可用于旅游基础设施、接待设施等方面的建设。社会融资是通过发行股票、债券等方式从社会募集资金来投入旅游开发和建设。自筹资金是由地方政府或旅游企业自行筹集的不属于以上范围的资金，其筹集和使用方式比较灵活多样。

合理的旅游投资结构有助于优化旅游经济和产业结构。第一，不同的旅游投资结构，需要的投资总量可能也不同，所以，合理的旅游投资结构的优化有利于充分发挥投资总量的作用。第二，不同的旅游投资结构在旅游投资总量一样的情况下，所产生的旅游经济和产业绩效是不同的。如果旅游投资结构失调，其对旅游经济和产业的长期发展将产生不利的影响。第三，合理的旅游投资结构不仅决定着旅游经济和产业结构的现状，也对未来旅游经济和产业结构的发展与演进产生影响。第四，旅游投资结构对旅游消费结构也起着重要的影响作用。

总之，由于旅游投资结构对其他结构有重要的影响作用，因而必须充分考虑旅游市场需求及各种影响因素，并从旅游业发展的战略高度进行综合分析，才能最终确定合理的旅游投资结构。

六、旅游经济管理结构

旅游经济结构不仅包括生产力方面的结构，也包括生产关系方面的结构。因此，所谓旅游经济管理结构是从生产关系角度研究旅游经济的所有制结构、企业规模结构和相应的管理体制结构等。

1. 旅游经济所有制结构

旅游经济所有制结构反映了旅游业所有制关系的构成及比例。在社会主义市场经济中，发展以公有制为主体的多种所有制结构是客观趋势。因此，分析旅游经济所有制结构的特点、运行状况及发展趋势，既有利于坚持社会主义方向，充分发挥公有制主体的作用，又有利于不断改革探索，促进非公有制经济的发展，增强旅游经济的内在活力和外在动力，从而进一步加快旅游经济的发展。

2. 旅游企业规模结构

旅游企业规模结构反映了旅游企业大、中、小结构比例和旅游企业集团化发展的状况。从国际旅游业发展的情况看：一方面，旅游企业大、中、小规模结构是由客观条件所决定的，是在市场竞争中，通过竞争淘汰、新建而逐步形成相对稳定的大、中、小企业规模结构；另一方面，旅游企业遵循规模经济和聚集经济的市场竞争要求，逐步形成一些紧密型与松散型相结合的大企业集团，如饭店管理公司、旅游集团公司等，有利于增强旅游企业的竞争力和提高经济效益。

3. 旅游管理体制结构

旅游管理体制结构是从宏观角度所表现的有关旅游行业的政策保障体系、行业管理体制及实施手段体系的状况。随着我国经济增长方式从粗放扩展型向综合效益型转变，以及旅游经济的快速发展，我国旅游业正逐步形成以行业管理为主，集旅游政策保障体系、旅游法律法规体系和旅游宏观调控体系为一体的旅游管理体制结构。

第三节　旅游经济结构优化的重要意义

一、旅游经济结构优化的含义

旅游经济结构优化是促使整个旅游经济协调发展、技术进步和经济效益不断提高的过程。经济结构优化是一个相对的概念，各个时期优化的内容是不同的，但一般而言，经济结构优化应包括经济结构合理化和高级化。经济结构合理化反映了经济的发展符合社会需要，内部各产业间协调发展，能实现整体经济的良性循环；经济结构高级化则反映了经济结构的技术水平高、经济和社会效益好。

就旅游经济而言，旅游经济结构的合理化指的是在现有的社会经济技术基础上，旅游经济内部各结构保持较强的互补性和协调性，具有符合现代旅游经济发展要求的比例关系，可以实现整个旅游经济持续、稳定的发展。旅游经济的高级化则是在旅游经济合理化的基础上，充分应用现代科技成果，有效利用社会分工的优势，不断提高旅游业的技术构成和要素的综合利用率，促进旅游产出向高附加值发展，不断提高旅游经济的社会经济效益。

旅游经济结构的合理化同旅游经济结构的高级化有着密切的联系。旅游经济结构的合理化为经济结构的高级化提供了基础，而高级化则推动经济结构向更高层次上实现合理化。结构的合理化首先着眼于经济发展的近期利益，而高级化则更多地关注结构成长的未来，着眼于经济发展的长远利益。因此，在旅游经济结构优化的全过程中，应把合理化与高级化问题有机地结合起来，以结构合理化促进结构高级化，以结构高级化带动结构合理化；在结构合理化过程中实现结构高级化的发展，在结构高级化的进程中实现结构合理化的调整。只有这样，才能实现整个旅游经济结构的优化。

二、旅游经济结构优化的意义

旅游经济结构优化具有十分重要的意义。它不仅是旅游生产力体系形成的要求，也是旅游业转变经济增长方式的关键，更是旅游经济实现良性循环发展的根本保证。

1. 旅游经济结构优化是旅游生产力体系形成的要求

生产力是由相互联系、相互依存、相互制约的各种因素所构成的有机整体，各个因素必须质量适应、数量成比例、序列有秩序，才能形成合理的生产力结构，才能有效地实现人与自然之间的物质变换过程。否则，就不能形成合理的结构，不能构成有效的生产能力。旅游业是一个综合性的经济产业，旅游经济各部门与各要素的发展规模、速度和水平，如果不能相互适应，不能形成一定的数量比例和合理的序列结构，即旅游经济结构，就不能形成旅游生产力体系，也就不能发挥出应有的功能。

2. 旅游经济结构优化是旅游业转变经济增长方式的关键

经济增长强调的是经济总量的增加，这一目标可有两种方式来达到：粗放式经济增长和集约式经济增长。粗放式经济增长是通过投入要素的增加来达到产出增加的目的；集约式经济增长则是在投入既定的前提下，通过要素的合理配置和经济结构的调整转换以实现经济增长的目的。显然，旅游经济总量的增减和发展速度的快慢不一定能反映生产力水平的提高或降低，而旅游经济结构的优劣则明显反映出生产力水平的升降和经济效益的好坏。因此，粗放式的旅游经济增长未必带来经济效益的提高，相反可能会因投入的增加而使结构失衡并最终引起整个旅游经济发展的不协调；而集约式的旅游经济增长依赖于技术进步和结构优化，旅游经济结构优化既可提高经济增长速度，又可提高经济效益，并最终实现旅游经济长期持续协调的发展。因此，必须把旅游经济结构的优化作为经济增长的主要动力，通过经济结构的优化来求速度、要效益，这样才能促进旅游经济持续协调的发展。

3. 旅游经济结构优化是实现旅游经济持续发展的根本保证

纵观改革开放以来我国旅游经济发展，在总体呈现高速增长的情况下，曾一度出现大起大落的状况。虽然通过宏观调控的手段可以使旅游经济比例关系暂时协调，但随着旅游经济的继续增长，新的比例失调不断出现。其原因就是旅游经济结构出现失调，表现为旅游经济各部门、各要素比例不协调的发展。因此，只有从根本上实现了旅游经济结构的优化，才能使旅游经济发展实现速度适当、效益良好，最终进入持续、稳定增长的良性循环中。

三、旅游经济结构优化的标准

旅游经济结构优化并不是一个抽象的概念，而是有具体的评价标准。作为一种客观经济活动的实体，尽管由于各个国家或地区在旅游经济发展水平和旅游经济结构形成的历史背景方面存在不同，从而导致各国旅游经济结构优化的标准存在着差别，但就总体而言，旅游经济结构优化有以下几个标准可以衡量：

1. 资源配置的有效性

在旅游经济活动中，旅游供求存在着矛盾，旅游资源的稀缺性和旅游需求的无限性要求旅游资源实现最有效配置，从而对旅游经济结构提出了要求。因而，旅游资源配置的有效性成为旅游经济结构优化的标准之一。优化的旅游经济结构应能充分、有效地利用本国旅游资源及人力、财力、物力；能够较好地利用国际分工的好处，发挥自身的优势，实现全球旅游资源的最有效配置和使用；能够促进旅游资源的保护和适度开放。

2. 旅游产业结构的协调化

社会化大生产客观上要求按比例分配社会资源，这种数量比例关系存在于各产业之间以及产业内的各环节之间。如果产业之间的比例不协调，就意味着某些产业的产品供过于求，而另一些产业的产品又供不应求，资源就不能得到合理的利用，社会资源必然就会造成浪费。因此，合理的经济结构应该是各产业之间的协调发展。这是一个最基本的要求。对于旅游业来说，合理的旅游经济结构应能够使旅游经济各产业、各部门保持合理的比例关系及协调发展，能够有效地促进旅游生产、流通、分配及消费的顺利进行，从而使旅游的供给和需求处于协调发展的状态。

3. 区域布局的合理性

旅游经济活动必须在一定的空间范围内进行，因而旅游区域布局的合理性也是优化旅游经济结构的标准。优化的旅游经济结构应能够遵循旅游经济发展的客观需求，形成包括旅游景点景区、旅游经济圈在内的合理的旅游经济区域布局，从而提高整个国家旅游经济的总体形象和综合生产能力，提高整个旅游业的综合经济效益。

4. 旅游经济发展的可持续性

旅游经济发展的可持续性的前提是良好的生态环境，而良好的生态环境能够为旅游业的持续发展提供健康保障。良好的生态环境能够促使旅游业、旅游资源等成为一个稳定、健康和持续的旅游产业发展系统，实现经济、资源和环境的良性循环，促进社会经济效益不断提高。

5. 旅游产品类型的多样化

由于人们旅游需求的多样化，决定了旅游产品类型的多样化。在旅游经济发展的初期，大多数旅游产品以观光旅游产品为主，随着旅游经济的发展和人民生活水平的提高，人们的旅游需求从观光旅游需求向休闲度假、科考探险、商务会展等方向发展，从而对旅游产品的多样化提出了要求。因而，旅游产品的类型多样化也是旅游经济结构优化的标准。

6. 旅游需求满足的最大化

生产的最终目的是为了满足人们的需要，因此，合理的旅游经济结构应能与社会的旅游需求相适应。如果一种旅游产品货不对路或供过于求，那么生产这种旅游产品的劳动或部分劳动就得不到社会的承认，其价值或部分价值就不能得到实现。在社会资源一定的条件下，某些产品供过于求或产销不对路，就意味着另一些社会需求的产品空缺或供不应求，从而决定了生产这些旅游产品的产业部门之间的发展不平衡、效益不好。显然，这样的旅游经济结构是不合理的旅游经济结构。当然，我们所说的满足社会需求，也只能说在现有条件下尽可能地满足社会需求，绝对地、完全地满足社会需求是不可能的。

四、旅游经济结构优化应处理好几个关系

旅游经济结构的优化是在社会经济和旅游业发展的基础上通过不断调整逐步实现的，我们要处理好这样几个关系：

1. 处理好旅游供给结构与旅游需求结构相适应的关系

旅游产品的供给是以旅游者的需求为前提的，从而旅游供给的方向、品种、质量和结构要围绕旅游需求的方向、品种、质量和结构来建立和调整。由于旅游需求变动性大，而旅游供给往往滞后，因此两者之间必然存在矛盾。这种长期存在的矛盾的唯一解决办法就是对各个时期的旅游市场进行深入的调查和研究，才能把握各个时期旅游需求的变动趋势，并据此调整其供给的内容和结构。

2. 处理好主导行业与关联行业相协调的关系

旅游业是一个关联性很强的行业，涉及饭店业、旅行社业、交通运输业和旅游景区景点。在这些众多的行业中，起主导作用的是旅行社业。在旅游经济活动中，旅行社业担负着旅游产品生产组织和销售的功能，它的作用贯穿于旅游活动的始终，它的发展水平决定了一系列其他相关行业的兴衰，影

响着整个旅游业的发展水平。同主导行业相对照，其他与旅游活动直接或间接相关的行业均属关联行业。但是，这些关联行业提供的产品和服务要通过旅行社组合起来，才能形成旅游产品。所以，在旅游经济结构优化的过程中，既要突出旅行社业的主导地位，同时也要加强关联行业与主导行业的协调以及各关联行业之间的协调。

3. 处理好旅游目的地国家或地区旅游经济结构同国际旅游经济结构相接轨的关系

随着全球经济一体化，世界旅游组织与一些地区性国际旅游组织也在努力推行旅游产品的统一技术标准。这标志着世界旅游经济结构正在向高一级转化。旅游目的地国家或地区尤其是发展中国家的旅游经济结构应该同世界旅游经济结构相衔接，同越来越严格的国际旅游业标准相适应。唯有这样，旅游目的地国家或地区才能保持和扩大在国际旅游市场上的占有额。

第四节　旅游经济结构优化的目标和内容

旅游经济结构优化的最终目标应是实现旅游业的持续、稳定发展，提高整个旅游经济的社会经济效益。从过程角度来说，旅游经济结构优化是个非常复杂的系统工程，并且是动态的和非绝对的。它包括两层含义：首先，它包括旅游经济结构各系统的优化，如旅游市场结构、旅游消费结构、旅游产品结构、旅游产业结构、旅游区域结构、旅游投资结构、旅游组织结构等的优化；其次，它包括旅游经济结构各子系统之间的耦合、协调和优化。

下面以旅游产业结构、旅游产品结构、旅游区域结构、旅游市场结构为例，探讨旅游经济结构优化的内容。

一、旅游产业结构优化

在全球经济一体化、知识经济初露端倪和我国已经正式加入世贸组织的大背景下，要提高我国旅游产业的国际竞争力，加快产业结构优化的步伐势在必行。

1. 全方位开放旅游市场

在市场经济条件下，解决结构失调问题的根本途径，只能是在统一市场、平等竞争的基础上，通过发挥"看不见的手"的作用，促使资源向效率更高的领域流动，最终实现产业结构优化的目的。事实上，开放市场不仅会带来旅游企业数量的激增和竞争的加剧，同时也会给企业扩大规模、实行资产重组提供内部动力和外部条件，有利于国内旅游企业向经营连锁化、管理专业化、规模扩大化、产品特色化和运作市场化方向发展。因此，全方位开放旅游市场是我国旅游产业结构优化和国际竞争力提升的必然选择。

2. 充分利用资本市场

旅游产业早已成为"高投入、高产出、高风险"性质的产业，其发展需要强大的资本做后盾。但是，受我国投融资体制不完善的影响，旅游产业发展中广泛存在着自我融资现象。这种小范围的投融资活动所决定的项目，不仅规模小、效率低，而且往往在同一个行业内投入过多的同类项目，重复建设在所难免，结果造成产业组织结构中的过度竞争和不正当竞争，这是导致产业结构失衡的重要原因。

因此，应进一步拓宽旅游产业的投融资渠道。充分利用资本市场的多重功能，通过兼并、收购、参股、资产置换、扩大投资等手段，实现资产存量和投资增量的联动。

3. 实施旅游科技创新工程

科技在旅游业中的作用越来越重要。加速旅游科技创新，实现高新技术与旅游业的结合，使旅游产业的科技含量大幅度提高，以科技进步推动产业结构的重组，是迅速实现我国旅游产业结构优化目标的必由之路。国家应该根据国际旅游业科技发展趋势和我国的实际需要与可能，实施旅游科技创新工程，确定我国旅游业高技术发展的优先领域、关键技术和重点项目。

4. 加快旅游专门人才培养

在今后相当长的一段时期，我国旅游企业较为紧缺的人才主要有三类：一是新型旅游专业人才，如从事旅游电子商务、旅游产品网络管理、旅游资本运营等的人才；二是旅游企业经营管理所需要的常规人才，如高层管理者和从事市场营销、旅游产品开发等的人才；三是在未来竞争中需要的创造性、复合型、协作型人才。因此，要根据旅游产业用人需求特点和行业发展趋势，有针对性地制订旅游人才培养与开发规划。

二、旅游产品结构优化

旅游产品结构优化就是通过产品内部各种结构的最优调控，使产品系统在最佳状态下运行。它包括类型结构优化、要素结构优化、时间结构优化以及空间结构优化四个部分。

1. 旅游产品类型结构优化

旅游产品类型结构优化的途径：一要针对市场定位，深挖地域文化、民族文化内涵，大力培育旅游精品、名品等主打产品；二要发挥旅游资源优势，逐步完善度假、生态、探险、科考等多元化的旅游产品结构；三要避免区域旅游产品雷同。

2. 旅游产品要素结构优化

旅游产品要素结构优化指的是旅游产品组合的各个要素之间结构比例的平衡。要做到统筹安排食、住、行、游、购、娱各相关要素的协调发展，就要求旅游产品的开发者和经营者根据市场需求的特色从时间比例、旅游者的爱好及消费水平上确定合理的要素结构，防止旅游产品的经营者、导游等有欺骗行为的发生。

3. 旅游产品时间结构优化

旅游产品的时间结构有两层含义：一是旅游产品销售的时间结构有短期的假日结构和长期的淡旺季结构之分。销售时间结构优化的目的是针对资源特色和市场需求来调整旅游产品的销售时间和新产品的市场推出时间，从而扩大区域旅游产品的销售量。二是替代旅游产品推出的时间结构，由于一个区域的拳头产品会出现老化现象，应该提前培育替代产品并及时推向市场。旅游产品时间结构优化重点是指开发拳头产品梯队和适时推出，以便延缓旅游目的地的总体衰退速度。

4. 旅游产品空间结构优化

旅游产品空间结构可以分为三种，即点状（景点景区）、线状（主题线路）、网络状（由中心城市及其周围的景点景区组成）。空间结构优化是上述三种类型产品的合理搭配，即能以网展线、以线串点。

从产品的发展层次上说，点状产品处于区域初级产品阶段，线状产品是区域产品发展的中级阶段，而网络产品的形成标志着区域产品发展到了高级阶段。

另外，还要加强宏观调控，科学规划旅游资源开发；重视知识经济对旅游产品结构优化的影响；加强文化旅游产品体系建设。

三、旅游区域结构优化

世界范围内各区域的旅游资源具有各自不同的优势与特点，特别是随着地理空间范围的扩大，这一现象表现得更为明显。因此，旅游区域结构优化的目标是指根据不同地区旅游资源和社会经济发展的差异性，合理布局旅游生产力，形成各旅游区在旅游产品数量、规模上的合理比例及相互联系，提高旅游目的地的整体竞争力。实现旅游区域结构优化目标，应注重以下几个方面：

1. 加强对重点旅游区、旅游城市及旅游线路的建设和发展

旅游区域布局应按照区域经济发展理论，遵循重点发展的原则，加强对重点旅游区、旅游城市及旅游线路的建设和发展。通过重点发展一批融观光、度假及文化娱乐为一体的旅游区，尽快形成具有相当产业规模的综合接待能力，增强对国内外旅游者的吸引力；通过对重点旅游城市的配套建设，增强对临近地区和全国的辐射功能，使之成为旅游经济发展的"增长点"；通过重点扶持和建设一批具有发展潜力、经济效益好的旅游路线，增强旅游经济发展的后劲。

2. 强调合理分工，互相补充

各地区应根据自身的优势和区位条件，以及旅游市场需求而开发和建设与经济发展相适应的旅游产品，并和相关地区旅游经济结构形成合理的分工和布局。同时，在注重突出各自的优势和特色时，要强调互补互助，形成各地区之间旅游资源互补、旅游市场互补、旅游产品互补、旅游优势互补，从而促进整个旅游生产要素的流动和有效利用，提高旅游经济的整体效益。比如，经济发达地区与欠发达地区旅游发展往往具有较强的互补性。经济发达地区具有现代化的旅游景观、资金、管理技术和客源资源；而欠发达地区往往具有优良的生态环境和自然景观，以及商业化程度较低的旅游氛围。这决定了经济发达地区与欠发达地区在旅游发展的分工和合作的层面和重点，也决定了旅游区域的基本构架。

3. 政府加强宏观政策调控

区域结构要优化，区域旅游政策的制定必须以各区域旅游现状为出发点，充分考虑旅游产业发展的专业化、高度化和规模经济的要求。通过宏观政策调控以避免区域内旅游项目重复建设和区域性行政壁垒，实现旅游产业布局与旅游产业结构的同步发展，形成旅游产业发展和地区发展相协调的机制。利用区域旅游政策具有旅游规划、旅游发展支持、旅游发展调控和旅游发展平衡等功能促使区域旅游结构优化。

4. 积极发展国内外区域合作

旅游业是一个开放型的经济产业，必须加快对外开放，积极发展国际国内的旅游合作。要按照旅游经济的内在联系，以区域经济理论为指导，加强各地区之间的旅游区域联合和协助，逐步形成具有一定规模、一定水平和各具特色的区域旅游网，提高区域旅游的整体竞争力。同时，要积极发展国际

区域合作，参与国际市场竞争。特别是要顺应目前国际经济区域一体化的趋势，打破边界约束，寻求更大范围内的区域旅游合作，增强中国旅游业在国际旅游市场上的联合竞争力。

四、旅游市场结构优化

旅游市场结构优化的目标是指在促进旅游供给和需求动态均衡发展的基础上，不断扩大旅游客源市场规模，努力开拓高素质的旅游客源，提高旅游创汇收入和旅游经济总量的数量和水平。

旅游市场结构优化目标的核心是努力开拓高素质的旅游客源。所谓高素质的旅游客源，主要是指具有高需求、高消费、高素养的旅游者。高需求旅游者是指对旅游产品的内容和服务质量的要求越来越高，不仅要求旅游活动的内容更加丰富多彩、类型多样，而且要求服务质量能够更加优质化和个性化，能够充分满足每位旅游者的需求。高消费旅游者是指旅游者在旅游目的地的人均消费水平高，具有高需求的旅游者通常都具有高消费的能力和条件。高素养旅游者是指旅游者的文化素养较高，旅游环境保护意识强，尤其是随着人们对生态环境、文化遗产保护意识的增强，高素养的旅游者具有更强的环境保护意识和文明的旅游行为。因此，优化旅游市场结构，就要顺应国际旅游的发展趋势，开发多样化的旅游产品，进一步提高旅游设施质量和服务水平，丰富旅游活动的内容和形式，提供更方便的旅游通达条件，才能满足越来越多旅游者的高需求，增加旅游者消费支出，从而增加旅游业总收入。

此外，随着市场经济的发展，全新的市场观念、效益观念、竞争观念和创新观念正逐步被建立起来，对客源市场的争夺将更加激烈。因此，必须加强宣传促销，立足国内市场，创造条件，吸引更多的国际旅游者，拓宽国际旅游市场。

基本训练

1. 旅游经济结构的含义和特征是什么？
2. 研究旅游产品结构要注意哪些问题？
3. 旅游产业结构的含义和构成是什么？
4. 如何理解旅游经济结构优化的意义？
5. 旅游经济结构优化的标准是什么？
6. 旅游产品结构的优化应注意哪些方面？
7. 如何实现旅游市场结构的优化？
8. 如何实现旅游区域结构的优化？
9. 影响旅游产业结构的主要因素有哪些？

应用训练

运用本章所学习的知识，分析我国旅游经济结构有哪些特点。

案例分析

　　旅游业是世界公认的朝阳产业、新兴产业。进入 21 世纪以来，我国旅游业作为新兴的朝阳产业正逐步发展壮大，全国各地都在大力发掘旅游资源，高度重视旅游业的发展。

　　旅游产业产生于 19 世纪，在 20 世纪得到了前所未有的发展。特别是第二次世界大战以后，旅游产业获得了相对和平与稳定的发展环境，迅速成为一个新兴产业。

　　随着经济发展和生活水平的提高，人们对精神文化的需求进一步上升，旅游成为人们的基本生活方式，是人们使用休闲时间的最佳选择之一。我国旅游人数和旅游收入持续快速增长，旅游产业已经成国民经济中的重要产业，成为增长最快的居民消费领域之一。《2017 年中国旅游业统计公报》显示，2017 年，国内旅游市场高速增长，入出境市场平稳发展，供给侧结构性改革成效明显。国内旅游人数 50.01 亿人次，收入为 4.57 万亿元，分别比 2016 年增长 12.8% 和 15.9%；入境旅游人数为 1.39 亿人次，实现国际旅游收入为 1 234 亿美元，分别比 2016 年增长 0.8% 和 2.9%；中国公民出境旅游人数达到 1.31 亿人次，旅游花费为 1 152.9 亿美元，分别比 2016 年增长 7.0% 和 5.0%；全年实现旅游业总收入为 5.40 万亿元，同比增长 15.1%。全年全国旅游业对 GDP 的综合贡献为 9.13 万亿元，占 GDP 总量的 11.04%。旅游直接就业 2 825 万人，旅游直接和间接就业 7 990 万人，占全国就业总人口的 10.28%。

一、国内旅游

　　全国国内旅游人数为 50.01 亿人次，比 2016 年增长 12.8%。其中，城镇居民为 36.77 亿人次，农村居民为 13.24 亿人次。

　　全国国内旅游收入为 4.57 万亿元，比 2016 年增长 15.9%。其中，城镇居民旅游消费为 3.77 万亿元，农村居民旅游消费为 0.80 万亿元。

　　全国国内旅游出游人均花费为 913.03 元。其中，城镇居民国内旅游出游人均花费为 1 024.56 元，农村居民国内旅游出游人均花费为 603.30 元。

　　春节、"十一中秋"两个长假期间，全国共接待国内游客 10.49 亿人次，实现旅游收入 10 069 亿元。

二、入境旅游

　　入境旅游人数为 1.39 亿人次，比 2016 年增长 0.8%。其中，外国游客为 2 917 万人次，增长 3.6%；香港同胞为 7 980 万人次，下降 1.6%；澳门同胞为 2 465 万人次，增长 4.9%；台湾同胞为 587 万人次，增长 2.5%。

　　入境过夜游客人数达 6 074 万人次，比 2016 年同期增长 2.5%。其中，外国游客为 2 248 万人次，增长 3.8%；香港同胞为 2 775 万人次，增长 0.1%，澳门同胞为 522 万人次，增长 8.6%，台湾同胞为 529 万人次，增长 4.0%。

　　国际旅游收入为 1 234 亿美元，比 2016 年增长 2.9%。

三、出境旅游

　　我国公民出境旅游人数达到 1.31 亿人次，比 2016 年增长 7.0%。

　　我国公民出境旅游目的地新增国家有：苏丹共和国、乌拉圭、圣多美和普林西比民主共和国、法属新喀里多尼亚。

出境旅游花费为 1 152.9 亿美元，比 2016 年增长 5.0%。

四、星级饭店规模和经营

截至 2017 年年末，全国纳入星级饭店统计管理系统的星级饭店共计 10 645 家，其中有 9 566 家完成了 2017 年财务状况表的填报，并通过省级旅游行政管理部门审核。9 566 家星级饭店财务数据显示：

全国 9 566 家星级饭店，拥有客房 147.06 万间，床位 250.55 万张；拥有固定资产原值 5 161.10 亿元；实现营业收入总额 2 083.93 亿元；上缴税金 96.88 亿元；全年平均客房出租率为 54.80%。

在 9 566 家星级饭店中、五星级饭店为 816 家，四星级饭店为 2 412 家，三星级饭店为 4 614 家，二星级饭店为 1 660 家，一星级饭店为 64 家。

全国 2 237 家国有星级饭店，2017 年共实现营业收入 539.46 亿元，上缴税金 13.25 亿元。

全国外商和港澳台同胞投资兴建的 375 家星级饭店，全年共实现营业收入 281.93 亿元，上缴税金 7.44 亿元。

五、旅游教育培训情况

截至 2017 年年末，全国共有高等旅游院校及开设旅游系（专业）的普通高等院校 1 694 所，比 2016 年末增加 4 所，招生 17.24 万人；中等职业学校 947 所，比上年末增加 23 所，招生 10.15 万人。两项合计，旅游院校总计 2 641 所，招生 27.39 万人。

2017 年全年，全行业从业人员教育培训总量达 586.5 万人次，比 2016 年增长 112 万人次，增长 23.6%。

由于我国旅游资源较为丰富且分布较为分散，大部分旅游企业均依托相应的旅游景区发展，因此单一企业所占的份额较小，总体上市场化程度较高，并呈现出较强的区域性竞争特点。国内旅游行业影响客源的因素主要是旅游资源、往返旅游区交通便利程度、交通成本、渠道网络等方面。在众多景区中，有的旅游景区以自然风光取胜，有的旅游景区以历史古迹、建筑设施、革命遗址、民族习俗等独特的旅游资源吸引游客。

我国旅游业经过几十年快速发展，正面临一个整体转型的问题。目前旅游市场体系的结构仍然比较单一，观光型旅游"一枝独秀"，无论是入境旅游、出境旅游还是国内旅游，观光型旅游都占主体地位。未来一段时间，观光旅游仍将会保持第一的市场份额，但随着我国中等收入家庭阶层的建立及逐步扩大，其对闲暇的需求越来越多，对生活的品质要求越来越高，他们将会选择以放松心身、体验生活的休闲度假类旅游产品为主。届时，休闲度假旅游将迅速崛起，其旅游体现形式也将多样化，旅游市场结构将逐步完成从观光游向休闲度假游的过渡。

资料来源： https://bg.qianzhan.com/report/detail/458/180523-3a75dd19.html（有删改）

　　　　　　http://www.ctaweb.org/html/2018-12/2018-12-28-15-55-12622.html（有删改）

案例分析思考： 结合案例分析旅游业的发展对国民经济的重大意义以及如何优化旅游产业结构。

参 考 文 献

[1] 叶秀霜. 旅游经济学[M]. 北京：北京大学出版社，2005.

[2] 辛克莱，斯特布勒. 旅游经济学[M]. 宋海岩，沈淑杰，译. 北京：高等教育出版社，2004.

[3] 田里. 旅游经济学[M]. 3版. 北京：高等教育出版社，2016.

[4] 吕宛青. 旅游经济学[M]. 北京：科学出版社，2009.

[5] 王晨光. 旅游经济学[M]. 北京：经济科学出版社，2004.

[6] 沈桂林. 旅游经济学[M]. 北京：中国商业出版社，2002.

[7] 张金锁. 技术经济学原理与方法[M]. 2版. 北京：机械工业出版社，2005.

[8] 郝索. 旅游经济学[M]. 北京：中国财政经济出版社，2001.

[9] 厉新建，张辉，厉新权 旅游经济学[M]. 3版. 北京：中国人民大学出版社，2016.

[10] 罗明义. 旅游经济学[M]. 北京：北京师范大学出版社，2009.

[11] 武瑞营. 旅游经济学[M]. 北京：化学工业出版社，2014.

[12] 吕宛青. 旅游经济学[M]. 北京：高等教育出版社，2012.

[13] 石斌. 旅游经济学[M]. 北京：清华大学出版社，2013.

[14] 马勇，毕斗斗. 旅游市场营销[M]. 汕头：汕头大学出版社，2003.

[15] 谢彦君. 基础旅游学[M]. 北京：中国旅游出版社，2004.

[16] 肖树青. 旅行社经营管理[M]. 北京：北京交通大学出版社，2010.

[17] 田里. 旅游经济学[M]. 北京：清华大学出版社，2007.

[18] 叶全良. 旅游经济学[M]. 北京：旅游教育出版社，2010.

[19] 李永文 旅游经济学[M] 北京：中国旅游出版社，2007.

[20] 刘长英. 旅游经济学[M]. 北京：中国财富出版社，2013.

[21] 金准. 旅游经济学学科前沿研究报告[M]. 北京：经济管理出版社，2014.

[22] 程瑞芳. 旅游经济学[M]. 石家庄：河北人民出版社，2014.

[23] 徐虹，秦达郅. 旅游经济学[M]. 4版. 天津：南开大学出版社，2016.

[24] 黄凯. 旅游经济学[M]. 北京：电子工业出版社，2014.

[25] 刘玉琴，张亚枝，董霞. 旅游经济学[M]. 北京：清华大学出版社，2016.

[26] 魏鹏，杜婷. 旅游经济学[M]. 北京：北京大学出版社，2016.

[27] 周振东. 旅游经济学[M]. 6版. 大连：东北财经大学出版社，2017.

[28] 黄国良. 旅游经济学[M]. 北京：中国旅游出版社，2017.

[29] 温秀. 旅游经济学[M]. 西安：西安交通大学出版社，2017.

[30] 郭峦，刘燕. 旅游经济学[M]. 2版. 北京：经济管理出版社，2017.

[31] 杨勇. 高级旅游经济学进阶二十讲[M]. 上海：上海交通大学出版社，2018.